Alessia C

Le ossa della principessa

Romanzo

Per informazioni sulle novità
del Gruppo editoriale Mauri Spagnol visita:
www.illibraio.it

TEA – Tascabili degli Editori Associati S.r.l., Milano
Gruppo editoriale Mauri Spagnol
www.tealibri.it

Prima edizione «I Grandi» TEA gennaio 2015
Edizione speciale TEA Tandem giugno 2016
Sesta ristampa «I Grandi» TEA settembre 2017

LE OSSA DELLA PRINCIPESSA

A Eloisa, piccola grande luce nella notte.
Gracias a la vida, que me ha dado tanto...

« Ho la sensazione di aver dato tutta la mia anima a qualcuno che la usa come se fosse un fiore da mettere all'occhiello, una piccola decorazione per gratificare la sua vanità, un ornamento per un giorno d'estate. »

OSCAR WILDE, *Il ritratto di Dorian Gray*

Stai attenta a ciò che desideri: potrebbe avverarsi

Ambra Negri Della Valle è sparita.

No, non è un sogno. È successo veramente e sono in preda ai rimorsi, perché ho desiderato una quantità infinita di volte che accadesse – come in quel film degli anni Ottanta con David Bowie, in cui una ragazzina sognava che gli gnomi portassero via il fratellino piagnone di cui era gelosa e poi il principe degli gnomi lo rapiva davvero.

Ambra è la collega carogna per antonomasia, quella che per mettersi in mostra venderebbe sua madre, quella che fa dei meriti altrui uno specchio dei propri. È quella cui le cose vanno sempre dritte, la prima della classe, il capo delle cheerleader.

Non è una che sparisce, semmai è una che fa sparire gli altri.

Nessuno sa dove sia finita: è svanita senza lasciare tracce e il suo cellulare è rimasto nel suo appartamento. Quando è stato ritrovato, aveva totalizzato circa cento chiamate perse.

Abbiamo condiviso per tre anni questa stanza dell'Istituto, da sempre l'alcova del suo Regno, e alcune volte lavoravo con le cuffiette dell'iPod per non sentirla parlare. Ambra è logorroica in quella maniera irrefrenabile di chi ignora il significato del vocabolo *sobrietà*. Eppure questa stanza, adesso, accoglie me e Lara – l'altra collega di sventure – come una custodia ammaccata e soffocante. Nonostante detestassimo Ambra, la sua scomparsa ci ha sconvolte e i nostri occhi si incontrano spesso, nel silenzio. Si trasmettono la paura che serpeggia nei corridoi dell'Istituto di medicina legale di Roma, perché pensi sempre che certe cose succedano agli sconosciuti e quando invece un fatto del genere ti sfiora, l'imprevedibilità dell'esistenza ti piomba addosso con tutta la sua potenza.

Nessuno osa sorridere, men che meno ridere, in questi giorni.

La vita, qui al lavoro, si è spezzata.

Mi sto dedicando a un caso che era stato assegnato ad Ambra, e che poi è rimasto in sospeso a causa della sua scomparsa; toccare le pagine che lei stessa aveva sfiorato, immaginare le soluzioni che lei avrebbe potuto trovare, ricordare i suoi capelli di miele illuminati da un sole come quello di oggi... Tutto mi riempie di paradossale tristezza; probabilmente, un mese fa a quest'ora stavo proprio sognando di non dovermi più confrontare con lei.

Nel pieno di questi brutti pensieri, Claudio Conforti entra nella nostra stanza. Lui è... come dirlo in parole semplici? Comincerò dai dati essenziali. Trentasei anni, ricercatore di medicina legale con entusiasmanti prospettive di carriera. Perfido e splendido in pari misura. Ex in carica di Ambra – la ragione della loro rottura non mi è mai stata chiara. Per lungo tempo, Claudio è stato il mio personalissimo sogno proibito. Sogno che si è tragicamente realizzato poco meno di un anno fa, durante un congresso in Sicilia che ha mandato in frantumi la mia quiete.

Prima che ciò accadesse, tra me e lui c'era qualcosa di molto simile a un rapporto master and servant. Cioè, lui mi fustigava verbalmente e io quasi quasi lo ringraziavo. Va detto che certe sgridate me le meritavo tutte. Ho sempre sostenuto che l'istituto era una specie di Santuario delle Umiliazioni, ma ammetto che con la mia goffaggine spesso me le andavo a cercare. Come quella volta in cui era il mio turno di eseguire l'autopsia di un cadavere riesumato e io, per l'orrore, mi sono nascosta in bagno. E lui è venuto a recuperarmi di persona al grido di: «Sei la vergogna di questa scuola. Dopo questa, sarà la tua carriera a dover essere riesumata!» O peggio ancora, quando mi aveva chiesto di portare nella sua stanza la borsa con il suo Mac nuovo di cui era tutto fiero e siccome non ho agganciato bene le cinghie, mi è caduta sul pavimento. E pure il Mac. Che naturalmente si è ammaccato. E lui ha sbraitato in maniera inverecinda. Ma che cavolo, peggio per lui che mi usava come portaborse.

Claudio ha l'aria esausta. La scomparsa di Ambra ha avuto conseguenze traumatiche su di lui, che per ovvie ragioni e per pura routine ha dovuto collaborare con gli inquirenti che si stanno occupando del caso. In particolare, tra loro, costernato di essere dall'altro lato della barricata rispetto a Claudio, c'è l'intramontabile ispettore Roberto Calligaris, con cui ho collaborato in maniera informale – e non so nemmeno fino a che punto lecita – in un paio di casi che mi hanno convinta di essere l'erede di Kay Scarpetta.

Come lei, sono un medico legale. O meglio, una specializzanda, un medico legale *in progress*, non autonomo ma con tanta voglia di diventarlo. Sono al terzo anno del mio corso di studi. Altri due e, se sopravvivo alle umiliazioni che qui sono all'ordine del giorno e alla mia stessa goffaggine, l'indipendenza sarà infine conquistata.

Claudio rivolge un'occhiata, che io interpreto come malinconica, alla scrivania di Ambra – solo per un momento –, prima di sedersi al suo posto. Attraverso la finestra della stanza la luce del giorno, che in genere bacia e riscalda lei, adesso si punta su di lui come un faro e tutte le rughe rese un po' più profonde dagli ultimi eventi diventano lievemente più evidenti.

«Ci sono notizie?» gli domando e subito dopo mi pento di averlo fatto.

«Se ci fossero notizie le sapresti già, Allevi» ribatte lui con una voce tanto gelida quanto dolente.

Negli ultimi tempi, da Barbie ultimo modello Ambra si era trasformata in una di quelle vecchie bambole che spuntano fuori dal cesto dei giochi di una bambina viziata, con i capelli tagliati giusto per fare una prova e con indosso abitini logori dismessi da altre Barbie. Una bambola sfatta con cui nessuno gioca più. Sospettavo con orrore che il responsabile della caduta degli dei fosse proprio Claudio e mi dicevo che essergli scampata fosse stata la mia salvezza.

Adesso non so più cosa credere.

Adesso che Ambra è stata inghiottita dalle tenebre e che il male è penetrato nella mia vita di tutti i giorni sento le fondamenta di un'esistenza normale minate ed esposte.

La madre di Ambra è un tipo simpatico. Di certo molto più della figlia.

Lara e io ci troviamo nel salotto di casa sua in viale Romania, una stanza piccola piena di oggetti inutili ma ben assortiti. Ambra e la madre, Isabella, vivevano insieme.

«Perché avrebbe dovuto trovarsi una coinquilina, quando poteva vivere con me?» ha mormorato Isabella, quando ci ha mostrato la sua stanza – impersonale come non avrei mai creduto possibile. Un letto a una piazza e mezza con un copriletto glicine. Tende bianche. Pareti bianche. Un armadio bianco. Un abito elegante appeso a un gancio dietro la porta, pronto per essere usato. Una toeletta d'antiquariato, come quelle delle case di bambola. Vuota.

«I trucchi di Ambra sono spariti con lei» ha commentato la madre, davanti al mio sguardo insistente sul mobile spoglio.

Anche se all'inizio mi ero rifiutata, in fin dei conti sono contenta di aver soddisfatto la richiesta di Calligaris. Ieri sera mi ha chiamata interrompendo a metà la mia visione di *Mangia prega ama*. Cordelia, la mia coinquilina nonché cognata mancata, e Ichi, il mio cagnolino, erano indignati.

«Sai, Alice, stavo riflettendo sul fatto che non sei stata in grado di fornirmi elementi interessanti sulla tua collega» mi ha detto l'ispettore in tono di bonario rimprovero. «Dal tuo ritratto emerge il quadro di una ragazza ambiziosa e poco amichevole. Ma una persona non può ridursi solo a questo.

Sono certo che puoi fare di meglio. Va' a trovare la madre, con la scusa di voler essere solidale, e cerca di scoprire qualche coincidenza delle tue, di quelle che poi si rivelano illuminanti. »

« Ma, ispettore... »

« Nessun *ma*. È l'inizio di un percorso, Alice. Se accetterai avrai aperte le porte di questa indagine. Nei limiti del possibile, è ovvio » precisa infine, sempre in bilico tra il trasporto cui vorrebbe abbandonarsi e le regole cui deve attenersi.

Calligaris considera il nostro rapporto come un portafortuna comprato dai cinesi; credo che ormai mi interpelli perché gli porto bene. In questo caso, poi, il fatto che io conoscessi Ambra così da vicino gli sembra un'occasione da spremere come un limone. Ed ecco la ragione della visita in questa casa. Roba che se Ambra lo sapesse ci butterebbe fuori a calci nel sedere, come mi ha fatto notare Lara, a ragione.

« Signora... »

« Chiamatemi Isabella. Non sono poi tanto più grande di voi » sottolinea. In effetti sembra la sorella maggiore di Ambra, deve averla partorita a non più di vent'anni. Oppure si rivolge a un chirurgo plastico che nemmeno a Hollywood.

Isabella si mette a sedere su una chaise longue del salotto e un lume pieno di fronzoli illumina il volto liscio, così somigliante a quello della mia collega.

« Noi siamo convinte che Ambra tornerà presto » le dice Lara e mi sembra davvero colpita. Ha persino gli occhi lucidi.

Isabella aggrotta la fronte, quasi fosse sorpresa di sentirci pronunciare parole di affetto nei riguardi della figlia. « Come siete care, ragazze. Si vede che siete legate alla mia Ambra. Lei è una ragazza ruvida, ma solo all'apparenza. Ha un cuore enorme » aggiunge mimando qualcosa di rotondo all'altezza del torace. «Non ha molte amiche. Tante, tante conoscenze, ma pochi veri affetti. Sono contenta di vedere che ci sia qualcuno che davvero soffre per questo non sapere... che fine abbia fatto» conclude sopprimendo un singulto. Ci volta le spalle, nella sua tuta di ciniglia, i capelli lunghi come quelli della figlia, della stessa identica tonalità fresca di tintura, il corpo snello e tonico – andando in bagno ho visto un tapis roulant nella sua stanza da letto.

Un altro singhiozzo sommesso e inizio a credere che dovremmo andar via.

«Gradite del tè? L'ho appena preparato.»

È già in piedi, prima di conoscere la nostra risposta. Torna dalla cucina con due tazze, che ci porge gentilmente.

È buono, anche se un po' amaro, ma lei non ci offre lo zucchero. Mentre la ascolto parlare della figlia, cerco di poggiare la tazzina sul tavolino di fronte al divano, ma naturalmente, nella migliore della mia personale tradizione, la maledetta cade a terra sulla graniglia di marmo tipica degli appartamenti datati, e si sbecca – almeno, per fortuna, non si frantuma.

«Sono costernata» mormoro.

«Non preoccuparti, Alice... Ambra mi aveva parlato di te. Questo non è il servizio buono» ribatte Isabella con un sorriso un po' ipocrita. Forse in altri tempi avrebbe dato maggior peso alla cosa. Adesso cambia discorso, riconducendolo ad Ambra.

«Posso chiedervi di quegli ultimi giorni... prima che sparisse?» domanda poi, cogliendoci di sorpresa. «Per me ogni dettaglio è importante. Avete notato qualcosa di significativo?»

Il rimmel sciolto dalle lacrime ha creato un orletto nero sotto i suoi occhi chiari, ma è con genuina speranza che pende dalle nostre labbra.

«Negli ultimi tempi Ambra era giù di corda» inizia Lara.

«Forse per una delusione d'amore» aggiungo io. In realtà non ho idea di come stesse negli ultimi giorni: ero in Giappone.

«Lo so. Mi sembrava tornata adolescente.»

«Poco prima che sparisse, però, mi sembrava più serena» continua Lara.

«Sì, è vero» concorda Isabella. «Aveva ricominciato a sorridere. Si era iscritta a lezioni di tango, ne era entusiasta.»

«Il tango... sì, infatti una volta ho visto una schermata di Internet Explorer sul suo computer, aperta proprio su una pagina in cui c'erano foto di due ballerini» aggiunge Lara.

Isabella increspa appena le labbra. «Dove sei finita, Ambra?» mormora. «Come si può sparire nel nulla, così? Ha lasciato il suo cellulare in casa, prima di uscire. Senza il suo cellulare Ambra non andava neppure in bagno, non è possibile che lo abbia dimenticato. Sapete quante chiamate senza risposta c'erano, quando me ne sono accorta? Ora quel cellulare è nelle mani della polizia e non ha ancora fornito nessuna risposta.» Isabella respira a fondo prima di riprendere a parlare. «Quell'ultimo giorno ha detto che sarebbe andata all'Istituto, come sempre. Mi ha detto di non aspettarla per pranzo perché aveva del lavoro da finire. Le ho preparato la colazione, il suo caffè preferito, i suoi cereali integrali e una mela. È una salutista, la mia Ambra. Lei sembrava fremere... come se fosse agitata. Le ho chiesto cos'avesse, mi ha risposto che era tesa per un caso difficile. Mi è sembrato credibile perché Ambra era una che soffriva molto per il lavoro, ci teneva tanto.»

«Al lavoro non è mai arrivata» conclude Lara, con aria tragica e solenne. «Ha telefonato per avvertire che sarebbe mancata per qualche giorno.»

«Ha contattato anche Marta, la sua amica più cara. La

poverina ha spiegato alla polizia che Ambra l'ha chiamata sul suo cellulare, ma da un numero telefonico non visibile. Ha avuto l'impressione che parlasse in codice.»

Fino a qui, nulla di nuovo da riferire a Calligaris.

Conosco a memoria i contenuti della telefonata tra Ambra e Marta.

Ambra dice frasi che alla sua amica sembrano insensate.

È arrivato il momento, adesso tutto mi sembra più chiaro.

Ambra, che dici?

Cerca di capirmi, Marta.

Calligaris ha chiesto a Marta che tono avesse Ambra. La ragazza ha risposto che non sembrava tesa. Al contrario, era rilassata.

Dall'armadio di Ambra mancano alcuni abiti, ma la madre non esclude che la figlia li avesse dati via o gettati nell'immondizia. In realtà non erano gli abiti con cui era solita vederla. Erano abiti vecchi che la figlia non usava da tanto tempo. Ma una madre ricorda tutti i dettagli. Non mancano borsoni, né i suoi oggetti personali – a eccezione dei trucchi. I gioielli sono al loro posto, le sue preziose creme per il corpo, i suoi smalti, il suo spazzolino da denti, il suo profumo – Magnolia Nobile di Acqua di Parma –, il suo adorato impermeabile modello trench rosso.

Quando è uscita di casa e ha salutato la madre, sapeva già che avrebbe chiamato in Istituto per avvisare della futura assenza? O è successo qualcosa, durante il tragitto, che l'ha spinta a chiamare il lavoro e la sua amica Marta? E se aveva la possibilità di chiamare, perché non ha avvertito la madre?

Forse Calligaris sperava di ottenere da me le risposte a questi interrogativi. In realtà, torno a casa da Cordelia priva di certezze, esattamente come e quanto ieri sera.

Alice, guidaci... Le meraviglie mostraci...

Cordelia ha ricominciato a recitare. Lavorava come addetta alle vendite da Vuitton, ma ha sempre desiderato fare l'attrice. Ci provava, ma con risultati talmente deludenti che alla fine aveva rinunciato. Anche la sua vita sentimentale era un mezzo fallimento.

Adesso ha lasciato Lars – una relazione extraconiugale con un norvegese bugiardo padre di due gemelli non era l'ambizione della sua vita e nemmeno vendere bauletti monogrammati alle giapponesi e alle fidanzate di calciatori e tronisti.

Ora è single, lavora quindici ore al giorno e anche più alle prove di *La gatta sul tetto che scotta* – ha il ruolo di Mae – e il suo umore dipende dal Lamictal. Ha qualche piccolo disturbo tendente alla depressione, ma sostiene che a curarla davvero non siano i farmaci bensì la compagnia di Ichi, il mio cagnolino che ormai riconosce lei come unico e insostituibile amore. Ichi è un po' una zoccola, va con chi offre più scatolette Cesar.

Per questo motivo, Cordelia dà seguito alle tendenze maniacali del suo disturbo bipolare ed è diventata un'attivista animalista. La domenica, quando è libera, fa volontariato presso un canile e ha dato via quel giacchino di visone regalatole da suo padre – il mio capo, il Supremo – per qualche occasione che non ricordo più. Sta diventando gradualmente vegetariana, instradata dal fratellastro, che lo è da una vita.

Il fratello di Cordelia si chiama Arthur.

È mezzo sudafricano e mezzo inglese.

Ha studiato e lavorato in Italia fino a quando, quasi due anni fa, si è trasferito a Parigi, dichiarando che non sarebbe più tornato in questo Paese.

È l'uomo che più ho amato, in tutta la mia vita.

«Notizie della tua collega?» domanda Cordelia, che ha preso a cuore la storia di Ambra. La ricorda come l'essere più leccaculo mai nato, ma sa che il padre è sconvolto dalla sua scomparsa, e in qualche modo ciò le suscita empatia.

«No, Cordy, nessuna.»

«Che storiaccia, *Elis.*» Per questo brutto vizio che ha acquisito di chiamarmi *Elis* come faceva suo fratello in tempi lontani e felici credo che un giorno di questi potrei strozzarla. «Mio padre ha paura che un giorno o l'altro riceverà l'avviso che è stato ritrovato il suo cadavere.»

«Lo temiamo tutti. Penso che ci sia di mezzo anche la deformazione professionale.»

«Io invece spero che torni dicendo: *Ah sì, eravate preoccupati per me?* E che non le sia successo nulla» aggiunge lei, preparando la pedana della Wii davanti alla tv per fare yoga.

Dimenticavo, si è convertita alle filosofie orientali, legge Osho e mi rintrona parlandomi di buddhità e meditazione. Naturalmente lo fa a modo suo, per cui pratica yoga con la Nintendo o con Shiva Rea su Sky e non in un centro specializzato.

Considero del tutto improbabile che le cose abbiano l'epilogo da lei prospettato. Ambra si è dissolta nel nulla da un mese. Qualcosa di anomalo e incomprensibile gravita intorno alla sua sparizione.

La principessa del reame della medicina legale non aveva apparenti nemici, né strane abitudini. Come ho avuto modo di scoprire, era una ragazza più semplice di quanto sembrasse. Figlia di genitori divorziati da quando lei aveva cinque anni, ha sempre vissuto con la madre con cui aveva un rapporto amichevole e sereno. Il padre è molto ricco ma altrettanto assente, essendo spesso lontano da Roma per lavoro, sin da quando era piccola. È figlia unica. Ha un'amica intima, Marta, che in ogni caso ignora molto di lei.

E ha un ex fidanzato fedifrago, Claudio, che non apre bocca sulla ragione della loro rottura, ma che per me è al di sopra di ogni sospetto. Mi rifiuto di credere che in maniera diretta o indiretta esistano rapporti tra Claudio e la scomparsa di Ambra. Calligaris naturalmente ha dovuto fare il suo lavoro e raccogliere dati e informazioni, il che ha voluto dire anche sottoporlo a interrogatorio; nulla al momento induce a ritenere che Claudio abbia il benché minimo ruolo nella faccenda. Tanto più che la rottura risale a molti mesi fa, e che i due mantenevano esclusivamente rapporti professionali, freddi e sottilmente risentiti, ma niente di più. A Calligaris Claudio ha spiegato che semplicemente non andavano d'accordo, che avevano abitudini di vita diverse e soprattutto non nutrivano gli stessi propositi nei riguardi della loro storia. Ambra sognava *l'engagement* all'americana. Claudio sogna una vita priva di impegni e rifiuta l'idea del matrimonio. È infedele, subdolo e anche un po' meschino. Sulla carta, fisicamente e per carattere erano altamente compatibili. In pratica, non lo erano affatto.

Certo è che Claudio è vittima di un esaurimento di quelli stratosferici. E come se non bastasse già il disagio di essere in qualche modo sfiorato dalla scomparsa della propria ex ragazza, ha anche scoperto di avere una specie di cuore. È come quello del Grinch, per intenderci, di tre misure più piccolo del normale, ma con quel suo straccio d'organo soffre un po'.

Di sera, di quando in quando, ci vediamo. Si finisce spesso col parlare di Ambra. Un inedito senso di colpa sfuma il suo tono di voce, quando teme di aver commesso degli errori con lei.

Poi cambia discorso in maniera brusca e commenta la cottura del pesce o qualcosa che riguarda la Wally, l'erede del Supremo, la nana malefica che erediterà il trono quando il Boss andrà in pensione – ormai manca poco. La successione tuttavia lo turba appena, perché Claudio è il suo pupillo e se la Wally avrà mai un occhio di riguardo per qualcuno, sarà proprio per lui. Anzi, l'ascesa al trono potrebbe comportare la sua elezione ufficiale a primo cavaliere e naturalmente Claudio ne è ben contento.

Il Re è morto, viva il Re.

Nevermind, I'll find someone like you

In Istituto, mentre fingo di ascoltare uno studente che ripete alcuni argomenti di medicina legale prima di sostenere l'esame, penso a tutto fuorché alle ferite d'arma da sparo, che questo giovane virgulto conosce a memoria e proclama come un pappagallino ammaestrato.

Alla Wally piace pensare di gestire un dipartimento illuminato e confortevole, in cui lo studente è messo in condizioni di dare il meglio. Naturalmente non è lei a occuparsene: il fardello ricade sugli specializzandi come me.

Questo coso ventitreenne con un taglio di capelli alla Ivan Drago in *Rocky IV* ha l'esame tra due ore e non vedo come potrebbe essere più preparato. È tutto agitato, sotto le ascelle una larga chiazza di sudore.

« Dottoressa, mi sta ascoltando? »

« Certo » ribatto prontamente. In realtà stavo pensando a quegli stivali scamosciati avion che somigliano tanto a quelli di Valentino. Li ho visti ieri pomeriggio ma non li ho presi perché li ho giudicati troppo cari e mi sono ripromessa di diventare meno spendacciona. La notte però ha portato consiglio e ho deciso di comprarli oggi, senza perdere altro tempo perché qualcuno potrebbe notarli e soffiarmeli sotto il naso.

« Ho dato la definizione corretta? Perché sa... quest'argomento è difficile... »

« Sì, stai tranquillo, sei una bomba » rispondo allegramente e mi dico che prestarmi a questo supplizio con indosso quegli stivali sarebbe di certo più tollerabile. Sul suo viso terrorizzato dagli occhi ovini si dipinge un sorriso pieno di speranza. «Ci tengo molto... vorrei chiedere l'internato, dopo l'esame. Vorrei fare il medico legale.»

Annuisco piena di empatia e mi astengo dal dirgli *ripensaci finché sei in tempo!*

Con una solidale pacca sulla spalla gli dico: «In bocca al lupo».

*   *   *

«Ma cosa sta dicendo? Non ha capito nulla!»

Con la sua voce gracchiante la Wally sta rintronando il mio malcapitato studente, che ha l'aria tramortita. Ma è meno fragile di quanto pensi, dato che le sta rispondendo con tono pacato ma fermo.

«Mi scusi, professoressa, ma non è giusto. Ho ripetuto quest'argomento fino a questa mattina, con una specializzanda. E lei non mi ha corretto.» Io mi sento rimpicciolire ed è solo per quello straccio di senso del decoro che mi resta che non mi do alla fuga.

La Wally restringe i suoi occhietti scuri. «Lei ha frequentato l'Istituto?»

«Ma sì, professoressa! Ho ripetuto molti argomenti con quella dottoressa là.» E per meglio chiarire il concetto punta il suo dito contro di me, che passavo per il corridoio ed ero curiosa di seguire il suo esame. In effetti ha appena detto un'eresia inqualificabile e la Wally non tollera scivoloni su argomenti che lei reputa elementari.

Il Grande Rospo sposta il suo sguardo su di me e assume l'espressione di chi sta pensando *lo sapevo.*

«È vero, Allevi?»

Annuisco timidamente, mentre Ivan Drago cerca di volgere la situazione a suo vantaggio per rubare un ventiquattro.

Deve solo azzardarsi a inoltrare la domanda di internato.

Quant'è vero che mi chiamo Alice Allevi, gli renderò la vita impossibile.

Sarà semplice: basterà ispirarmi a ricordi lontani, quando io ero una studentessa interna e Claudio Conforti l'azzimato dottorando che mi ha fatto sperimentare i sottili tormenti del mobbing.

* * *

Improperi della Wally, interminabili. *Come al solito, non ci si può fidare di lei.*

Stivali: finiti. Amarezza: infinita.

Torno a casa ingrigita, ma per un istante, un messaggio inatteso mi illumina.

> *Too bad you weren't there with us, you would have laughed a lot!*
> *I missed you. See you tonight.*

Impiego pochi secondi per capire che questo messaggio non è indirizzato a me. È interamente in inglese e Arthur, invece, aveva l'abitudine di parlarmi e scrivermi in italiano.

L'ha scritto per qualcuno che non sono io.

Qualcuno che si sarebbe divertito, se ci fosse stato. Qualcuno che vedrà stasera. Qualcuno che gli è mancato.

Ho un senso di nausea improvviso, come quelli di cui si lamentava Alessandra, mia cognata, quando era incinta della mia nipotina.

Stringo il cellulare in mano e sono costretta a fermarmi al centro del marciapiede, mentre la gente mi scansa, infastidita.

E sarà perché oggi la Wally mi ha fatta sentire un'appendice inutile, come ai vecchi tempi. Sarà perché ho perso l'attimo e con lui gli stivali. Sarà perché non l'ho dimenticato e sapere che ride con qualcun'altra, adesso, mi ferisce a morte.

Ho gli occhi pieni di lacrime e quando mi accorgo che il cellulare vibra con il suo nome sul display sono tentata di non rispondere.

Infine, cedo.

« *Sorry, Elis. Sorry.* »

Il tono amaro della sua voce roca e bassa lo fa apparire davvero costernato, ma io non so cosa credere. Forse, dopotutto, è un bene conoscere la realtà, per sapere come comportarsi.

« Un errore, Arthur? » domando con freddezza, uno sforzo notevole per pulire la mia voce dai singhiozzi.

« *Well,* secondo Freud questi errori... questi lapsus... hanno un significato, nel nostro inconscio. »

« Non fare il paraculo. »

« Non volevo che lo sapessi così. »

« Sono sicura che la prossima volta sarai più attento. »

« *Elis...* »

« Alice. Mi chiamo Alice. *Elis* non esiste. » *Non esiste più.*

« Scusami. »

« Be' allora... buona serata » gli dico, mordendomi la lingua per risparmiargli una battuta acida e allusiva alla nuova conquista, che rischierebbe solo di farmi sembrare meschina.

« *Elis* » insiste. « La vita continua anche per me. »

* * *

« Tu lo sapevi che Arthur si vede con un'altra? »

Cordelia e io siamo a tavola. Ichi è acciambellato ai suoi

piedi, stranamente quieto. Ho paura che divida con lui non solo i biscotti ma anche il Lamictal; lei, ovviamente, nega.

«Alicia Stairs» risponde.

Che stronza, mi ha rubato anche il nome. Tragicamente vicine nella rubrica del telefono. Ecco spiegato il lapsus.

Cordelia mette di canto la forchetta e intreccia le mani come presumo faccia il suo psicanalista.

«Come l'hai saputo?» domanda con tono impersonale.

«Ha inviato a me un messaggio indirizzato a lei. E poi si è pure scusato, giusto per non farsi mancare nulla. Perché non me l'hai detto?»

«È una cosa recente. Non stanno *proprio proprio* insieme... Sai com'è fatto lui.»

«Te ne ha parlato, però.»

«Solo perché ho insistito. Guarda che è stato malissimo per colpa tua, quindi vorrei che questa storia andasse avanti, se tra voi non ci sono speranze. E temo che non ce ne siano.»

«Che ne sai? Certo non possono essercene con Alicia Stairs di mezzo.»

«Alicia lavora con lui da un po' di tempo. Credo abbia sui trentacinque anni. È una fotografa per l'AFP. Fanno una vita di merda, almeno ogni tanto spezzano il ritmo con una scopata. Gli fa bene, Alice. Se posso essere del tutto sincera, spero che se ne innamori.» La fulmino con lo sguardo, ma lei prosegue imperterrita. «Con chi altro vuoi che divida la vita, sennò? Soltanto una che viaggia con lui può capirlo e accettarlo.»

Mi alzo da tavola lasciando il piatto pieno. «Dove stai andando?» trasecola, mezza offesa.

«A meditare» le rispondo, chiudendole la porta in faccia.

Ossa dal passato

«Come hai fatto a perdere altri punti con la Wally? Non credevo fosse aritmeticamente possibile.»

Claudio inforca il radicchio dell'insalata cercando di recuperare anche qualche scaglia di grana. Nel pomeriggio abbiamo lavorato fino a tardi e lui ha proposto di cenare insieme, cosa che accade sempre più spesso.

«Quando credi di aver toccato il fondo, ti accorgi che ci sono ancora gradini che puoi scendere. Adoro questa canzone» aggiungo, riferendomi a *Red Rain* di Peter Gabriel che danno alla radio in questo istante.

«Alice, fa' attenzione. Quando Malcomess andrà in pensione non potrà più proteggerti. Né lui, né suo figlio.»

Gli rivolgo uno sguardo carico d'indignazione. «Mi prendi per una raccomandata?»

«No» ribatte seccamente. Asciuga le labbra che avrebbero bisogno di una generosa dose di burro cacao. «Dico che Malcomess chiudeva gli occhi su alcuni tuoi errori. Bene, la Wally non chiuderà nessun occhio. Malcomess sapeva che sotto sotto vali. Al di là di suo figlio. Ma permettimi una piccola allusione crudele, sai che ho bisogno di ferire gli altri per dimostrare che li amo.»

«Non è così. Hai bisogno di essere crudele perché è la tua natura. Punto.»

«E comunque quest'insalata è pessima. È la prova che non sai scegliere i posti dove cenare. La prossima volta me ne occuperò io.» È una fortuna che la cameriera abbia già portato via i coltelli. Lui abbandona le posate sul piatto e prende un grissino dal cestino del pane. Lo ha appena intinto in un intingolo a base d'olio aromatico quando il suo iPhone squilla.

L'espressione che si dipinge sul suo viso attraente è di lieve desolazione. «È la Procura» mi comunica, la voce un po' spaesata, controllando il display.

«Sei di turno?»

«No.»

Parla con il suo interlocutore a monosillabi e pochi attimi dopo mi annuncia le novità.

«È stato ritrovato un cadavere.»

Per un istante sento congelare le mie vene dal terrore che sia quello di Ambra e ho la sensazione che la stessa angoscia abbia attanagliato Claudio quando ha riconosciuto il numero della Procura.

«Mi hanno chiesto la disponibilità per il sopralluogo, il magistrato ha chiesto proprio me. Mi dispiace rovinare la nostra *gustosissima* cena, ma ho appena il tempo di pagare il conto.»

Il sollievo mi porta ad accettare con entusiasmo. Lascio che offra lui, come sempre. È vecchio stampo, non concepisce di fare a metà.

«Cos'altro ti hanno detto?» domando, mentre infilo il giubbotto.

«Il poco che basta a escludere che si tratti di Ambra» risponde seccamente, un po' pallido. «È uno scheletro, o poco più. Non può essere lei.»

Ora è irritato perché frugando nella borsa non riesco a trovare il mio cellulare per avvisare Cordelia che tarderò. «Alice, ho fretta. Vuoi sbrigarti? Devo riportarti a casa e poi arrivare dall'altro lato della città.»

«Perché, non mi porti con te?»

« La cena faceva schifo e ho appena avuto una botta di adrenalina che per poco non mi fotteva le coronarie. Non posso accollarmi pure un sopralluogo con te da tenere d'occhio. »

« E dai... »

« Non se ne parla nemmeno. Un brav'uomo ha il diritto di lavorare in santa pace. »

« Un brav'uomo, appunto! Non tu. »

In auto è taciturno. Tiene la radio a basso volume per ascoltare il navigatore che lo guida fino al luogo che gli è stato indicato dagli inquirenti.

È un campo aperto, lontano da zone abitate, nella zona sud di Roma, vicino alla Pontina.

C'è qualche scavatrice, nei paraggi. Un poliziotto che ci viene incontro ci spiega che in questa zona sta per essere costruito un centro sportivo, e nel pomeriggio, durante i lavori di scavo delle fondamenta, gli operai hanno rinvenuto le ossa.

È una notte ventosa; si alza del terriccio che finisce nei miei occhi e li irrita. Il buio mi trasmette inquietudine e vorrei essere altrove.

« In queste condizioni il sopralluogo è del tutto inutile. Al buio, cosa sperano che capisca? Avrei potuto farlo con calma, domani mattina » mormora Claudio alle mie orecchie, stretto nel suo impermeabile, infastidito da tutto ciò che non rispetta i suoi ritmi. In realtà, nel punto in cui veniamo condotti, un po' distante dall'area in cui abbiamo parcheggiato, grazie a un gruppo elettrogeno un faro illumina una depressione superficiale del terreno al cui interno, rannicchiato in posizione fetale, giace un corpo ridotto a uno scheletro.

C'è già la polizia scientifica in azione: prelevano campioni per le analisi geologiche, botaniche ed entomologiche, senza toccare il cadavere.

Claudio si concentra e dimentica l'irritazione. Accetta i guanti, i calzari e tutti i presidi di sicurezza e si dimentica della specializzanda che si è portato dietro. Infatti, resto in disparte e osservo da lontano, per non inquinare la scena.

Il cadavere indossa i resti di un paio di pantaloni intrisi di terra e di un maglione dal colore indefinibile. Ai piedi delle scarpe da ginnastica della Adidas, le Gazelle, che andavano di moda tempo fa. Impossibile, da qui, capirne il colore.

Mi guardo attorno e capisco che il cadavere era inumato superficialmente e che per fortuna le operazioni di scavo non lo hanno intaccato, considerato che è apparentemente integro.

C'è un oggetto, accanto a lui, che così da lontano non riesco a individuare. Un oggetto circolare, delle dimensioni di un piccolo piatto. Mi riprometto di chiedere lumi a Claudio quando saremo da soli in auto.

Lui, nel frattempo, domanda al poliziotto che lo sta scortando di effettuare dei rilievi fotografici, e lo vedo indicargli dei punti in particolare, all'altezza del giugulo e delle clavicole.

«Alice!»

Riconoscerei ovunque la voce acuta dell'ispettore Roberto Calligaris. Mi viene incontro infreddolito, una folata di vento gli ha quasi portato via i suoi occhialini rotondi da miope. Al suo fianco un uomo che non conosco.

«Sei qui con Conforti, immagino.»

Annuisco e gli porgo la mano.

«Dottoressa Allevi, ti presento il dottor Sergio Einardi. È un antropologo forense.»

L'uomo accanto a lui ha l'aria annoiata e superiore. Saluta con poche smancerie e dopo qualche istante si allontana lasciandoci soli.

«Ha un pessimo carattere, ma nel suo campo è il migliore» mormora Calligaris, a mo' di giustificazione. «È prevista pioggia, stanotte. Anche per questa ragione il magistrato, che è estremamente scrupoloso, ha chiesto un intervento notturno e immediato per evitare ritardi e contrattempi legati alla bufera. Senti, pioviggina già!» commenta ruotando una mano e lasciando che il palmo sia schizzato da qualche minuscola gocciolina. «Il cadavere è stato trovato nel tardo pomeriggio» prosegue. «L'unità di recupero ha avuto il tempo di delimitare la zona per preservare il contesto e di ripulire l'area vicina ai resti e poi sono stati contattati Einardi e Conforti. Sono felice che ci sia anche tu: questi casi sono molto interessanti» commenta infine con aria evasiva.

«Quali casi?» domando, spinta dalla fantasia. «Sono stati trovati altri corpi? C'è una serialità?»

«No, dicevo in generale. I *cold case* sono sempre molto affascinanti, lo dico per esperienza personale» aggiunge, incapace di resistere alla propria vanità.

Dopo qualche tempo Claudio mi raggiunge, sfilandosi i guanti, ringalluzzito.

«Perché non ti sei avvicinata? Ti impressioni?» chiede con tono sarcastico, un sopracciglio arcuato in un'espressione malefica.

«Nessuno mi ha fornito i presidi necessari e non volevo combinare guai da sentirmi rinfacciare nei prossimi due anni di specializzazione.»

«Anche dopo, se per questo. O pensi che finita la specializzazione ti farò un indulto per tutti i casini che hai combinato? Comunque, sei stata giudiziosa, lo apprezzo. Sei migliorata da quella volta che hai gettato una sigaretta nel bosco durante il sopralluogo di una guardia forestale.»

È infido a ricordare sempre gli stessi ignominiosi episodi. Però quello è stato davvero un momento molto penoso della mia vita di specializzanda; tutti quelli della guardia forestale mi fissavano con uno sgomento che non ho mai dimenticato.

« Cos'era quell'oggetto accanto al cadavere? »

« Ah, quella. Una cosa molto strana. Una corona. »

« Una corona? »

« Sì, di quelle da bambina, o da festa in maschera, di plastica. La corona di una principessa, per intenderci. »

***

Del cadavere non si sa molto.

Non ha documenti di riconoscimento con sé. Non si sa ancora se si tratta di un uomo o di una donna, né che età avesse al momento della morte.

« Mi è sembrato di vedere una chiazza più scura con un buco, sul maglione, all'altezza delle spalle. Forse ci dirà qualcosa sul mezzo che ha causato la morte. Sono curioso » confessa in auto, mentre con la sua guida metodica mi riaccompagna a casa, in viale Giulio Cesare.

La concentrazione del sopralluogo ha rischiarato per un po' le sue ombre. È quasi mezzanotte e il temporale tanto paventato si sta impietosamente abbattendo sulla capitale; lui procede lentamente.

« Ho preso accordi con Einardi, inizieremo a studiare i resti già domani pomeriggio. Sei ufficialmente invitata. »

Cold case

Il giorno seguente, dopo un pranzo rapido e leggero, raggiungo l'obitorio insieme a Lara.

Le operazioni di trasferimento dei resti rinvenuti ieri non sono ancora ultimate; Claudio si spazientisce e se la prende con quei poveri addetti che non sono abituati alle sue sfuriate.

«È diventato ancora più intrattabile, da quando Ambra è sparita» commenta Lara, quietamente.

«Sì, è molto nervoso. Ieri quando ha visto il numero della Procura sul display del cellulare per poco non gli prendeva un'apoplessia.»

«Alice, tu... non hai pensato nemmeno per un attimo che lui... be' sì, hai capito» butta lì, con tono allusivo.

«Cosa?» Ho capito benissimo, ma voglio vedere dove andrà a parare.

«Che lui sia coinvolto nella sua scomparsa» bisbiglia, arrossendo appena.

«Non l'ho mai creduto. Mai» ribadisco freddamente. «È solo sconvolto» proseguo, più accomodante. «Forse ha i sensi di colpa perché l'ha scaricata malamente. Tutto qui» concludo.

Lara solleva il mento e squadra Claudio. I suoi movimenti nervosi, i suoi scatti d'ira contro il tecnico di sala settoria, la scortesia con cui accoglie Sergio Einardi.

«Mah. Sarà. Io invece... sento puzza di bruciato. Chi è

quello? » domanda infine, indicando con lo sguardo il nuovo arrivato.

« Me l'ha presentato l'ispettore Calligaris ieri. È un antropologo forense. »

Einardi saluta con un cenno del capo. Tiene tra le mani dei fogli bianchi e nel taschino della camicia una penna. Ha i capelli scuri, brizzolati alle tempie; una tenue ombreggiatura sotto due occhi bruni e cupi come la notte.

La solitudine in cui trascorre il tempo necessario alla deposizione del cadavere sul tavolo anatomico non sembra pesargli. Nel frattempo, apprendo che nel corso della mattina le indagini sul luogo del ritrovamento sono proseguite e che Claudio si è recato sulla scena del crimine anche prima di raggiungere l'Istituto. La corona di plastica è già stata prelevata e i rilievi geologici e botanici sono già stati effettuati. L'obiettivo di oggi è di ricostruire un profilo biologico dei resti, per avere a disposizione particolari dettagli che possano ricondurre all'identità del cadavere.

Adesso che le operazioni stanno per iniziare, Claudio recupera il suo smalto da perito infallibile e inizia gli esami di sua competenza.

Il cranio del cadavere è indenne. Qualche lembo di scalpo è ancora adeso alle ossa, con dei fili di capelli ingarbugliati. I denti sono perfetti, una bella dentatura da apparecchio ortodontico portato per tanti anni.

Il maglione di lana a collo alto, che forse era di colore rosso e di cui resta ben poco, ha come uno strappo in corrispondenza dell'occipite. Difficile dire a cosa sia attribuibile, se a una ferita da arma da sparo o da taglio, per esempio. I lembi sono sfilacciati verso l'interno, e attorno al pertugio c'è un'ampia area bruna, come una larga macchia di sangue. Rimuovendo il maglione, e una magliettina di lana al di sotto, al collo c'è una sottilissima catenina, senza alcun ciondolo. Le apofisi spinose delle prime vertebre cervicali sembrano fratturate e non vi è più traccia di nessuno dei tessuti cutanei: tutto è ormai scheletrificato. Al polso sinistro, un orologio di poco valore. Sotto i jeans, degli slip che sembrano da donna.

Nella tasca posteriore dei pantaloni un biglietto della metro obliterato il 23 gennaio del 2006 alle quattro del pomeriggio e una moneta da due euro.

«Che idea ti stai facendo?» domanda Claudio a Einardi.

«A prima vista ho l'impressione della dentatura di un infraventenne. Forse anche più giovane. Non c'è apparente usura della sinfisi pubica, né delle ossa iliache. Quanto al sesso, dovrò procedere con l'analisi metrica delle ossa del cranio, del femore e del bacino. A occhio sembra di sesso femminile, ma non escludo che si tratti di un ragazzino. Per quanto riguarda l'età, voglio esaminare meglio i denti. E per quanto riguarda la razza, la forma delle orbite non è ben definita, sembra rettangolare, ma non nettamente. Nella prima ipotesi potrei pensare alla razza nera, ma è davvero troppo presto per sbilanciarmi. È possibile che, prendendo le misure, mi accorga di tutt'altra appartenenza.»

«Be', in ogni caso inizierò già domani le indagini genetiche. Razza e sesso verranno da sé.»

«Guarda la tibia destra» propone Einardi.

Claudio si avvicina cautamente. Più o meno a metà dell'osso, il segno di una vecchia frattura, ben consolidata. «Potrebbe tornare utile per l'identificazione personale» conclude l'antropologo, le mani in tasca, l'aria di chi è lì per caso.

Le ossa del cadavere non dicono altro, per il momento, e mi ritrovo a dar ragione a Calligaris.

I *cold case* mi intrigano da morire.

* * *

Le attività di laboratorio non si differenziano dalla solita routine cui sono abituata, e i tempi sono grossomodo gli stessi. Claudio sottoporrà i campioni prelevati a indagini genetiche specifiche per individuare l'aplotipo razziale. Ogni gene possiede infatti delle varianti tipiche di ciascuna razza, e attraverso l'esame crociato di tutti i polimorfismi è possibile stabilire un profilo di appartenenza da considerarsi altamente probabile. Sarà necessario qualche giorno per ottenere delle risposte.

Nel frattempo, Claudio ed Einardi lavorano insieme, ma anche un po' l'uno contro l'altro.

Immagino che per l'antropologo sia una soddisfazione non da poco batterlo sul tempo e comunicare con ampio margine di certezza che il cadavere appartiene a una ragazza che al momento della morte doveva avere più o meno vent'anni. La comunicazione avviene telefonicamente; Claudio si acciglia appena e ci comunica i risultati con tono asettico.

« Che hai da guardare con quella faccia da baccalà? » domanda a Lara, che non risponde e continua ad armeggiare con le sue provette.

« È sempre più egocentrico e prepotente » bisbiglia al mio orecchio.

« Posso chiedervi di rimanere concentrate? » esige alzando la voce.

Lara controlla l'ora; sono quasi le sette. « Devo andare via, Claudio. »

« Peggio per te. »

Lei gli rivolge un sorriso tirato e ci lascia da soli senza tanti rimpianti.

« Tranquilla, Alice. Abbiamo quasi finito, per oggi. Quasi. »

Claudio è chino sulla centrifuga, il camice bianco aderisce perfettamente alle sue spalle non troppo larghe, ma ben modellate. Il colletto lindo e rigido sporge dai bordi e contrasta con la sua carnagione olivastra.

Continuo a osservarlo in silenzio, aspetto che finisca il suo lavoro e non vedo l'ora di tornare a casa e di sprofondare nel mio letto insieme a Ichi.

« Fatto » afferma, sfilando i guanti con grazia e non resistendo alla tentazione di stirare le braccia. « Sono esausto. »

« Vado a cambiarmi nella mia stanza. »

« Non ti impedisco di farlo qui » commenta lui con un sorrisetto infido.

« Ti conosco » ribatto, mentre vedo il suo sorriso trasformarsi in una smorfia di terrore. Si precipita verso la macchina della PCR, cliccando su un pulsante spento che in realtà dovrebbe essere acceso.

« Volete sabotarmi! » esclama. « Lara, senza dubbio. È piena di livore, anche se non ne capisco la ragione » aggiunge infine, la voce amara in maniera insolita.

« In realtà sono stata io, poco fa. Credevo che il ciclo fosse già finito. »

« Ah, credevi. Ti prenderei a schiaffi, Alice, quando sbagli in maniera così grossolana. »

« Provaci » rispondo con aria di sfida.

Claudio è poco distante da me. Ha sbottonato il colletto della camicia e il suo leggerissimo strabismo divergente, visibile solo quando è stanco, mi sembra stasera evidente in maniera particolare. Protendo il viso. Mi aspetto che sarebbe davvero capace di darmi uno schiaffo e voglio che lui lo sappia, ma la mia guancia è lambita da un bacio anziché da un ceffone.

È un bacio rapido e ha il sapore di un'azione dimostrativa, più che di uno slancio passionale ed è molto lontano dai baci che ricordo e che lui sa dare. Fa un passo indietro e si gratta la nuca dopo un rumoroso sbadiglio. «Vuoi uno strappo fino a casa?»

Annuisco, un po' in subbuglio perché resto sempre un po' sciroccata quando mi sfiora. Il contatto fisico: quella strana cosa per colpa della quale perdiamo la testa.

«Ti deciderai mai a comprarti un'auto?» aggiunge, quella lieve e fugace vicinanza già dissipatasi nel nulla, per fare spazio alla vera e assai più cruda natura dei rapporti tra di noi.

What else is there?

Lara, che è un tipo sensibile e poetico, ha ribattezzato il cadavere « la Principessa », per via della corona trovata accanto a lei, di cui le abbiamo raccontato.

La Principessa apparteneva alla razza caucasica e quando è morta aveva meno di venticinque anni.

Potrebbe essere stata uccisa da un colpo inferto alle spalle. Un unico colpo, dato in corrispondenza di quell'unico buco sul suo maglione troppo deteriorato per dare indicazioni attendibili. E soprattutto, considerando quelle fratture vertebrali.

Quando era bambina la Principessa si è fratturata la gamba destra e, a quanto pare, forse anche il quinto dito di una mano, sempre la destra.

La misura dei suoi abiti rivela una corporatura minuta. L'assenza di biancheria intima al torace mi fa pensare a un seno piccolo, ma certo non posso escludere che qualcuno gliel'abbia sfilata via.

La moneta da due euro trovata nella sua tasca è stata coniata in Spagna nel 2005: questo lascerebbe ipotizzare che la Principessa non sia morta prima e Claudio è propenso a ritenere che sia morta da più di tre anni ma da meno di sei. Ciò restringe il campo a un'epoca di morte compresa tra il 2005 e il 2009.

Quanto al significato del conio spagnolo, non è affidabile. Qualunque italiano potrebbe possedere euro stranieri – anch'io, in questo momento, ho in tasca una moneta da

50 cent coniata in Francia. Di certo non si può escludere che si tratti di una ragazza spagnola. I jeans sono Levi's; il maglione è Zara; le scarpe Adidas. Una figlia della globalizzazione, insomma, che potrebbe venire da Barcellona come anche da Terracina.

Queste informazioni preliminari sono già giunte a Calligaris, che sta incrociando i dati per rintracciare le ragazze sparite a Roma tra il 2005 e il 2009 corrispondenti al profilo tracciato. Sarà un processo lungo; nel frattempo i resti di questa ragazza emersa dalla notte saranno custoditi in obitorio, in attesa di darle un nome, un cognome e una degna sepoltura.

* * *

I giorni trascorsi all'insegna del *cold case* della Principessa hanno distratto l'Istituto dall'incubo della sparizione di Ambra, nonostante ci sia stata una piccola novità.

Un testimone oculare sostiene di averla riconosciuta attraverso le foto che circolano sul web e in tv e di averla vista in Sicilia, in un agriturismo, con i capelli corti e senza trucco. Gli inquirenti stanno vagliando la segnalazione, ma Calligaris mi ha confidato di nutrire un certo scetticismo.

«Il più delle volte queste segnalazioni si rivelano delle perdite di tempo colossali, ma purtroppo non posso ignorarle» ha aggiunto, ma in fondo al mio cuore spero che sia tutto vero e che Ambra possa tornare presto in Istituto a darci il tormento con le sue arie da primadonna e i suoi deliri di onnipotenza.

«Hai saputo del presunto avvistamento di Ambra in Sicilia?» mi domanda Claudio a bassa voce davanti alla macchinetta del caffè in biblioteca.

« Sì, ma nessuno ci crede » aggiungo, selezionando tre pallette di zucchero.

« Non riesco a smettere di pensare a lei » si lascia scappare, mormorando più che parlando. Lo guardo con un filo di sorpresa. « Non fissarmi così allibita. Che tu ci creda o no, ho anch'io dei sentimenti. »

Il passaggio di una Wally sbraitante contro la specie umana in generale e gli specializzandi in particolare ci distoglie dalla conversazione e ci richiama all'ordine. « Oggi ho ricevuto un fax da parte di Einardi, con alcuni dati più precisi sulla morfometria del cadavere » prosegue Claudio. « Alcuni caratteri dei denti e del cranio gli fanno pensare a una razza mista e mi chiede la valutazione statistica di alcuni polimorfismi in particolare. »

« Non ha detto che era caucasica? »

« *È* caucasica, infatti » sottolinea con tono che non ammette repliche. « Einardi ha il sospetto che ci siano altre influenze. »

« Tu lo credi possibile? »

« Non è da escludere; ma secondo me, sul piano genetico, i genitori sono caucasici. È possibile, al limite, che un nonno o una nonna fossero di razza nera. In ogni caso questi esami richiedono tempo e competenza, non è possibile ottenere risposte immediate, men che meno certe. In realtà, i dati su cui concordiamo sono già piuttosto importanti e credo che gli inquirenti abbiano un buon materiale da sfruttare. »

E infatti, quando sono nel suo ufficio, Calligaris sostiene di aver già ristretto il campo a un numero di persone scomparse che lui considera « piccolo ».

Si tratta infatti di trentadue ragazze scomparse tra il 2004 e il 2010. Quando gli ho chiesto la ragione di un range più ampio rispetto a quello indicato da Claudio e da Einardi,

pieno di docile orgoglio l'ispettore ha sorriso e ha risposto:
« Perché deve ancora nascere chi mi batte in previdenza ».

« Mi scusi, ma una moneta del 2005 non poteva essere
presente in nessun modo nel 2004... »

« Alice, impara ad andare oltre l'apparenza » mi interrompe. « Quello che dici è senz'altro vero. Ma chi ti dà l'assoluta
certezza che fosse presente nella tasca del cadavere già al momento della morte? Puoi mettere la mano sul fuoco sul fatto
che qualcuno non l'abbia lasciata lì in un momento successivo, proprio per trarci in inganno? O puoi escludere che la
stessa ragazza sia morta l'anno dopo la scomparsa? E dato
che il dottor Conforti ha dato un range orientativo, ho pensato di aggiungere solo un anno in più e uno in meno. Dopotutto si tratta di appena otto ragazze in più. Adesso sto
verificando l'abbigliamento al momento della scomparsa –
ma anche questo lascia il tempo che trova: chi ci dice che la
ragazza sia morta con gli abiti che indossava l'ultima volta in
cui è stata vista? »

« Giusto. A proposito degli indumenti, ispettore... »

« Cosa? »

« Stavo pensando... che gennaio è un mese freddo. E infatti, la Principessa indossava un maglione di lana. Mi chiedevo: cosa ne è stato del suo giubbotto? »

« Ammesso che ne avesse uno » ribatte Calligaris, un po'
scettico.

« E poi, non aveva un portafoglio con sé? Nessun documento? Non è invece più probabile che qualcuno li abbia
fatti sparire? »

Calligaris mi fissa per un momento. « Hai ragione, è un
elemento da non sottovalutare. In ogni caso contatterò ciascuna delle famiglie per chiedere se la loro congiunta aveva
riportato la frattura della tibia destra e del quinto dito della
stessa mano. »

« E i dati ambientali? Ha già avuto qualche risposta? »

« Davvero poche. Accanto al cadavere c'era un elastico per capelli, con ancora qualche filo, apparentemente bruno. »

« E la corona? »

Calligaris sospira con un impercettibile senso di impotenza. « La corona è di plastica ed è Made in China. Al momento è davvero difficile se non impossibile stabilire da dove provenga. »

« E il terreno... ha dato qualche informazione? »

« Non ancora. Spero nelle prossime settimane di saperne di più. »

La vuotite

Sono a cena a casa di mio fratello.

Una volta Marco era un fotografo con tendenze emo. Adesso è un imborghesito e responsabile padre di famiglia. Alessandra, sua moglie, ha partorito alla fine di agosto la mia nipotina Camilla.

Io e lei eravamo compagne di studi e ho sempre saputo della sua passione per mio fratello; passione che credevo non avesse chance di essere corrisposta, poiché tutti in famiglia credevamo fosse «gaio» (come diceva sempre mia nonna Amalia). Nonostante la mia malfidata incredulità, invece, il sogno d'amore di Alessandra è stato coronato due anni fa, fino al matrimonio in marzo.

Camilla è una neonata tipica, con le coliche e tutto il resto. È presto diventata la regina di casa Allevi e ammetto di provare per lei un sentimento pieno di tenerezza.

La mia nipotina è morbida ed emana l'odore tipico dei neonati, che adesso permea tutta la casa e mia cognata in maniera particolare.

Il menu, manco a dirlo, è strettamente dipendente dalla sua attività principale, che al momento è di latteria ambulante. Per cui gli ingredienti devono essere salutari e nutrienti per la pupa, che importa se poi sono disgustosi al palato di un'adulta di ventotto anni?

Uscita da casa loro mi sento ubriaca di acqua Amorosa e l'unico rimedio per riprendermi è accettare la proposta di Cordelia e abbandonarmi a un superalcolico che abbia effetto disintossicante. Ci diamo appuntamento in un wine bar vicino a Campo dei Fiori dove si ascolta musica lounge. Qui, vestita come una professionista dell'Aurelia, Cordelia sfoggia un sorriso triste quanto falso, che regala a chiunque la guardi.

«Che ti prende?» le chiedo, indecisa se dirle o no che la gonna che indossa non è forse nemmeno una gonna.

«Ho la *vuotite*.»

«Prego?» domando, la fronte solcata da rughe d'apprensione per la sua ennesima trovata.

«La *vuotite* è una malattia, *Elis*. Mi meraviglio di te, che sei un medico e non lo sai.»

«E quale organo intaccherebbe?» le chiedo con giusto un filo di sarcasmo – ma anche se ne mettessi un quintale, di sarcasmo, lei probabilmente non se ne accorgerebbe.

«Il mio vuoto interiore. Quando mi prende la *vuotite* non riesco più a fare niente. Oggi alle prove ho combinato un disastro. A proposito di disastri, ho parlato con Arthur, oggi.»

Nel sentire il suo nome provo una fitta di sconforto. «Mi ha detto che gli dispiace...»

«E perché?» la interrompo. «Ha diritto di spassarsela con chi vuole. Se avessi qualcuno di valido con cui farlo, me lo permetterei anch'io.»

«Alice... lui ha l'orgoglio ferito.»

«Lo capisco. Dopo quello che gli ho fatto, è giusto che io paghi le conseguenze del mio errore. Gli auguro di essere felice.»

Cordelia riceve dal cameriere il suo drink e scuote il capo con aria decisa. «Macché felicità... anche lui dice la stessa cosa. Che spera che tu sia felice. Vi state prendendo in giro, sapete soltanto fingere. Tu non vuoi davvero che lui sia felice con Alicia Stairs, come lui si farebbe tagliare una mano

piuttosto che saperti con quel tuo collega... che vezzo banale, questa storia della *felicità*» commenta sprezzante. «In
ogni caso, per evitare psicodrammi sappi che il mese prossimo verrà a Roma per un weekend. Non ha deciso ancora
quando, ma io gli ho chiesto di venire a stare da me.»

Accuso il colpo, ma cerco di non mostrarlo troppo.
«D'accordo. È tuo diritto, ovviamente. Tornerò a Sacrofano dai miei o andrò da mio fratello per dare una mano ad
Alessandra» le dico, anche se dopo stasera quest'ultima prospettiva non mi alletta particolarmente.

«Ho insistito perché vorrei tanto che passaste del tempo
insieme.»

«Meglio di no» ribatto asciutta, sorseggiando un Mojito.

«Lui ha detto lo stesso. Vedi che avete in comune molto
più di quanto non crediate?»

L'idea che lui abbia detto che preferisce non trascorrere il
weekend nella stessa casa con me mi riempie d'insensato dispiacere. Smetto di sorseggiare e trangugio il mio drink, col
risultato che mi sento stordita e con la testa vuota dopo meno di cinque minuti. E non è necessariamente un male.

Scienza, vattene co' tuoi conforti! Ridammi i mondi del sogno e l'anima!

Arrigo Boito

Sono trascorse due settimane dal sopralluogo. Ieri, dopo un'indagine metodica che gli ha consentito di scartare le altre trenta candidate, Calligaris ha comunicato a Claudio che sono due i soggetti che corrispondono al profilo tracciato da lui e da Einardi: una ragazza di età inferiore ai venticinque anni, di corporatura minuta, di razza caucasica con possibili legami alla razza nera, con una magnifica dentatura da pubblicità della Mentadent e i segni di una vecchia frattura alla gamba destra.

Delle due, una aveva una nonna etiope, che il nonno italiano aveva sposato ai tempi dell'Impero coloniale italiano. La stessa ragazza aveva rotto la gamba destra da bambina, ma non il dito. In ogni caso Viviana Montosi, questo il nome della ragazza, è scomparsa nel 2006. Per l'esattezza, il 23 gennaio del 2006.

L'altra, Carola Fabiani, è scomparsa nel 2007. Indossava un maglione rosso e le scarpe da ginnastica al momento della sparizione. Era nata in Nigeria ed era stata adottata all'età di sette anni insieme al fratello minore da una famiglia orvietana: per quanto ne sapessero non aveva riportato fratture, ma non possono dare garanzie su quanto successo prima dell'adozione. Studiava a Roma. Della scomparsa era stato accusato il fidanzato, che lei aveva più volte denunciato per lesioni personali.

La madre della Montosi e il fratello della Fabiani verranno oggi in Istituto per il prelievo del DNA, che verrà comparato a quello del cadavere. Claudio ha già stabilito che io mi occuperò della donna e Lara del ragazzo.

Nell'attesa, ho cercato con Google tutte le notizie riguardanti Viviana Montosi.

Stava per laurearsi in archeologia all'Università La Sapienza e aveva svolto delle ricerche nei Territori Palestinesi. Il giorno della scomparsa era uscita per andare a casa di un'amica, ma non ci è mai arrivata. Come sempre accade con i casi di cronaca, prima o poi si smette di parlarne. Così Viviana Montosi è finita nel dimenticatoio e gli articoli più recenti risalgono al 2007. C'è una sua foto, di quelle in cui si sembra una ragazza come tante, con un avvenire davanti. Ha i capelli castani raccolti in una coda e la fronte coperta da una fitta frangia che lambisce quasi le palpebre. L'incarnato è chiaro, ha un naso lungo e sottile e le labbra piene e rosee. Gli occhi grandi e molto scuri rendono un po' irregolare la sua fisionomia. È senza trucco ed è vestita in maniera sportiva.

La vecchia fotografia restituisce l'immagine di una ragazza dall'aria simpatica e aperta. Un'altra immagine mostra un sorriso largo quasi fino agli zigomi e la sua dentatura così perfetta da sembrare finta. In questa foto Viviana sembra una da *Festa dell'Unità*, che ascolta musica balcanica nei centri sociali, ma forse è la kefia rossa che porta sulle spalle a darle un aspetto tanto connotato. Sto ancora leggendo notizie di lei attraverso il Gruppo aperto su Facebook – in cui vecchi amici la ricordano e postano sue immagini, fotografie con un labrador obeso, fotografie in pantaloncini e canotta e guanti di lattice in una località semidesertica – quando Lara mi avvisa dell'arrivo della madre e del fratello dell'altra ragazza, di cui non ho fatto in tempo a cercare notizie.

* * *

La madre di Viviana Montosi ha gli occhi di chi ha pianto tutta la notte.

«Me lo sento, è lei» esordisce, prima ancora di dirmi: *Buongiorno*. Più tardi, Lara mi dirà che Ivano Fabiani le ha detto esattamente la stessa cosa.

È di bassa statura e di carnagione molto chiara, di quei tipi che hanno la pelle diafana, con poche rughe malgrado l'età. Al collo indossa una collana con perle ingiallite e tiene stretta tra le mani una borsa rigida di piccole dimensioni. I suoi capelli sono scuri, tagliati a caschetto. Ha lineamenti fini, le labbra sottili, gli occhi grandi e distanti.

La donna si siede sulla poltroncina in maniera composta e rassegnata. Mi rivolge un sorriso compassionevole ma nervoso.

«La gamba rotta... per una caduta, quando era in seconda elementare... e poi i tratti etiopi, come mia suocera... chi altri può essere, se non lei?» mormora piano, più a se stessa che a me.

«Be', sa... c'è un'altra ragazza che corrisponde più o meno allo stesso profilo.»

«Sarò sincera. Io... spero che sia Viviana. Spero di poterle dare un funerale. E spero che tutti noi potremo rassegnarci. Non può immaginare cosa significa pensare a lei ogni giorno e provare la disperazione di non sapere che fine abbia fatto.» Non so bene cosa rispondere, ogni parola sembrerebbe scontata. Così annuisco e taccio, perché il silenzio mi sembra il modo migliore per confortarla. La sincerità è sopravvalutata. «È così, mi creda» insiste la signora Montosi, la voce tenera, il mento appuntito, gli occhi lucidi. «Una madre sa subito che è successo qualcosa di terribile. Lo sente. Ho vissuto gli ultimi anni immaginando le storie più atroci. Le sembrerà mostruoso, ma... sarebbe un sollievo, per tutti noi.»

Si presta all'esame con rigore, fa tutto quello che le dico, resta silenziosa.

«Quanto tempo impiegherete per i risultati?» domanda al termine del lavoro.

«Qualche giorno» replico vaga.

«Per noi è la prima volta. In tutti questi anni non ci sono state segnalazioni, nessun ritrovamento di cadaveri sospetti. Nulla. Non so cosa significhi l'illusione di averla trovata. Ho paura di questa sensazione.»

«Spero che qualunque sia il risultato, possa darle la pace di cui ha bisogno.»

«Ho un pensiero che mi assilla» confessa, mentre indossa il soprabito. «Non è un caso che il cadavere di Viviana sia stato ritrovato adesso... proprio adesso.»

«Be', le ricordo che ancora non abbiamo nessuna certezza che il cadavere sia quello di sua figlia.»

«Apprezzo la sua prudenza, dottoressa, ma mi lasci continuare.»

«Cosa intende dire?»

«Abbiamo perso le tracce di Viviana all'inizio del 2006. Poche settimane fa è scomparsa un'altra ragazza e adesso il corpo di mia figlia ci viene restituito dal nulla. Giusto quando una sua vecchia compagna di classe sparisce, proprio come lei.»

Sono disorientata. «Può spiegarsi meglio?» le chiedo, con il cuore in tumulto.

La signora Montosi tace per un attimo, in cui sembra raccogliere le forze prima di rispondere, con evidente angoscia: «Ambra Negri Della Valle e Viviana erano compagne di scuola, alle superiori. Crede che sia una coincidenza?»

Lasciamo che le tenebre ci inghiottano e scopriamo la loro beltà

Jun'ichirō Tanizaki

« Tu lo sapevi? » domando a Claudio, poco dopo.

Gli ho chiesto un momento per parlare da soli e lui si era già abbandonato alla lascivia di una battuta scontata; ma quando poi ha sentito il mio racconto si è fatto così teso che mi è sembrato di avergli visto la pelle d'oca.

« No » risponde, scosso.

« Che ne pensi? »

« Penso che questa storia sta assumendo contorni inquietanti. »

« E nient'altro? »

« Cosa vuoi che ti dica? » sbotta, riversandomi addosso una rabbia straripante. « Questa è la vendetta di Ambra. Ovunque sia finita, mi sta perseguitando. »

Lo guardo con preoccupazione e curiosità. « Che le hai fatto? »

Lui aggrotta la fronte. « Non le ho fatto niente » replica evasivo, sulla difensiva.

« L'hai tradita? » insisto.

« Alice. Come se il tradimento fosse l'atto peggiore che si possa commettere... Non riesci a capire che non è così? In ogni caso, non è questo. »

« E allora, cos'è? »

« Per pietà, Alice, non mi assillare. » Si accorge di essere stato brusco e mi fa una carezza sulla guancia, da cui mi ritiro istintivamente. « Su. Non essere permalosa. Non è facile per me. »

Gli accarezzo le spalle e il suo profumo si mescola all'aria che respiro. «Non devi tormentarti. Qualunque cosa le sia successa, tu non ne hai colpa.»

Lui non risponde e il silenzio cristallizza questo istante, lasciandolo durare a lungo, fino a quando non sussurro: «Le parole della madre di Viviana Montosi mi hanno inquietata».

Lui annuisce, come se mi capisse con tutta la capacità di comprensione di cui è capace.

«La madre della Montosi ha ragione» mormora lui, prima di ricomporsi e guardarmi con l'ombra di un qualcosa che, se non lo conoscessi bene, definirei timidezza. «Se il cadavere appartiene a sua figlia, è difficile che sia una coincidenza. Se è così, voglio saperlo al più presto» aggiunge, recuperando il suo tono di voce fermo. «Domani mattina inizieremo a lavorare di buona lena.»

Gli do ragione mentre ripeto a me stessa che deve per forza essere così. Quel corpo è di Viviana e se è emerso dalla nuda terra è solo per indicarci la via che ci porterà ad Ambra.

* * *

La mattina seguente chiamo Calligaris.

«No che non lo sapevo!» esclama alla mia specifica domanda se fosse a conoscenza del rapporto tra le due sparizioni. «Cos'ha per la testa, la gente? La madre della Montosi avrebbe dovuto comunicare subito e a chi di dovere una connessione così importante.»

«Be', lo ha detto a me» mormoro, dandomi un tono.

«Con tutto il rispetto, Alice, quando dico *a chi di dovere* non mi riferisco esattamente a te» ribatte in maniera sarcastica ma non scortese.

«Capisco il suo punto di vista, ispettore.»

«Quando saranno pronti i risultati?» ribatte lui e dalla cornetta riesco a sentire il martellare frenetico di una Bic sulla sua scrivania.

«Al più presto, ispettore. Può immaginare la tensione del dottor Conforti, vedrà che non perderà tempo.»

«Voglio sperarlo. Sarà anche il migliore sulla piazza – così dicono tutti i magistrati che gli affidano incarichi – ma è un po' troppo lento per i miei gusti.»

«Non stavolta» gli assicuro. E difatti è Claudio in persona a venire a prendermi nella mia stanza, e se potesse mi trascinerebbe via tirandomi per un orecchio.

Liquido Calligaris con premura, mentre Claudio mi inonda di recriminazioni.

«È mezz'ora che ti aspetto.»

«Sono pronta!»

«Non intendo tornare a casa senza aver dato un nome e un cognome a questo cadavere» afferma stentoreo, fulminandomi con lo sguardo, ma ho la sensazione di essere solo il capro espiatorio di tutta la sua rabbia. E poiché riesco a immaginare tutto ciò che deve passargli per la testa lo lascio fare, non mi difendo. Poco dopo, all'arrivo di Lara e degli altri colleghi, mi accorgo infatti della clemenza che ha dimostrato nei miei riguardi, forse in omaggio alla predilezione che nutre per me. In particolare, è talmente aggressivo con Lara che lei, sentendosi presa di petto, ci pianta in asso e abbandona il laboratorio senza pensarci due volte. Al mio minimo accenno a seguirla, Claudio mi rivolge un'occhiata che annienta ogni mio eventuale tentativo di fuga.

Più tardi, durante la pausa caffè gli domando perché abbia preso di mira un tipo come Lara, così mite.

«Non lo vedi che mi tratta come se fossi un assassino?» domanda con gli occhi pieni di ferocia. «Con quella testa di cazzo che si ritrova sarà convinta che ho seviziato Ambra e l'ho gettata nel Tevere. »

« Non dirlo neanche per scherzo. »

« Dillo a quell'imbecille della tua collega » conclude, con l'aria di chi proprio non ne può più.

* * *

È tarda sera quando il lavoro è finito e né io né lui siamo sorpresi di scoprire che quelle ossa, in vita, appartenevano a Viviana Montosi.

Nel frattempo Lara è tornata ed è di fronte a lui, in silenzio. Le ho parlato brevemente del rapporto che legava Viviana e Ambra e lei adesso è molto turbata.

Studio attentamente l'espressione di Claudio, mentre analizza i profili genetici e la loro perfetta corrispondenza. L'istintiva preoccupazione che incupisce i suoi occhi, per una volta trasparenti, mi riempie di tristezza.

Fare o non fare, non esiste provare
Maestro Yoda, *Star Wars*

In un soleggiato pomeriggio di gennaio del 2006, Viviana Montosi ha salutato la madre e la zia Anastasia ed è uscita di casa per non tornare più. Viveva con loro, il padre e il fratello minore, Carlo. Una famiglia per bene, una famiglia come tante. I genitori impiegati nella pubblica amministrazione, la zia un po' pazzerella, a quanto si dice, il fratello studente di medicina. Viviana era una ragazza impegnata. Era un'attivista di Greenpeace e frequentava ambienti politicamente schierati a sinistra; gli studi di archeologia l'avevano portata a viaggiare molto in Medioriente, perché era stata inclusa in un progetto di ricerca nella parte vecchia della città di Gerico, dove il Dipartimento di archeologia dell'Università La Sapienza aveva promosso degli scavi per studiare le antiche popolazioni di quel luogo. Viviana aveva aderito con entusiasmo e, supportata da una famiglia aperta e liberale, era partita per i Territori Palestinesi, per la prima volta, nel 2002.

Al momento della scomparsa, non aveva un ragazzo.

Tutte queste informazioni provengono da Calligaris in persona, che nel 2006, appena trasferito a Roma da Bassano del Grappa, ebbe notizia del caso Montosi dal suo diretto superiore, che se ne era occupato con scarso profitto. Adesso ha ripreso in mano il faldone del caso e sta cercando di delineare una visione d'insieme, di cui beneficio per sommi capi. Il ritrovamento del cadavere e la connessione con la scomparsa di Ambra Negri Della Valle rimescola le carte e Calligaris è molto eccitato all'idea di approfondire la faccenda.

Nel 2006 le indagini sulla scomparsa di Viviana non avevano condotto ad alcun risultato utile. Calligaris ne è certo: alcune circostanze non sono state vagliate con il dovuto scrupolo e la scomparsa di Ambra Negri Della Valle potrebbe essere il punto di partenza per una valutazione del tutto nuova del caso.

«Pensa a qualcuno appartenente a un passato comune?» gli chiedo, mentre bevo con lui un succo d'ananas al bar vicino all'Istituto. È venuto a parlare personalmente con Claudio e prima di tornare al lavoro ci siamo ritagliati un po' di tempo per le nostre fantasie.

«Non pensarci sarebbe un errore marchiano» ribatte lui, riflessivo. «Ti andrebbe di dare un'occhiata agli atti?» domanda poi, mentre paga il conto.

«Quelli relativi alla scomparsa di Viviana Montosi?»

«Esatto. Tu hai una sensibilità particolare nell'inquadrare gli eventi, mi piacerebbe avere una tua opinione.»

«Certo, ispettore, conti pure su di me» ribatto, tutta compiaciuta.

«Dovrai prenderne visione nel mio ufficio, ovviamente. Per quanto mi fidi di te, certi documenti non possono uscire da qui.»

Annuisco piena di comprensione e non vedo l'ora che sia domani, alle cinque, ora in cui Calligaris mi ha dato appuntamento per *prendere visione degli atti*.

Io direi, più propriamente, *curiosare*.

* * *

L'indomani, mentre sono in attesa dell'ora X, la noia è spezzata dall'arrivo di Isabella Negri Della Valle, in tacchi a spillo e tailleur. Ha l'aria inferocita quando, imbattutasi in me, chiede di Claudio.

«Non è ancora tornato dalla Procura» le dico con tono gentile. «Può aspettarlo nella... nostra stanza» la invito, mentre Lara le chiede se desideri un caffè.

La donna accetta e ci segue in silenzio.

Varcata la soglia, cerca subito di capire con lo sguardo quale sia la postazione di sua figlia.

«La scrivania di Ambra è quella lì, sulla destra, sotto la finestra» le spiego con un filo di imbarazzo. È tutto in ordine come lei ha lasciato l'ultimo giorno prima della sua scomparsa. I suoi libri, un fascicolo, il portapenne, la stampata di una foto, presa su internet, di George Clooney e Brad Pitt in *Ocean's Eleven* appesa alla parete con lo scotch, vezzo che la Wally le ha sempre concesso con uno dei suoi rari e inesplicabili sorrisi.

Isabella si siede sulla poltroncina della figlia e l'effetto è particolarmente amaro, perché Ambra sembra tornata tra noi, invecchiata, triste e con qualche ritocco qua e là. Dalla Karenina di Dior che tiene tra le mani, oltre alla custodia degli occhiali da sole fa capolino anche una busta bianca stropicciata. Isabella sembra in forte tensione emotiva, un certo pallore sul viso ben truccato. Guarda spesso l'ora ed è una situazione di particolare imbarazzo, perché non abbiamo molto da dirci: lei è diversa dalla volta in cui l'ho conosciuta, quando aveva voglia di parlare della figlia e di reagire all'angoscia con forza d'animo e speranza. Oggi sembra penosamente consapevole di tutti gli orrori che potrebbero esserle capitati.

Mi chiedo se non abbia già saputo di Viviana, e quali fantasmi si siano scatenati nei suoi pensieri. Probabilmente vuole parlare di questo, con Claudio, che nel frattempo, appena tornato dalla Procura, è passato dalla nostra stanza per recuperare un fascicolo che mi aveva dato qualche tempo fa.

Alla vista della madre di Ambra, ha un sussulto.

«Buongiorno» la saluta con tono incolore.

Isabella Negri Della Valle si alza e gli si piazza davanti. Ha l'aria minacciosa, il che mi fa supporre che non desideri un confronto amichevole.

«La stavo aspettando» ribatte con freddezza.

Claudio annuisce. «Sono a sua completa disposizione.»

«Devo parlarle in privato» aggiunge lei e la tensione tra loro assume quasi una consistenza solida.

«Mi segua» conclude lui, e giuro che darei qualunque cosa per essere invisibile e poter assistere alla loro conversazione.

Sulla scena del crimine un criminale toglie o lascia sempre qualcosa
Edmond Locard, 1910

Sono confinata in un angolo dell'ufficio dell'ispettore Calligaris, seduta su una sedia traballante, il fascicolo con tutti i documenti riguardanti Viviana sulle cosce e tanta voglia di saperne di più.

Un intero blocco di più di cento pagine contiene le mail di Viviana e ci vorrebbe molto più tempo di quello che ho per leggerlo per intero. Si tratta infatti di mail spesso molto lunghe, specie quelle che lei inviava a un contatto di nome Rebecca Tedeschi mentre si trovava a Gerico. Il tempo è davvero troppo poco per spulciarle per intero, così per il momento soprassiedo. Il resto dei documenti è costituito dalle mail scambiate dagli altri componenti della missione, oltre che da foto e dati testimoniali relativi alle ultime settimane di vita di Viviana. All'epoca della scomparsa gli investigatori si erano concentrati sulle vicende relative a quei giorni in Medioriente. Tutti i membri della spedizione avevano aderito pieni di buoni propositi, nessuno aveva opposto resistenza alla revisione sistematica del loro carteggio.

Dalla lettura di questi dati apprendo che Viviana era attiva sul fronte della ricerca sulla necropoli dell'antica Tell es-Sultan nell'Età del Bronzo.

Viviana era la studentessa prediletta del promotore del progetto, il professor Curreri, relatore della sua tesi di laurea e grande sostenitore del futuro radioso della sua carriera. Insieme avevano raggiunto traguardi molto importanti: era stato proprio il gruppo di Curreri a lavorare sodo per la ricostruzione di un antico villaggio risalente al 3000 a.C.

Dopo la scomparsa di Viviana, il suo posto era stato preso da Anita Ferrante, una collega di studi che faceva parte del gruppo di ricerca ma che lavorava nelle retrovie. Tra le due non correva buon sangue.

Nessuno aveva notato alcunché di anomalo in Viviana e la sua improvvisa sparizione non aveva lasciato dubbi tra amici e familiari: doveva per forza esserle successo qualcosa di male, Viviana non si sarebbe mai allontanata da casa senza dare spiegazioni. Men che meno era tipo da suicidarsi.

« Ispettore » lo chiamo a bassa voce, timidamente, sperando di non disturbarlo.

« Dimmi. »

« Qui c'è una dichiarazione rilasciata da una certa Anastasia Salvemini. Sosteneva di sapere cos'era successo a Viviana già il giorno dopo la sua scomparsa. »

« Ah, sì. La medium. »

« Secondo questa donna, Viviana è stata uccisa a tradimento, in una casa, da una persona che conosceva. »

« Anastasia Salvemini è la zia della Montosi, la sorella della madre. Viveva con Viviana e con la sua famiglia. È un tipo... originale, come confermato anche dalla sorella stessa. Non la definirei una testimonianza attendibile. Alice » riprende poi, con un tono di voce più accomodante, « esiste la possibilità che la Montosi non sia stata uccisa dove noi l'abbiamo trovata. »

« Ha visto, allora, che sua zia Anastasia aveva ragione? Peraltro non è da escludere che Viviana sia morta per un colpo inferto alle spalle. A tradimento, appunto. »

Calligaris inarca un sopracciglio bruno, trasmettendomi sarcasmo. « Ho i primi risultati degli studi di botanica forense. »

« E? »

« Sotto le scarpe di Viviana Montosi, sul maglione e tra i pochi capelli rimasti, sono stati rintracciati dei pollini. In particolare, pollini di nocciolo. Naturalmente, nel luogo in cui è stato rinvenuto il cadavere, di noccioli nemmeno a parlarne. Quindi ci sono elevate possibilità che il giorno della sua morte Viviana si sia trovata in un giardino con un albero di nocciolo e che lì possa essere morta. E poi, a farmi riflettere, è anche la postura del cadavere e quella corona deposta accanto a lei. Ho la sensazione che il corpo sia stato adagiato in posizione fetale con uno specifico significato, come in una sepoltura rituale. »

« Ispettore, mi piacerebbe leggere le lettere di Viviana. Non potrebbe fare un'eccezione e permettermi di portarle con me? Giuro che non se ne pentirà. »

« Odio doverti dire di no... » mormora lui, sinceramente dispiaciuto.

« D'accordo, non si preoccupi. Tornerò a farle visita e le leggerò qui. » Sul volto di Calligaris si dipinge un sospiro di sollievo. È dolce come una piccola bestiola.

* * *

Uscita dall'ufficio dell'ispettore decido di fare un pezzo di strada a piedi e di godere di un fievole e tiepido raggio di luce. Acquisto un pacchetto di Merit dal tabaccaio e al momento di tirar fuori i soldi mi accorgo di aver mancato un paio di chiamate, tutte di Claudio. Richiamo e sono costretta a uscire dal negozio perché i Led Zeppelin risuonano in maniera assordante.

« Che ti è preso? » gli domando, cercando di capire cosa voglia: sembra confuso.

« Stavo così male che ho bevuto fino a stare peggio. »

«Sei ubriaco?»

«Purtroppo non abbastanza.»

«C'entra la madre di Ambra?»

Lui evita di rispondere. «Vieni a casa mia, per favore. Portami una pizza e un Brufen. E pure un Plasil. In fiala.»

«Altro?» gli chiedo, con una punta di sarcasmo.

«Anche una copia di *GQ*.»

«Claudio, non hai l'influenza. Sei semplicemente sbronzo.»

«Mi sta già passando, ora soffro i postumi.»

Chiude prima che possa chiedergli il suo indirizzo e sono costretta a richiamarlo.

Casa sua è a otto fermate della metro da casa mia, dove ormai ero quasi arrivata.

È un appartamento piccolo, al secondo piano, in un edificio secentesco. In un salotto ipermoderno, bianco e nero, un televisore enorme fisso su MTV – in questo momento c'è un live di *Starlight* dei Muse – una collezione di dvd, una quantità di superalcolici assortiti su un mobile bar e Claudio, in jeans e con una camicia sbottonata e le maniche arrotolate. Dopo avermi aperto la porta si rituffa sul divano di pelle nera, selvaggio e seducente, disperatamente fuori controllo. I capelli privi dell'effetto impomatante del gel sono spettinati come quelli di un ragazzino che ha fatto sport e lui è privo di quell'abituale, glaciale compostezza che lo riveste come una tuta impermeabile. Sembra persino più giovane di dieci anni ed è pericolosamente somigliante a quel ricordo sfocato che ho di lui, lontano, confuso e conturbante, di quella notte insana, disgraziata e bellissima in cui ci siamo abbandonati al sogno. Poggio le medicine sul tavolo della cucina in acciaio, nuova e brillante. La pizza che gli ho preso è fredda, ormai, e non capisco come possa averne voglia, dato che lamenta nausea e voglia di vomitare.

« È per dopo, quando il Plasil avrà fatto effetto » spiega, quasi fosse disturbato dalle mie domande.

« Mi spieghi perché ti sei ridotto così? »

« Perché sono stato umiliato. »

« È umanamente impossibile umiliarti, Claudio. Hai un orgoglio che non lo consente. È più facile ucciderti. » Lui non risponde. « Non è meglio che ti metti a letto? »

Inarca un sopracciglio in un'espressione subdola, piena di significato, ma non risponde. Picchietta la seduta del divano con la mano, come per invitarmi a sedere accanto a lui, ma di fatto, sdraiato e prono, occupa quasi tutto lo spazio.

Slaccio il montgomery e lo poggio sulla poltrona; mi ricavo un piccolo spazio accanto alla sua testa, che lui finisce per poggiare sulle mie gambe, tenendomi un ginocchio con la mano. Il sangue accelera il suo flusso e si surriscalda e in un attimo mi ritrovo ad accarezzargli i capelli, come farei con il manto del mio piccolo Ichi. Solo che quello spasmo fugace di tenerezza si trasforma in una fiammata quando lui allunga la sua mano verso la coscia e io sento che se non me ne vado le cose finiranno per degenerare di nuovo. Eppure mi ritrovo a provare un senso di sorprendente frustrazione quando è lui a ritirare la mano, come se per un attimo fossi tentata di rimetterla lì dove l'aveva audacemente collocata.

« Meglio evitare. Non ce la posso fare » mormora, mentre continuo a sfiorargli i capelli e se mi interrompo ha anche il coraggio di richiamarmi all'ordine.

Non so per quanto tempo rimaniamo così; dalla finestra vedo avanzare un imbrunire multicolore, e poiché nessuno accende le luci, la stanza è invasa dalla notte, lentamente. Lui si è come appisolato, ogni tanto i suoi muscoli hanno un guizzo.

Riesco ad alzarmi, il suo sonno è più profondo di quanto non sembri. La pizza, in cucina, è fredda e ha un aspetto sempre meno commestibile; il suo frigo è vuoto e io ho una fame vorticosa. Nonché bisogno di usare il bagno.

Ce n'è uno soltanto ed è all'interno della sua stanza.

Il letto è basso, i mobili neri e lucidi, come una continuazione del salotto. Sulle coperte c'è la sua giacca, come se l'avesse tolta via e lasciata lì, di corsa, forse ansioso di bere. Accanto alla giacca, una busta bianca, la stessa stropicciata che stamattina era nella borsa della madre di Ambra, ne sono quasi sicura.

Oh cielo. Sono messa alla prova dalla divina Provvidenza, che vuole saggiare il mio grado di resistenza.

La busta è qui di fronte a me e posso leggerla indisturbata.

E capire perché Isabella Negri Della Valle era tanto agguerrita.

E perché Claudio ha finito con l'ubriacarsi.

E forse scovare un indizio sulla sparizione di Ambra.

Al diavolo la prudenza e con lei la discrezione.

Afferro la busta, leggo il contenuto. Lo divoro, anzi, e sento una tale agitazione e angoscia da esserne sorpresa.

Ripiego il foglio e rimpiango di aver ficcato il naso dove non avrei dovuto.

Sento dei passi, sarà di certo lui, che si sta avvicinando; poggio la busta dove l'ho trovata. Nel sentirlo alle mie spalle ho un sussulto di panico, di sdegno, e odio doverli provare verso di *lui*.

Fino a un istante fa lo desideravo e se la sua mano avesse percorso qualche centimetro in più non sarei riuscita a sottrarmi.

Ora vorrei soltanto fuggire via.

«Hai fame?» domanda.

Scuoto il capo, l'appetito si è dileguato. «Devo tornare a casa.»

«Resta.»

«No, davvero, non posso.»

Il silenzio ci pietrifica. «Okay. Grazie... di tutto.»

Gli faccio un cenno, una sorta di smorfia, che cela la voglia di chiedergli di più.

Mi accompagna alla porta, mi saluta con un bacio sulla guancia.

Corro a prendere la metro ma in realtà si tratta di una fuga.

Dura è la lotta, e torno con gli occhi stanchi a volte, di vedere il mondo che non cambia

Pablo Neruda

È mattina presto, così presto che in Istituto non c'è ancora nessuno. Tengo lo sguardo fisso sulla scrivania di Ambra, con un'amarezza tutta nuova, quella che deriva dalla consapevolezza di non avere capito niente. Di lei, di lui, di come sono andate davvero le cose, di quello che si nascondeva sotto le ceneri. Si pensa sempre che le storie degli altri possano essere banalizzate perché si conoscono più o meno bene i soggetti chiamati in causa, ma non è così.

Io di loro non sapevo niente.

Claudio, tu lo sapevi?

Sicuro. Certe cose non si possono tenere segrete. Dalla mia memoria emergono fumosamente i dettagli di vecchie domande, di me che gli chiedo perché tra loro sia finita e di lui che mi parla di vaghe divergenze inconciliabili, alludendo a un'Ambra diversa, assai dissimile dall'idea che mi ero fatta di lei, e a un torto grave che lui le ha fatto.

Chiedergli spiegazioni implicherebbe il confessargli che ho sbirciato in quella busta. Frugare tra le cose altrui è sempre bieco, a prescindere dal risultato.

«Se ieri ho allungato le mani, ero troppo ubriaco per ricordarmelo. Ma conoscendomi è probabile che lo abbia fatto, quindi, scusami» mi dice più tardi, al lavoro su un caso di routine.

«Niente di grave» ribatto, un po' distante.

«E allora perché te ne stai lì tutta sulle tue, con l'atteggiamento di una musulmana che si è promessa vergine fino alla morte?»

«Claudio. Cos'è successo con Ambra?»

Lui si irrigidisce. L'espressione spiritosa sul viso impenitente lascia spazio a un'aria seria e vagamente sprezzante.

«Tu dubiti di me.»

«No.»

«E invece sì. Lara ti ha contagiata. Una tua ex sparisce e naturalmente tu ti ritrovi a essere trattato come un criminale, anche se non hai niente a che vedere con la sua scomparsa.» È veramente incazzato.

«Non dirai sul serio! Io non penso affatto che tu c'entri qualcosa con la sua scomparsa, come ti viene in mente? Ho soltanto il timore che sia successo qualcosa, tra voi, che ha cambiato il corso degli eventi.»

«Cambiare il corso degli eventi... non vedo come!»

Resto in silenzio, perché non voglio in alcun modo forzarlo a parlarmi di questioni tanto private. Gli vado incontro e lo abbraccio.

Lo stringo forte, fortissimo, più che posso, perché qualunque cosa abbia fatto non merita di essere trasformato in una persona di cui diffidare. La gente sbaglia, sbaglia di continuo.

Si può perdonare, finché non uccide.

* * *

Nel pomeriggio, mesta e scolorita raggiungo l'ufficio di Calligaris per leggere i documenti contenuti nel fascicolo sulla scomparsa di Viviana, segretamente speranzosa di scovare qualcosa sfuggito agli altri.

«Ecco, ispettore, ha visto che avevo ragione?»

«Su cosa?»

« Sul giubbotto di Viviana. Doveva essere finito da qualche parte. E infatti, eccolo qui, indosso a una barbona. »

Calligaris si alza dalla sua poltroncina e mi raggiunge. « Fammi vedere. »

L'ispettore inizia a leggere e, dopo aver finito, mi guarda compiaciuto. « Buona intuizione, Alice. In effetti, il giubbotto di Viviana è stato riconosciuto per caso – nel maggio del 2006 –, da una sua conoscente, indosso a una senza tetto. Era facilmente identificabile, perché era pieno di spillette, una delle quali con su scritto FREE PALESTINE. Aveva anche la sua borsa Eastpak. »

« Ho visto. E la donna, naturalmente, ha trovato tutto in un cassonetto, anche se non ricordava quale, né in che zona di Roma. A riprova del fatto che qualcuno ha voluto disfarsene. »

« Continua a leggere, non si sa mai che tu possa farmi notare qualcos'altro di interessante » conclude, e non capisco se scherzi o no.

Prendo le lettere di Viviana. Le sfoglio in maniera sistematica, iniziando dalle prime, telegrafiche e pigre come spesso sono le mail o i messaggi che i ragazzi inviano ai genitori. Viviana non fa eccezione e si limita a dire ai genitori che va tutto bene, senza dettagli, senza offrire particolari che possano nascondere enigmi o indizi su cui lavorare. Le lettere indirizzate a Rebecca sono differenti. È più o meno come leggere un diario segreto, facendo eccezione per le volte in cui Viviana chiede informazioni a Rebecca sui suoi studi o sul suo ragazzo.

È una lettura piacevole, ma lunga, lunghissima. Temo che dovrò trascorrere molto tempo in quest'ufficio sorseggiando beveroni di caffè, con il termosifone annerito e i muri un po' crepati, qualche poster anonimo alle spalle di Calligaris, chino sulla sua scrivania a studiare e firmare scartoffie.

«Alice. Inizia a riordinare il fascicolo, tra dieci minuti andrò via.»

Che disdetta. Proprio sul più bello. «Sì, ispettore» mormoro distrattamente. Le lettere di Viviana sono piuttosto interessanti. Mi imbatto in una in particolare, mischiata alle altre, una macchia di caffè sul margine. Non è la prima della serie, che ha inizio nei primi giorni di settembre. È datata 16 novembre 2005.

Ciao, Bex.

Fa ancora più caldo della scorsa volta. Sono così abbronzata che al mio ritorno si potrà credere che sono stata a oziare ai Caraibi. E invece...

Scusa se per giorni non ti ho dato mie notizie, ma qui la connessione a internet è un disastro.

Il Prof è di buon umore, e ti ho già detto tante volte quanto questo sia raro. Ne approfittiamo tutti: dal suo atteggiamento dipende la tranquillità dell'intera compagnia.

Adoro Gerico. Mi sento parte di qualcosa di importante e quando giro per queste strade e so che nessuno che conosco è mai stato qui, né mai ci verrebbe, avverto una specie... di orgoglio segreto.

Continuo a leggere. Le parole di Viviana entrano di prepotenza nelle strade più segrete della mia mente.

Sono talmente confusa. Non so più come accettare che tutto sia finito.

Oggi sento solo un grande rimpianto. Nei momenti trascorsi insieme non ho fatto che lamentarmi e avere paura dell'ignoto. Ora, che non resta più niente, mi rendo conto che solo adesso ho diritto a soffrire, che prima non avrei dovuto lambiccarmi la mente con pensieri stupidi, perché la cosa più importante di tutte era essere insieme, mentre adesso non lo siamo più, né mai più lo saremo.

«Alice» mi chiama Calligaris, con voce insistente, come se lo avesse già fatto e io lo avessi ignorato.

«Sì, ispettore» ribatto, gli occhi ancora fissi sulla stampata.

«A cosa stai pensando?»

«Mi chiedo se Viviana abbia realmente ponderato le sue parole, in questa lettera. 'Adesso non lo siamo più, né mai più lo saremo'» rileggo. «Quando diciamo *mai più*, ci rendiamo conto che solo la morte può autorizzarci a pensarlo davvero?»

Calligaris sembra perplesso. Ignora le mie riflessioni per concentrarsi su un altro punto, che è di certo più importante – o perlomeno, lo è per i suoi riverberi pratici. «A chi si riferisce?»

«Non saprei, è solo uno stralcio che ho letto al volo. Saprò risponderle più avanti.»

«Alice, domani ti parlerò di un sottilissimo legame tra Viviana e Ambra.»

«Come, domani?»

«Ora non ho tempo.»

«Sono rimasta qui un'ora e non mi ha detto niente?»

«Ho studiato. Sono un tipo riflessivo, non do subito fiato alle trombe, tanto per parlare» osserva, pieno di serena consapevolezza, spinoso come un cactus. «Su, andiamo, devo chiudere l'ufficio. Domani avrai gli aggiornamenti; non aspettarti novità clamorose, in ogni caso.»

Rassegnata, torno a casa. Infilo il guinzaglio a Ichi per una passeggiata nei dintorni. Non so nemmeno come, mi ritrovo nei pressi del Vaticano, mentre il cielo assume la debole colorazione purpurea del crepuscolo. In realtà, so perché i miei passi sono diventati autonomi e le mie gambe, senza chiedermi il permesso, mi hanno portata lontana da casa. Perché la mia mente è altrove, del tutto impegnata in fantasticherie remote, romantiche.

Probabilmente perché quelle parole di Viviana, così piene di rimpianto e dolore, avrei potuto scriverle io, su Arthur.

Le lettere mi hanno ispirata e travolta.

Al punto che adesso, mentre il mio corpo mi portava in giro senza una meta, la mia mente mi porta in Palestina, a immaginare quella storia, come l'ho appena letta.

Il deserto muta di continuo, ma nessuno se ne accorge

Deserto del Negev, settembre 2005.

L'aria era tersa, quanto Viviana non l'aveva mai percepita. L'orizzonte era sfocato e vibrava alla vista. Le girava un po' la testa.

Aveva riempito la mano di sabbia per poi lasciarla scivolare, in una cascata di granelli d'oro, e aveva fissato lo sguardo come ipnotizzata. Poi qualcuno l'aveva chiamata, lei si era pulita le mani sui jeans e aveva raggiunto il resto del gruppo.

Era stata un'idea del Prof, quella vacanza, un modo per carburare prima di immergersi nel fitto dei lavori. Avevano raggiunto Mitzpe Ramon nel pomeriggio; l'albergo era magnifico e c'era da aspettarselo, perché era stata Anita a occuparsi delle prenotazioni. In un luogo estraneo all'aridità e al capillare squallore delle strade di Gerico, finalmente Viviana appariva a proprio agio.

Il Prof aveva portato con sé la sua seconda moglie, Ella. Si erano sposati da poco e lei aveva lasciato Tel Aviv per trasferirsi con lui a Roma. I giorni nel Negev erano l'occasione giusta per presentarla al gruppo.

Sembrava che Anita avesse voglia di farle una buona impressione, di conquistarla. Viviana non era riuscita a capirne la ragione.

Anita aveva stordito Ella con i suoi soliti monologhi che sfoderava all'occorrenza e che Viviana conosceva a memoria. Nell'ordine si susseguivano: le sue esperienze di viaggio in mezzo mondo emerso, strabilianti per una ragazza di così giovane età; la mirabile collezione di teiere della madre, che tirava sempre fuori ogni volta si trovassero in un bar e qualcuno avesse la malaugurata idea di ordinare un tè; infine, buttato lì en passant, l'accenno alla carriera del padre, manager al più alto vertice di carriera di una multinazionale americana.

Viviana aveva adorato l'aria lievemente annoiata con cui Ella aveva annuito educatamente. Un'aria quasi impercettibile, ma bastava osservarla con un po' d'attenzione per accorgersi che la moglie del Prof non provava alcuna curiosità nei confronti degli studenti del marito.

Più appariva distante, più Anita si ingegnava per colpirla.

Il viso di Ella era caratterizzato da lineamenti di una bellezza forte e insolita. C'era il fascino degli zigomi pronunciati e di un naso importante, accompagnato da occhi chiari stagliati su un incarnato da zingara. Indossava molti gioielli, tutti d'oro giallo e forgiati a mano, qui e lì dei piccoli rubini montati cabochon. Portava un profumo intenso, da boutique parigina, di quelli che se usati senza moderazione scatenano l'emicrania.

Ella aveva parlato della sua città, Tel Aviv, e già il suo racconto era pieno di rimpianto, come se tutto si fosse trasformato in passato remoto, senza che lei ne avesse controllo. A Viviana quel senso di rimpianto era piaciuto moltissimo, perché aveva sentito qualcosa di molto vicino a sé. Poi, Ella aveva parlato del suo unico figlio, Daniel, che si era appena laureato in archeologia a Tel Aviv, e presto li avrebbe raggiunti a Gerico, per collaborare alle ricerche.

Gli occhi dorati di Ella brillavano al solo ricordarlo e sembravano fremere per l'attesa. Più di tutti Anita era sembrata entusiasta, dicendo che non vedeva l'ora di incontrarlo, che sicuramente ci sarebbe stato molto da imparare da lui.

Carlo e Sandra, i due dottorandi la cui attività volgeva quasi al termine, erano sempre un po' distaccati dal resto del gruppo. Ricercavano un'intimità tutta loro, ma lo facevano

74

con grazia. *Quasi con tenerezza.* Anche loro, però, erano emersi dall'isolamento, incuriositi dal nuovo imminente arrivo, e Sandra aveva spiegato a Viviana che sul figliastro di Curreri si dicevano in giro meraviglie.

Viviana aveva pensato, in un momento di diffidenza, che tanto entusiasmo non poteva che celare magagne e il suo stato d'animo si era preparato ad accogliere questo presunto genio dell'archeologia con livore.

Non le erano mai piaciute, per principio, le persone di cui si parlava troppo bene.

Dio sta dalla parte del perseguitato

Allettata dall'esca lanciatami da Calligaris, mi presento in ufficio in anticipo rispetto al solito. Lui è già al lavoro e devo domare la mia curiosità finché lui non trova un po' di tempo per spiegarmi le ultime scoperte.

«Viviana Montosi e Ambra Negri Della Valle erano studentesse presso la sezione C del Liceo Mamiani. Sono nate entrambe nel 1984, l'una in giugno, l'altra in marzo, e abitavano anche nello stesso quartiere. Ma le similitudini finiscono qui. In realtà, a quanto ho potuto appurare, non avrebbero potuto essere più diverse. Viviana è nata e cresciuta in un ambiente piccolo borghese. Era vivace, politicamente impegnata, amante del cinema d'essai, appassionata di storia e di archeologia. Era una ragazza che non aveva paura di niente, o così dice sua zia Anastasia, il che, come è ovvio, lascia il tempo che trova, ma non mi sembra del tutto infondato. All'età di ventun anni stava con un piede in Palestina e uno in Italia e apparteneva a un Comitato di solidarietà al popolo palestinese di cui era parte attiva. Nel corso di una manifestazione era stata fermata dalla polizia. Evidentemente, la questione le stava molto a cuore.»

«Mi sembra una persona molto diversa da Ambra» commento.

«Infatti. Ambra Negri Della Valle, non devo dirtelo certo io, era tutt'altra pasta di persona. Ho incontrato buona parte dei loro ex compagni di scuola. Le ragazze sono abbastanza atterrite dalla coincidenza della scomparsa di entrambe. Tutti ricordano con affetto Viviana: per due anni era stata rappresentante di classe. Ambra... sì, certo, c'è dispiacere e sgomento per quanto accaduto ma... come dire, nessuna palpabile costernazione. Non era amata, no.»

Non stento a crederlo. Ma non è questo il punto. Calligaris mi sta lasciando a bocca asciutta.

«Alla domanda se tra le due ragazze esistessero contatti degni di nota, la risposta è stata unanime» prosegue.

«E cioè, no» lo anticipo.

«Non esattamente. Ambra e Viviana erano quello che si potrebbe definire *amiche del cuore* durante il ginnasio. Il rapporto tra le due era strettissimo, e questo mi è stato confermato anche dalle loro famiglie.»

«E perché poi si è interrotto?»

«La madre di Ambra sostiene che sia stato un allontanamento indolore, dovuto al percorso di crescita differente cui le ragazzine si stavano indirizzando. La madre di Viviana non ne ricordava le ragioni. Al contrario, sua zia Anastasia era certa che il loro distacco avesse fatto soffrire molto la nipote e che fosse avvenuto perché Ambra l'aveva usata e poi gettata.»

«Mi dica di più.»

Con il colorito reso lievemente più roseo sulle guance per il surriscaldamento della stanza dovuto al termosifone impazzito, Calligaris prova a essere più specifico: «Perché Ambra la sfruttava per i compiti, cose così».

«Ah.»

«Una loro compagna di classe è stata più precisa. Le ragazze si rivolgevano la parola a malapena, negli ultimi tempi. *Non c'era ostilità, apparentemente, ma si lanciavano certe frecciate...* ecco, ha usato queste parole» precisa, una fugace occhiata al suo taccuino pieno di note. «Eppure, guarda cosa ho trovato analizzando uno a uno i numeri dei tabulati telefonici: alla fine di dicembre del 2005, dunque poco prima della scomparsa, Viviana ha chiamato Ambra. »

Mi porge i fogli, e vedo evidenziata in giallo l'attribuzione di un numero di cellulare a un utente dal nome Ambra Negri Della Valle. Due chiamate, una il giorno 23 dicembre, della durata di venti minuti, e un'altra, il giorno 26 dicembre, un po' più breve.

« Viviana era rientrata da Gerico il 19 dicembre. Come ti spieghi che appena ritornata dalla Palestina abbia sentito l'esigenza di chiamare la vecchia amica? »

« Non so, ispettore. Forse per gli auguri di Natale? Mi dia il tempo di leggere le sue lettere, magari una spiegazione uscirà fuori. »

« Ho paura di non poter aspettare a lungo, ma che dovrò farlo da me. »

« No... »

« Non temere, io lo farò al computer. »

È un po' come quando inizi a leggere un libro dal finale, sbirciare le mail di Viviana alla ricerca del nome di Ambra. Alla fine mi rassegno, e procedo con ordine.

Non importa quanto tempo impiegherò, ma nel mondo di Viviana voglio entrare con i giusti ritmi.

* * *

Gerico, settembre 2005.

Erano passati attraverso la Barriera che separa la Cisgiordania da Israele. Un contingente di soldati israeliani – tutti giovani, come liceali – era salito sul loro pullman. Puntavano quel fucile su di loro come se fosse un giocattolo. Chiedevano il passaporto come vecchi inquisitori.

Niente da temere, solo un controllo. Per la sicurezza di tutti – dicevano in inglese ma a Viviana erano venuti i brividi.

Oltre il Muro, tappezzato di graffiti che inneggiavano alla libertà della Palestina, Viviana si era sentita finalmente libera di esprimere la propria opinione.

« Altro che sicurezza. È un modo per confinare, una segregazione nazista » aveva detto a Sandra, che era seduta accanto a lei.

Daniel Sahar sembrava sonnecchiare, seduto in fondo al pullman. Era appena arrivato da Londra e si era unito al gruppo con un atteggiamento che celava un infondato senso di superiorità. Si era alzato dal suo posto, alto e dinoccolato, e si era avvicinato a lei, che nel frattempo aveva continuato a dissertare sui diritti dei palestinesi e ipotizzava soluzioni.

E l'aveva fissata con occhi grandi, belli e dorati – gli stessi di Ella.

« Il problema non è risolvibile, perché noi e i palestinesi vogliamo esattamente la stessa cosa. E non si può convivere, loro non sono nemici, sono qualcosa di più. Fanno proprio parte di un'altra galassia. » Il suo tono era gentile, ma solo all'apparenza. C'era una sorta di sfida nascosta tra le righe, e soprattutto sui suoi occhi. Come se le dicesse: Vuoi capirne più di me, che sono nato e cresciuto qui?

Viviana si era sentita punta sul vivo, e come spesso le accadeva quando si sentiva in difficoltà, aveva reagito con forza. « Questo è razzismo. »

Daniel aveva riso, di una risata amara e risentita. « L'opinione pubblica occidentale è sempre dalla parte delle vittime. Le ama, ne ha bisogno per sentirsi superiore. Ama gli ebrei dei campi di concentramento e ama i palestinesi vittime degli ebrei. È ovvio. »

« Ma le vittime di ieri possono trasformarsi nei carnefici di oggi » aveva replicato lei, con modi da precisina.

Al che Daniel aveva messo da parte le buone maniere – ammesso che ne avesse. « Noi non siamo carnefici. E non siamo vit-

time, non più. Ma abbiamo il diritto di vivere in pace. E io sono disposto a fare a pezzi chiunque metta in discussione questo diritto. »

Viviana avrebbe voluto ribattere che quanto aveva appena detto era del tutto alieno da qualsiasi concetto di pace e avrebbe continuato la discussione a oltranza, perché era un tipo polemico e perché quella era una questione che non finiva mai di infervorarla. Ma poi Daniel Sahar se n'era uscito con una risata travolgente. « *Che faccia che hai fatto! Non faccio a pezzi nessuno.* It's a joke, of course. »

« A trick » *aveva precisato Viviana.* Joke *è un semplice scherzo, mentre* trick *è uno scherzo di pessimo gusto.*

E d'improvviso le era sembrato che lui stesse ridendo di lei, e che Anita – poco distante – lo avesse seguito.

Nello stesso momento era diventata chiara la ragione per cui aveva iniziato a odiarlo, non perché l'avesse messa in ridicolo ma perché dopotutto era una grande, tremenda delusione che il ragazzo che le era inizialmente sembrato così brillante si fosse rivelato rozzo e fascista.

Il passato è una terra straniera

Nelle sue lettere, Viviana parla spesso di Intifada. Confesso di aver dovuto fare qualche piccola ricerca su Wikipedia. Non è che poi al liceo certe cose le avessi studiate tanto bene... credevo che fossero lontane e per questo prive di interesse. Adesso, invece, sono sconcertata da quanto siano vicine.

Nel suo piccolo, anche l'Istituto sta vivendo una specie di Intifada – sì, ora che so davvero cos'è mi concedo il paragone.

La Wally era pronta a rilevare le redini del comando, ma dopo la scomparsa di Ambra il Supremo ci ha ripensato e non vuole più andare in pensione. Ciò ha generato sommosse non da poco, perché in un piccolo mondo chiuso i ricircoli di potere o, al contrario, la fissità dello stesso, sono alla base degli umori di tutti. Claudio si preparava ad assumere un ruolo ancora più centrale e prepotente, ma il Supremo lo ha spiazzato, lo tiene a bada e lui non lo sopporta.

Infatti ora Claudio è intrattabile, è nel pieno di uno stravolgimento emotivo senza pari, tanto che alla fine, quando meno me lo aspetto, si abbandona alle confidenze.

«Ci hai mai pensato a quel film... quello con la Paltrow, *Sliding doors*? Al fatto che una scelta, in una frazione di secondo, può mettere la vita su un binario del tutto diverso?»

È pigramente accasciato su una sedia, in laboratorio, un po' pallido, le rughe ai lati degli occhi molto più profonde del solito.

È pomeriggio, conto i minuti per andare a leggere le lettere di Viviana e poi, a seguire, una serata sul divano con Ichi e Cordelia, vera felicità domestica.

«Ti sfugge il finale: la protagonista muore in entrambe le vite alternative. Quindi poi, alla fine, non è che l'una o l'altra cambi granché» gli rispondo mentre lavo con olio di gomito le piastrelle accanto al lavandino. Uno degli insegnamenti del Supremo: il laboratorio è come una cucina, bisogna lasciarlo sempre pulitissimo, ma credo che Claudio non l'abbia mai fatto in vita sua, ha sempre trovato una sgallettata di specializzanda che lo facesse al posto suo.

«Sì, ma arriva alla morte in maniera molto diversa. E non è poco.»

«Claudio, ho paura per la tua salute. Non sei abituato alla riflessione, devi avvicinarti a questa pratica con la dovuta cautela.»

Metto da parte i detergenti, sfilo i guanti e mi avvicino a lui.

È come se avesse un macigno sul cuore che lo sta asfissiando. Non ha ancora capito che un segreto non è per sempre.

«Credi che avresti potuto cambiare le cose, in qualche modo? Stai pensando ad Ambra?»

Lui si prende del tempo per rispondere. «Sì, forse sì.»

Sta per dirmelo, è evidente. Solo, non sa come farlo. Quindi, devo incalzarlo a mio modo. Con tatto e con cautela, in maniera sottile.

Ah, se solo ne fossi capace.

E così scappa da me come una trottola la domanda che da troppo tempo consuma i suoi pasti a base del mio cuore.

«Ambra era incinta?» gli chiedo diretta, fingendo che sia una domanda intuitiva.

Lui sgrana gli occhi, le palpebre appesantite da un sonno disturbato. «Come lo sai?» chiede, evidentemente smarrito.

« Non so. L'ho immaginato » mento. È solo un'innocua bugia a fin di bene. Pronunciare la verità gli sarebbe costato una fatica che ho voluto risparmiargli.

« È successo un anno fa. »

« Quando siamo andati a Taormina? » azzardo e mi accorgo che il mio tono non riesce a non essere risentito, perché nonostante tutto, quel ricordo è prezioso e adesso sarà inquinato per sempre.

« Prima. »

Ti prego Claudio. Non dirmi che le hai detto di abortire. Potrei non guardarti più con gli stessi occhi e non lo sopporterei.

« Lei era piena di idee e progetti e io... mi sentivo schiacciato. Non avevo nessuna intenzione di seguirla in questo suo ideale di famigliola in erba. Le ho detto che avrebbe fatto meglio a riflettere, riflettere molto. Perché non mi sarei tirato indietro, mi sarei assunto ogni responsabilità, ma che l'arrivo del bambino non avrebbe comportato nessuna convivenza, nessun matrimonio. Nessuna responsabilità nei *suoi* confronti, ma solo di mio figlio. »

« Le hai chiesto di abortire? » domando in un sussurro.

Lui si copre gli occhi con le mani scure, che finiscono con il massaggiare i capelli in un gesto pieno di nervosismo. « Non l'avrei mai fatto. Ma ho desiderato, sì, che non fosse mai successo. Non guardarmi con disprezzo » dice in un soffio. « È così irragionevole rifiutare di essere costretto a una vita che non volevo? Perché avrei dovuto dire che ero felice, quando non lo ero? Mentirle, ancora, perché? »

« Cos'è successo, dopo? »

« Vedi il bambino, da qualche parte? »

« No. »

« E allora non c'è bisogno che ti dica altro. Lei lo ha perso. Proprio quando mi stavo abituando all'idea. E poco dopo è finita. »

«Ammettilo che ti sei sentito sollevato.» Sento una nota petulante nella mia voce e ne sono dispiaciuta.

«Alice... Io ho sofferto di più... molto di più di quanto tu possa immaginare e ti auguro, di cuore, di non trovarti mai in una situazione del genere, o potresti perdere tutta questa solenne e insopportabile rettitudine con cui mi punti il dito contro» risponde in un fiato, con palpabile rancore, pronto a lasciare il laboratorio. «S'intende che finisci tu di pulire» conclude, prima di chiudere la porta.

No place in displacement

Gerico, ottobre 2005.

Viviana sbatté la porta della sua stanza. Non piangeva, ma quasi.

Quando sentì bussare fu tentata di far finta di non aver sentito.

« Viviana... so che ci sei... »

Era la voce di Sandra. La dolce e premurosa Sandra. Se c'era qualcuno con cui sentiva di potersi confidare, era proprio lei.

Viviana le aprì e abbozzò un sorriso.

« Posso entrare? » chiese l'altra, l'aria amichevole di sempre. Viviana annuì, tirando su col naso.

« Sono sicura che il Prof avrà avuto le sue buone ragioni » esordì l'amica, conciliante.

Viviana s'incupì subito. « Per far cosa? Per assegnare il mio lavoro ad Anita? Vedermi scartata e sostituita da lei mi ha ferita a morte. »

« Forse ha voluto spronarti – a modo suo. Sbaglio, o vi ha semplicemente invertite? E ha dato a te l'area di competenza di Anita? »

Viviana annuì, distratta, continuando a inseguire il filo dei suoi pensieri. « Mi gioco tutto, in questa missione » mormorò. « Il posto di dottorato è uno solo. O me o Anita. O dentro, o fuori. »

Sandra aggiustò le lenzuola e si sedette sul letto sfatto di Viviana. « Credi davvero che sia così indispensabile ottenere questo posto? Prendi me. Non so se riuscirò a trovare spazio per me *in Dipartimento, ma di certo questa eventualità non mi frena. So già cosa fare, nel caso in cui debba rimanere disoccupata. »*

Viviana sospirò. « Il Prof ha complicato tutto. Non si rende conto che ingarbugliando le cose non fa che aumentare la pressione. »

Sandra sorrise con fare materno. « È possibile che voglia proprio questo. Ho l'impressione che abbia intenzione di far emergere Daniel. Del resto è comprensibile: è il figlio della donna che ama. »

« Cosa c'entra Daniel? » Viviana diventava spinosa al solo ricordarlo.

« Lo affianca a chi – secondo lui – ha maggiori capacità. »

« Ma se me lo ritrovo sempre addosso! » esclamò Viviana, come a voler negare l'ipotesi di Sandra.

Il volto della giovane archeologa si illuminò di tenerezza. « Esatto! A dimostrazione che ho ragione. Sei tu quella ad aver maggior capacità. Non Anita. Se il Prof ha invertito i vostri lavori e ha spinto Daniel a lavorare con te, stanne certa, la ragione è una sola. »

Viviana s'illuminò, come se all'improvviso Sandra le avesse fatto dono della verità. « Credi davvero... »

« Sì, e più ne parliamo, più me ne convinco. Il Prof sa che se sotto la sabbia e le pietre c'è qualcosa che meriti di vedere la luce, tu la troverai. Perché nessuno ama la Palestina quanto te. »

Poggio sulla scrivania la lettera di Viviana che ho appena finito di leggere.

« Ispettore, ha parlato con Bex? »

« Bex, alias Rebecca Tedeschi, rientrerà tra qualche giorno a Roma e ho appuntamento qui in ufficio. »

« Do per scontato che ci sarò. Dov'era? »

« Vive a Mantova, per lavoro. Spesso però torna a Roma per i weekend, e stavolta ha una ragione in più per farlo. »

« Qui c'è un riferimento ad Ambra » dico mostrandogli la lettera.

Per l'esattezza, Viviana scrive a Rebecca che essere stata messa di canto – almeno apparentemente – a favore di Anita le ha ricordato una volta in cui al liceo Ambra beneficiò di un voto maggiore del suo dopo aver copiato spudoratamente da lei. Un riferimento innocuo, eppure leggere il nome di Ambra ha ravvivato quella strana angoscia che provo quando penso che le due scomparse possano essere collegate.

« Chiederemo a lei, allora. »

« Ispettore, mi scusi » esordisce una sua sottoposta, entrando timidamente nel suo ufficio. « C'è una persona che vorrebbe parlarle. »

« Chi è? »

« Il professor Michele Curreri. »

Io e Calligaris ci fissiamo per un attimo negli occhi e non riesco a credere a tanta fortuna.

« Fallo entrare » le dice Calligaris, autoritario, una mano sulla pelata.

Dalle nebbie del passato e dalle sabbie del Medioriente, emerge un uomo sulla sessantina, alto, ancora piacente e in forma. I suoi capelli sono lisci e tutti bianchi, acconciati in un taglio molto giovanile e in generale ha l'aria del tipo curato e alla moda.

« Buongiorno » esordisce, con modi gentili.

« Prego, si sieda » lo invita Calligaris, accomodandosi alla scrivania, prima di farmi segno di tenermi in disparte, seduta al tavolino su cui leggevo le lettere di Viviana.

« Ho appena saputo del ritrovamento del cadavere di Viviana Montosi » dice il professore con aria grave.

« Ebbene? » gli chiede l'ispettore.

« Coordinavo la missione a Gerico, quella cui ha partecipato Viviana, prima di... morire. Viviana... non era semplicemente una studentessa. Le ero anche affezionato. »

« So chi è lei » precisa Calligaris. « Abbiamo un quadro abbastanza preciso della situazione. »

Michele Curreri annuisce. « E allora sa chi è Daniel Sahar. »

Calligaris è imperturbabile. « Certamente. Un archeologo israeliano che collaborava con il vostro Dipartimento ai tempi degli scavi a Gerico. »

« Nonché il mio figliastro. »

« Nonché il suo figliastro » ripete Calligaris, serafico.

« Daniel ha ricoperto un ruolo importante, durante quei mesi a Gerico. È stato lui l'artefice di scoperte che hanno fatto storia. Ed era poco più che un ragazzo. Verranno a dirvi che ha fatto dei torti a Viviana. Sono qui per prevenire le malelingue e rispondere alle vostre domande. »

Calligaris è confuso. « Un momento. Chi verrà a dirci cosa? »

Curreri sorride. « Mi scusi. Sono stato precipitoso. Posso spiegarmi meglio. »

« Sarà bene che lo faccia. »

« Daniel si è creato delle inimicizie, durante quella missione. Invidie, precisamente. E c'è chi sostiene che si sia attribuito delle scoperte archeologiche che, in realtà, erano state opera di Viviana. »

« Quando? »

« Dopo la sua scomparsa, naturalmente. »

« Ah. Quindi quando Viviana non poteva rivendicarle. »

« Vedo che ha capito il punto. »

« Può essere così gentile da spiegarmi in cosa consistevano queste scoperte? »

Curreri, un po' annoiato come se stesse ripetendo la solita solfa, inizia dal principio.

« Gerico è stato un sito archeologico molto importante fino al 1958, e in maniera particolare tra gli anni Trenta e gli anni Cinquanta, quando la Palestina era protettorato britannico. Tra il 1950 e il 1958 era oggetto di studio di una spedizione inglese guidata da Kathleen Kenyon. Lei gettò davvero le basi di tutto ciò che sappiamo su Gerico, ma arrivata a un certo punto spostò il proprio interesse a Gerusalemme e abbandonò la Cisgiordania. Per quasi mezzo secolo il sito archeologico è rimasto in stato di abbandono fino a quando, alla fine degli anni Novanta, non è stato preso sotto tutela dai palestinesi. Sono stato io a promuovere una missione per il recupero degli studi a Gerico, ricominciando dal punto in cui la Kenyon aveva lasciato. La Kenyon aveva esplorato la necropoli e condotto studi stratigrafici. Fra tutte, la scoperta a mio avviso più interessante era quella legata a un particolare culto dei morti, che era proprio del primo insediamento a Gerico, tra il 9500 e l'8500 a.C. A quel tempo, i morti venivano sepolti con la testa staccata. Le teste venivano poi modellate con gesso, argilla e pittura e al posto degli occhi venivano usate le conchiglie, e venivano conservate a casa dei congiunti, che le veneravano. »

Calligaris è un po' raccapricciato e immaginando la scena a mia volta ammetto di essere un po' disturbata. « E Viviana aveva scoperto qualcosa in particolare? » domanda l'ispettore, forse per accorciare i racconti di Curreri.

« Viviana con Daniel. Non Viviana da sola. Badi bene, questa è una differenza sostanziale. Avevano fatto varie scoperte, tra cui un cranio quasi intatto, ancora più antico di quelli trovati dalla Kenyon. Non lo sapeva nessuno, tranne me. È stata forse la scoperta più importante di tutti quegli anni di lavoro. »

« Mi perdoni, qualcosa non quadra. Se nessuno era a conoscenza delle scoperte, allora chi dovrebbe venire a raccontarmi cose errate sul suo figliastro? »

« Chiunque, all'interno del nostro Dipartimento, potrebbe farlo. Anita Ferrante, per esempio. Ma anche Carlo De Robertis. » Curreri sembra incupito. « Vede, il ritrovamento di Viviana mi ha riempito di amarezza: ho il serio timore che quello che le è accaduto possa avere a che fare con le scoperte di Gerico. Sono qui per darvi un quadro dei fatti prima che qualcun altro possa alterarli e fuorviarvi. Quando Viviana è sparita, nessuno si è preso la briga di ascoltarmi davvero. Sì, hanno chiesto di visionare la nostra corrispondenza e so che tutti i componenti della missione hanno collaborato, ma, se posso permettermi, ho sempre avuto la sensazione che il caso non sia stato affrontato adeguatamente. »

Calligaris ignora l'insinuazione di Curreri e persegue il suo filo logico. « E come faceva Anita a sapere della scoperta? » insiste.

« Tempo dopo gliene ho parlato io stesso. Forse ho sbagliato: Anita è una donna magnifica e una studentessa modello, ma è impetuosa e potrebbe aver frainteso. »

Calligaris tace per qualche istante. Curreri resta in attesa di un suo cenno, come se si aspettasse una domanda in più.

Che non arriva: Calligaris, infatti, lo congeda spartanamente.

Poco dopo, rimasti soli, non riesco a porre freno all'immaginazione.

« Ispettore, tutto questo è fuorviante, se collegato ad Ambra Negri Della Valle. »

Calligaris ignora la mia osservazione. « Daniel Sahar è stato a Roma per qualche tempo, all'inizio del 2006 » butta lì, senza approfondire.

« Viviana non vedeva di buon occhio Daniel. Nelle sue lettere non fa che lamentarsi di lui » osservo.

Calligaris assume un'espressione maliziosa. «Alice cara, chi disprezza compra. In ogni caso sarà un piacevole diversivo conoscere la dottoressa Ferrante» aggiunge, pensoso.

«Scusi, ma non sarebbe più utile parlare con Sahar?»

«Non ne vale davvero la pena. Siamo in alto mare, questa è la verità.» Afferra il suo taccuino e annota alcuni punti, in ordine, recitandoli ad alta voce. «Primo: cercare di scoprire la ragione per cui Viviana si era messa in contatto con Ambra. Secondo: scandagliare tutti coloro che conoscevano entrambe e capire se qualcuno potesse nutrire risentimento nei loro confronti.»

«Non ha nessuna notizia su Ambra?» gli chiedo infine, abbastanza demoralizzata.

«Sì, una traccia strana, strana, strana, di cui preferisco non parlarti. Non adesso.»

«Oh cavolo, ispettore, non può lanciarmi l'esca e poi farmi morire di curiosità.»

«Alice, ricordati che il pesce muore per la gola, a proposito di esche. Te ne parlerò a tempo debito. Tu continua a leggere le lettere di Viviana e prendi nota di tutto. Domani prendi un permesso in Istituto, faremo visita alla dottoressa Anita Ferrante. E poi, incontreremo questa 'Bex'. E solo dopo ti dirò, forse, quale traccia ho scovato.»

Portami oltre le apparenze
oltre le stupide credenze
oltre le lotte, oltre stanotte

Gerico, ottobre 2005.

Il caldo era insopportabile. Viviana sarebbe andata agli scavi in bikini, se avesse potuto. Rivolse lo sguardo verso Daniel Sahar che si permetteva il lusso di togliere la maglietta, senza che nessuno lo sgridasse. Lei, al contrario, si era presentata agli scavi con una kefia rossa legata in testa come una bandana. Il fine ultimo era dargli fastidio, trasmettergli il messaggio inequivocabile del suo schieramento politico. Farlo sentire in minoranza, invasore sgradito di una terra straniera.

Non appena la vide, lui la squadrò e le lanciò l'occhiata di chi ha raccolto la sfida.

«Free Palestine» disse in inglese. Era pieno di sarcasmo.

Lei non replicò, ma si abbandonò a tutta una serie di sogni a occhi aperti in cui Daniel Sahar moriva di una qualche fine orribile.

Lavorarono vicini, ognuno col proprio picchetto. Viviana sentiva l'odore acre del suo sudore.

Per pranzo, lui si allontanò dalla trincea senza nemmeno dirle un educato: mangiamo insieme? La lasciò lì sotto il sole battente e quando si ripresentò al suo cospetto con un melograno, che le offrì, Viviana quasi si sentì in colpa.

«Fa troppo caldo. Tieni» le disse, e quasi era sembrato gentile.

Viviana si disse che era stata capricciosa, che si stava comportando come se fosse ancora all'asilo e che doveva tenere a bada il suo umore.

Daniel le sorrise, di un sorriso amabile e prezioso. Lei accettò il frutto dalle sue mani e iniziò a succhiarlo, mentre lui continuava a fissarla. Cosa stesse pensando, lei non avrebbe saputo dirlo, ma si sentì attraversata da un'emozione tutta nuova che la scosse e si ritrovò a dirgli, in un dialogo segreto della mente: Daniel, maledetto hai degli occhi splendidi.

«È buono» sussurrò, un po' turbata, tutto sommato amichevole.

Daniel non rispose, ma le sfiorò la guancia con la punta delle dita. Sembrava che si fosse aperta una breccia in quel muro di antipatia che li separava – e si avvicinò a lei che lo guardava con vago sconcerto.

In un attimo, continuando a guardarla negli occhi, le sfilò la kefia.

Viviana portò d'istinto la mano ai capelli neri. Si sentì nuda.

«Che fai!» esclamò.

Daniel si asciugò il sudore al collo e al viso con la sua kefia, per poi gettarla con disprezzo sulla sabbia.

«Take it now» le disse, come se la stesse sfidando.

Viviana fu preda dello sconcerto e della rabbia di non saper tradurre in inglese quello che avrebbe voluto dirgli in italiano.

«Non vuoi più usarla, adesso? I tuoi ideali sconfitti da un po' di sudore e di sabbia?»

Viviana si chinò per raccogliere la sua kefia, gli occhi pieni di indignazione. Lui fece per andarsene, ma poi tornò indietro, come se ci avesse ripensato e la prese per mano.

La portò in una zona del campo distante, abbandonata.

Le indicò un punto, preciso.

Le suggerì di dare un'occhiata, chissà, forse avrebbe trovato qualcosa d'interessante.

«Mi è sembrato di capire che tu ne abbia bisogno» disse con

una malizia che alle orecchie di Viviana suonò stranamente dolcissima.

* * *

Ho raggiunto Calligaris nel suo ufficio e aspetto di andare con lui a far visita ad Anita Ferrante, ma l'ispettore se la prende comoda; proprio sul più bello della lettura, mi sfila il foglio dalle mani e batte le sue come a sollecitare i miei tempi.

Lo seguo, scattante e curiosa; in auto parliamo di inezie. Per via del traffico, impieghiamo uno sproposito a raggiungere il Dipartimento di archeologia; fortunatamente non c'è da attendere molto perché la dottoressa Ferrante ci riceve anteponendoci a qualunque altro impegno, con sottile deferenza.

Ha una stanza tutta per sé, in cui ci invita ad accomodarci. Ordina caffè per tutti, con modi cordiali ma distanti. I capelli sono biondi e molto ricci, un po' sfibrati. L'incarnato è chiaro, quasi trasparente, al punto che sottili ramificazioni bluastre decorano come un tatuaggio le guance del suo viso un po' squadrato. Ha un piccolo neo sotto una palpebra, ciglia corte arricchite dal rimmel con scarso successo. Le labbra sono rosee, un po' arcuate, lucide.

Alle sue spalle, una bacheca ricca di foto effettuate durante gli scavi; in alcune riconosco Viviana, anche se di profilo, con una canottiera scura, i capelli raccolti in una coda e una kefia rossa a mo' di bandana, al centro di una trincea. È una foto che ho già visto, è quella con cui la mia immaginazione ha identificato Viviana.

Anita ha una voce che se fosse di tessuto sarebbe acrilico.

«Sono davvero ansiosa di collaborare, ispettore» esordisce, gli occhi cerulei sgranati, le mani poggiate sul grembo e intrecciate, una fede nuziale al dito precede un anello da fidanzamento con un brillocco che sanerebbe il debito pubblico dell'Uganda.

« Grazie, dottoressa Ferrante. In effetti ci sono vari punti che vorrei lei mi chiarisse. »

« Prego » lo esorta cortesemente.

« Innanzitutto, ci racconti di quella spedizione a Gerico, nel 2005. »

Anita sospira profondamente e si appoggia allo schienale della poltroncina da scrivania.

« All'epoca ero ancora una studentessa, come Viviana, di un anno maggiore. Sarò chiara: non c'era simpatia tra di noi. Viviana mi chiamava *la Diva*. Credeva che io non lo sapessi! »

« A cosa era dovuta questa ostilità reciproca? » domanda l'ispettore, con tono curioso, pronto a prendere nota di tutto sul suo taccuino.

« Solo competitività. Non avevo nulla di personale contro di lei. »

« E Viviana? »

« Immagino fosse per la stessa ragione. Avevamo gli stessi obiettivi e non c'era posto per entrambe. »

« Però nel progetto Gerico siete state incluse entrambe. »

« Sì. E con noi c'erano altri due archeologi, Carlo De Robertis e Sandra Martelli. In quel periodo erano fidanzati, trascorrevano tutto il tempo insieme e non erano granché presenti. Avevano entrambi una borsa di dottorato. »

« Lavorano qui? » s'informa Calligaris.

« Carlo sì. Sandra, non ho idea che fine abbia fatto. Sono loro, guardi » aggiunge indicando una coppietta priva di charme in una foto alle sue spalle.

« Chi altro c'era? »

«Il professor Curreri, era lui il responsabile del progetto. E Daniel Sahar, naturalmente.»

«Ecco, mi parli di lui.»

«E cosa dovrei dire di Daniel Sahar» domanda nervosamente, omettendo un'inflessione interrogativa.

«Tutto quello che ricorda, che le viene in mente» propone Calligaris.

«Daniel Sahar è il figliastro del professor Curreri» ribatte seccamente lei.

«Nient'altro?» insiste l'ispettore, con un filo di sarcasmo. «È un archeologo anche lui?»

«Sì. Strano che lei non lo sappia» aggiunge piccata. «In ogni caso, attualmente è uno dei ricercatori più quotati nell'ambiente. Vive a Tel Aviv, è esperto di archeologia israelitica, anzi si sta affermando come una vera e propria autorità.»

«È vero che di recente Sahar ha pubblicato un pezzo su qualcosa che era stato scoperto da Viviana?»

Anita sembra sorpresa. In effetti anch'io sono sorpresa dalla virata dell'ispettore, che è passato dalla prima alla quinta marcia senza alcuna avvisaglia di incipiente transizione.

«Circola questa voce, sì» replica Anita, prudente.

«Più precisamente, cosa si dice in giro? O meglio... non è che questa voce l'ha messa in giro proprio lei?»

Anita allibisce. «Ma no!»

Non riesco a capire se sia sincera o se stia mentendo spudoratamente.

«Ah, dottoressa Ferrante! Dov'è finita la sua voglia di collaborare? Ci spieghi in cosa consiste la scoperta di Daniel Sahar.»

Anita si irrigidisce. «La cista e il cranio» mormora tra i denti.

«Bene, si spieghi meglio.»

« In una zona degli scavi, Daniel Sahar ha trovato una cista in pietra sotto un pavimento, al cui interno c'era un cranio. »

« Mi scusi, ma in tutto questo tempo, dov'era rimasto il cranio? Incustodito sotto le pietre di Gerico, senza che nessuno se ne accorgesse? Perdoni l'ignoranza » conclude un animato Calligaris.

« Dopo la nostra ultima missione, nel 2005, noi non siamo più tornati a Gerico. Ma Daniel Sahar è rimasto lì e ha avuto tutto il tempo del mondo per approfondire e pubblicare. Vede, è stato lo stesso Daniel Sahar a citare Viviana. Al termine del suo libro su Gerico c'è una nota, scritta da lui, in cui sostiene di essere debitore nei confronti di Viviana per tutto quello che ha scoperto a Tell es-Sultan. E poi, tornati a Roma, Viviana era operosa quanto mai. Insomma, facendo due più due... » conclude, timidamente, come se non ne fosse più tanto certa.

« Alice, dovremo procurarci questo libro di Daniel Sahar » dice Calligaris, rivolgendosi a me – iniziavo a credere che avesse dimenticato la mia presenza, come quando si entra in un negozio e si lascia l'ombrello di fianco alla porta perché fuori piove.

Anita dà sfoggio di riflessi molto pronti. « Sono lieta di darvelo » dice, alzandosi ed estraendo un volume da una delle mensole accanto alla sua scrivania. Lo porge direttamente a me, che lo accetto con cura.

Lo sfoglio rapidamente: si tratta di un volume pieno di illustrazioni, scritto in inglese.

Sarei curiosa di vedere una foto di Daniel, ma non ne individuo neanche una. Raggiungo direttamente le ultime pagine, che in effetti ospitano i ringraziamenti dell'autore. È un saggio, non un romanzo, quindi si tratta di un elenco bibliografico. Fino a quelle poche righe finali, così amare.

Infine, voglio ricordare il lavoro di una giovane donna che sognava di diventare archeologo, che amava Gerico e ha impiegato tutte le sue energie per portare alla luce la storia della città più vecchia del mondo. Ovunque tu sia, Viviana, grazie per tutto quello che ho scoperto e capito attraverso te.

Mi giocherei all'istante il piccolo Ichi che i due si erano innamorati come novelli Romeo e Giulietta.

«Dottoressa, posso chiederle se questa dedica l'ha sorpresa?» domando.

Anita ha lo sguardo vitreo. «È una freccia scoccata dal passato, che è arrivata adesso a destinazione. Quando si pensava che ormai si fosse persa da qualche parte.»

«E perché Viviana non ha detto nulla di questa scoperta? Remava contro il team? Mi scusi, ma c'è qualcosa che non mi quadra.»

«Questo, purtroppo, Viviana non può più dircelo. Io posso solo raccontarle cosa accadde in quei mesi. E poi, come saprà meglio di me, Viviana è sparita... o dovrei dire morta... un mese dopo essere tornata da Gerico. Forse non ha avuto il tempo di organizzare le idee. Di certo non avrebbe parlato con me di una sua scoperta, e le ho già spiegato la ragione. Dopo la laurea ambivamo entrambe a un dottorato di ricerca. Lavorare sodo era indispensabile. Purtroppo non c'era molto spazio per il *politically correct.*»

«Ci racconti di quei mesi a Gerico. Viviana era serena?» chiede Calligaris.

«Viviana era dell'umore euforico di quando ci si innamora.»

«Di Daniel?» intervengo.

«Di Daniel» conferma lei.

«E tornata a Roma?»

«In quelle settimane era irrequieta. Voleva tornare in Palestina al più presto, ma le condizioni politiche lo impedivano. Come saprete, quelli sono stati gli anni peggiori della recente storia israelo-palestinese. Nessuno di noi è più potuto ritornare a Gerico, tutto è rimasto in sospeso fino al 2009. »

« Il rapporto tra Viviana e Daniel era ufficiale? » interviene Calligaris, cui non interessa proprio niente dell'Intifada.

Ad Anita scappa un sorriso un po' meschino. « Oh, no. Nulla di ufficiale, anzi, apparentemente non facevano che litigare come cane e gatto. Ma l'avevamo capito tutti che le cose stavano diversamente. »

Calligaris annuisce, mentre trascrive frettolosamente le informazioni. « Un'ultima domanda, dottoressa. Le dice niente il nome di Ambra Negri Della Valle? »

Anita scuote il capo. « Mai sentita nominare. »

Calligaris non sembra sorpreso. « Quand'è così, dottoressa... adesso la lasciamo tornare al suo lavoro. »

Anita sorride formalmente. « È stato un piacere dare il mio contributo. Resto a vostra disposizione. »

In auto, Calligaris mi domanda che impressione abbia avuto della fulgida dottoressa Ferrante.

« Le dico soltanto una cosa: che ho perfettamente capito perché nelle sue lettere Viviana ha scritto che le ricordava Ambra. Anita e Ambra appartengono alla medesima tipologia umana, ammesso che gli archetipi esistano. »

Sussistono peraltro alcune inquietanti simmetrie tra me e Viviana. Abbiamo la stessa età; nella nostra vita ci siamo imbattute in Dive e Api Regine; ci siamo innamorate del figlio del nostro capo. Tutto ciò la rende sempre più vicina e la sensazione di profonda angoscia che provo ogni volta che ricordo quelle ossa nella buca aumenta sempre di più.

Hurts like heaven

Tornata a casa dall'ufficio di Calligaris, mentalmente proiettata in Palestina dalle lettere di Viviana, trovo su un mobile dell'ingresso un biglietto con l'elegante grafia di Cordelia.

Ricordati che oggi alle sette arriva Arthur. Se sei ancora convinta di non volerlo incontrare, non ti far trovare nei paraggi per quell'ora! Ti ricordo che ripartirà tra quattro giorni.
Ti prego, lasciami Ichi!!

Come poteva pensare che me ne sarei dimenticata? Il borsone è pronto da giorni e ho la mia solita sindrome da cuore in sospeso da quando l'ho saputo. Tornerò a Sacrofano dai miei e mi farò coccolare da nonna Amalia. Quanto a Ichi, sentirò la mancanza del cagnolino opportunista, ma so che con i fratelli Malcomess starà bene.

Tra le pareti della mia quotidianità si consumeranno scene di idillio domestico da cui non posso che autoescludermi. Si diffonderà l'odore di un uomo in casa; le telefonate ad Alicia rimbalzeranno sull'intonaco dei muri come l'eco di un'alluvione; lui presidierà il mio divano, accarezzerà il mio cane, farà colazione con i miei Kellogg's.

E io sarò lontana e non potrò vederlo.

È inutile sognare di trasformarmi in una piccola coccinella nascosta sul manto di Ichi. Devo soltanto sloggiare, e in fretta, anche. Per riprendermi dalla malinconia ho anche progettato un pomeriggio al museo di Villa Borghese, così contemplando un po' di bellezza mi riconcilierò con la vita.

Sto bevendo del succo di frutta poggiata ai cestoni della cucina, con Ichi incollato ai miei piedi convinto di poter instaurare un dialogo canino con le mie pantofole di peluche, quando sento il rumore nel tamburo della serratura, quello schiocco familiare che significa che Cordelia è tornata.

Ichi scappa verso la porta e io non ho nemmeno il tempo di chiedermi perché la baby Malcomess sia rientrata così presto quando sento la voce di Arthur omaggiare Ichi di tutta una serie di deliziosi complimenti in inglese e quella zoccoletta di cagnolino è talmente felice che trotterella e posso sentire il rumore delle sue unghiette sul parquet.

Posso essere bugiarda e far finta di non aver provato una sorta di consolazione, quando ho sentito la sua voce arrochita dal fumo. Il conforto che il caso – o forse più semplicemente Cordelia – mi ha risparmiato il rimpianto di non averlo incrociato nemmeno per un attimo. Dopo aver poggiato il bicchiere nel lavandino, faccio un profondo respiro e con un rullio di battiti nel torace mi avvicino all'ingresso. Arthur sta accarezzando Ichi con una mano; con l'altra legge il biglietto di Cordelia, che avevo lasciato dove l'avevo trovato. Al sentire il suono dei miei passi, debole e frusciante perché ho ancora ai piedi le pantofole tanto amate da Ichi, Arthur solleva lo sguardo dal biglietto e la neutralità della sua espressione è illuminata da un sorriso, cui rispondo con trasporto.

«Tu credi che abbia sbagliato l'orario o che l'abbia fatto di proposito?» domanda, un bacio distratto sulla mia guancia, un'aria affabile per nulla scalfita dalla stanchezza che deborda dagli occhi spaesati.

«Di proposito, non c'è dubbio. Non sapevo che avessi le chiavi» osservo poi.

«Le ho sempre avute» precisa con quel piglio arrogante che purtroppo affiora anche durante le conversazioni più superficiali.

«Bc'... io stavo andando via» gli faccio presente, tanto per chiarire che non sono intenzionata ad approfittare dei traccheggi di sua sorella.

Lo sguardo di Arthur cade sulle mie pantofole, ma evita commenti.

«Prima di andare...» esordisce, e io mi ritrovo fiaccamente a sperare che mi offra un pretesto per restare, «... me lo faresti un caffè?» chiede con la stessa cortesia che avrebbe usato nei riguardi di un barista. «*I miss so much a real italian coffee*» precisa, come a voler aggiungere valore alla propria richiesta.

«Certo» dico con una specie di inverosimile entusiasmo. Lui lascia il borsone davanti alla porta e mi segue. Mentre preparo la caffettiera si siede davanti al piccolo tavolo rotondo della cucina e inizia il suo lento rituale di preparazione di una sigaretta. La sua carnagione chiara è scurita e i capelli biondi sembrano intinti nel sole. Ha un aspetto molto avvenente; l'inquietudine è quella di sempre.

Il suo iPhone inizia a suonare, con quella suoneria che odio, Marimba. Lui respinge la chiamata, ma proprio mentre gli servivo il caffè con la bustina di zucchero di canna ho visto brillare il nome di Alicia Stairs.

«Come va con lei?» gli chiedo. È una di quelle domande che si dovrebbe sempre evitare di porre.

«*Well, Elis...* non è che tra di noi ci sia una vera storia» spiega con cautela, mentre si versa lo zucchero e mescola pigramente il caffè nero.

«E cosa c'è?» domando, compiaciuta del fatto che la mia

voce non esprima curiosità morbosa, né attaccamento, ma semplice voglia di conversare.

«Noi facciamo lo stesso lavoro e... *Elis*, è molto, molto più duro di quanto immaginassi. Il sesso a volte allenta la tensione.»

Anche la marijuana è un modo per rilassarsi, ma non per questo è accettabile. Sopprimo la voglia istintiva di rispondere in maniera così insensata, e con uno sforzo incommensurabile riesco a simulare un'espressione comprensiva.

«È abbastanza squallido ridurre tutto a questo» continua, «ma è così. A volte penso che in tutti questi anni non ho fatto che partire, di continuo, per timore che una volta fermo avrei dovuto fare i conti con me stesso. Stare con Alicia è la stessa cosa» conclude con quella sua peculiare capacità di dire le cose come stanno, senza abbellimenti, senza il legittimo istinto di voler offrire l'aspetto migliore di sé. Da quando lo conosco, Arthur non ha fatto altro che mettermi di fronte a tutti i lati peggiori del suo modo di essere. Non potrò mai rimproverargli di essere stato disonesto.

Le sue parole mi intristiscono, perché il prezzo che ha pagato per diventare quello che da sempre desiderava essere non è stato sufficiente a riempire quella voragine che si porta dentro e che lo divora.

«Arthur, sei sempre più sradicato» mormoro, cedendo alla voglia di accarezzargli i capelli soffici e ricciuti.

«No... non poi così tanto. Sono come sono sempre stato. A modo mio sono felice. Ricordi quando me lo hai chiesto, in aeroporto, prima di partire per il Giappone?» Annuisco e sono così vicina a lui da vedere che ha gli occhi rossi per la fatica. «Come sta Yukino?» chiede poi, abbassando lo sguardo.

«Bene» mormoro, ma continuo a guardarlo con ostinazione, fino a quando lo sguardo non si trasforma in un agguato. Ho stretto una delle sue mani, ho chiuso gli occhi e gli ho dato un bacio timido e curioso, un sondaggio pratico per capire se quello che provo è cambiato o no.

E non è cambiato.

Un tempestivo blackout ci regala un buio improvviso, che rende le cose molto più facili.

Se è sorpreso, non lo dà a vedere. Mi accoglie come il festoso custode di un rifugio, prima, e come se non aspettasse altro, poi. Tra un bacio e l'altro ci viene da ridere. Presto, la luce torna, tutti gli elettrodomestici ripartono, anche l'Hi Fi, e *Hurts like heaven* dei Coldplay esplode nella stanza con i suoi trilli magici e noi ci ritroviamo nel mio letto, con Ichi che ci guarda sconvolto – ma non più di noi – e allora Arthur si sporge e chiude gentilmente la porta della stanza. E tutto quello che c'è sempre stato tra di noi mostra di essersi soltanto addormentato.

Sciagurata, cedesti!
dal film *Sedotta e abbandonata*

Nella penombra della camera controllo l'ora con difficoltà.

«Che fai?» domanda lui, sprofondato tra le lenzuola.

«Cordelia non deve trovarci così» osservo.

«Sono d'accordo. Lo rifacciamo anche domani?» Lo dice con semplicità, come se si trattasse di andare a pattinare insieme.

«Okay» rispondo con altrettanta spontaneità, ma non riesco a reprimere la voglia di sorridere, perché è tutto talmente strano!

Infilo il cardigan e spazzolo i capelli. Lui resta nel letto, impigrito, gli occhi chiusi. Ichi graffia la porta, chiede di entrare e va a prendere il mio posto nel letto con sovrana consapevolezza, un po' offeso per essere stato lasciato fuori dalla stanza.

«Vado, Arthur...»

Lui mi afferra il polso. «Pranziamo insieme domani» propone, ma dal tono sembra più un ordine.

Tuttavia, domani dopo pranzo ho appuntamento con Calligaris per le lettere di Viviana... voglio essere preparata, anzi, preparatissima all'incontro con Bex. E se io e Arthur mangiamo insieme... so che subito dopo finiremo di nuovo qui.

Devo impedirmi di riflettere. Se lo farò, capirò quanto sia insensato riabbandonarmi a questo straripamento emotivo e non voglio chiarimenti. Per questo, è assolutamente vietato parlare con lui, o finiremo per l'impegolarci in qualche conversazione sgradevolissima sulla natura di quello che sta succedendo. O peggio ancora su Alicia. È come quando si fa un acquisto incauto: è inutile rimuginare, bisogna solo goders/elo.

«Fatti trovare qui in casa, domani pomeriggio, verrò io» gli dico, con un tono da stangona mangiauomini del tutto inedito per me.

Il suo viso assume un'aria sarcastica. «Ridotto a uomo oggetto, dunque? Okay. Ai vostri ordini, *princess Elis*» commenta, rollandosi un'altra sigaretta e accendendola. Ichi nel frattempo gli poggia una zampa sulla coscia e il quadretto è proprio buffo.

* * *

Cara Bex,

mi sembra che le cose stiano un po' migliorando con il Prof: ho la sensazione che lui stia riacquistando fiducia in me. Grazie per avermelo chiesto. In effetti nelle mie ultime mail non ho fatto che parlarti e parlarti dell'israeliano, ma dopotutto è più divertente!

Mi dispiace di averti inquietata con la storia dei miei disagi universitari, ma stai tranquilla, è tutto sotto controllo. E poi grazie a Daniel ho individuato un punto su cui sto lavorando con impegno, tutto l'impegno che posso.

Sbaglio, o domani ci sarà la rimpatriata tra compagni di classe? Voglio i dettagli, Bex, tutto. Naturalmente, se vi degnerà della sua presenza, da' un pestone sul piede a Sua Maestà Ambra Negri Della Valle da parte mia!

«Alice!»

«Sì, ispettore.»

«Molla le lettere di Viviana, andiamo a incontrare sua zia Anastasia.»

« Ma non aveva detto che è un tipo strambo, da non considerare attendibile? »

« In questa fase non voglio trascurare nessun particolare. E poi è stata lei a chiedere un incontro e chi lo sa, magari i suoi poteri extrasensoriali potrebbero tornarci utili. »

Non capisco se stia scherzando o no, l'ispettore è un uomo tipicamente insondabile.

Quanto alla visita... non posso dare buca ad Arthur. E non voglio.

Ma non posso neanche perdermi l'incontro con la zia sensitiva.

« Ispettore, quanto tempo crede che perderemo? »

« Interessante, Alice. *Perdere tempo.* »

« È solo un modo di dire! »

« Non ho idea del tempo che 'perderemo', mia cara Alice, ma se hai altri impegni... »

« Be', no, ispettore, o meglio sì. Vengo con lei, però, ma dovrei far presto... » affermo, ma con un'aria tentennante che il ligio Calligaris non sembra proprio gradire.

Mi porta in auto con sé come fossi il sacco della spazzatura e devo reprimere la tentazione di controllare ossessivamente l'ora per non attirarmi la sua indignazione. Durante il tragitto, apprendo che Anastasia Salvemini abita nell'appartamento adiacente a quello in cui viveva Viviana; ha chiesto a Calligaris di farle visita, specificando però di non farne parola con la sorella.

Il palazzo si trova nei pressi dell'Ospedale Bambin Gesù; meriterebbe una buona ristrutturazione e c'è odore di cotoletta fritta. Gli scalini sono talmente malconci che bisogna fare attenzione a non scivolare. Calligaris inizia la scalata fino al terzo piano raccomandandomi prudenza a ogni piè sospinto, e non capisco se si riferisca ai gradini o in generale alla condotta da tenere nei riguardi della bizzarra zia.

L'ispettore suona il campanello, e la porta viene aperta da una donna di taglia calibrata, dall'aria particolarmente intrigante. I capelli sono lunghi fino alle spalle, lisci e di colore platino tra il bianco e il biondo, e ogni parte di lei indossa spavaldamente gioielli di bigiotteria d'ispirazione etnica, esagerati ma ben assortiti. Le unghie sono lunghissime e laccate di rosso. Ai piedi, ben curati, porta dei sandali di pelle nera, nonostante sia già fine ottobre – ed è vestita di bianco e nero. Il suo appartamento trabocca di quadri, lumi e oggetti che sembrano acquistati durante gite dai rigattieri più strani di Roma. Lei ci conduce in salotto e dopo averci offerto una vasta gamma di superalcolici che decliniamo cortesemente prediligendo una semplice Fanta, inizia a fissarci senza proferire verbo.

Calligaris sembra un po' spiazzato e poiché detesta il silenzio cerca di entrare in comunicazione con la donna con tutto il tatto di cui è capace.

«Allora, signora Salvemini, cosa le hanno detto di nuovo le sue carte?»

La zia Anastasia inarca un sopracciglio, sulla fronte rughe profondissime come selciati.

«Non ci crede, forse?»

«No, certo che le credo» replica Calligaris, che nella sua vita ne ha viste di tutti i colori ed è in procinto di convincersi pure dell'esistenza degli UFO.

«Ho visto l'altra ragazza che è scomparsa. L'amica di mia nipote. Amica, per così dire.»

L'interesse di Calligaris è riportato alla luce come da un'apnea. «Ambra» mormora.

«Proprio lei.»

«L'ha vista sul serio o attraverso i suoi poteri di divinazione?» le domanda.

«Perché, fa differenza? Per me nessuna.»

«Non so come dire, signora Salvemini...» tossicchia un Calligaris colto alla sprovvista. «Per me a dire il vero un po' ne fa.»

«Capisco. L'ho vista nelle mie carte e desidero dirle che è viva, e che sta bene.»

«Ah. E senta, le sue carte le hanno dato qualche altro dettaglio?»

«No, a dire il vero. Solo...»

«Solo cosa?»

«Solo che m'è poi venuta voglia di caffè.»

Calligaris fa una pausa, come per incamerare l'informazione, archiviandola come l'ennesima stranezza di una donna che di normale ha solo l'aspetto – e neanche tanto quello.

Non riesco a frenare la mia curiosità. «Signora Salvemini, perché non riesce a vedere l'assassino di Viviana?»

L'ispettore arriccia le labbra, segno di perplessità. «Perché io posso vedere solo le forze positive. Il male mi è oscuro.»

«Questo equivale a dire che Ambra è in preda a *forze positive*?» le chiedo, titubante.

«È esatto. Ho visto il viaggio, il cambiamento. E tutte carte di denari.»

«Anche la morte è un viaggio. Un gran cambiamento» suggerisce Calligaris, ispirato.

«Le carte sono più chiare di quanto lei non creda» afferma Anastasia, con tono di superiorità.

«Cos'altro ha visto? Per esempio, è in grado di dirci se esiste un collegamento tra le due scomparse?» la tenta Calligaris.

«Ispettore, in questa vita tutto è collegato. E poi, non c'è bisogno dell'oracolo per capire che i due eventi sono connessi, in qualche modo. Ambra... me la ricordo, come no.»

L'ispettore è incuriosito. «Ci racconti i suoi ricordi.»

«Ambra e Viviana studiavano insieme tutti i pomeriggi. Era una ragazzina così sola quella Ambra! Mi faceva una tale pena! Il padre era assente; le dava molti soldi, e infatti non le mancava nulla, era una ragazzina all'ultima moda con i colpi di sole già a quattordici anni. Però aveva un'aria disperata.»

Non me la so proprio immaginare un'Ambra adolescente e disperata.

«Sapete quante volte è rimasta a pranzo da noi, a cena, a dormire? Come se sentisse il bisogno di un'atmosfera familiare.»

«E perché poi si è allontanata?»

«Non sono cresciute insieme, ecco tutto. Ritmi e modi differenti. La mia piccola Vivi ne ha sofferto talmente... peggio di una delusione amorosa. Perché è così: perdere un'amica – a quell'età, poi, in cui i sentimenti sono sfrenati – è un dolore fatale, il vero tradimento.»

«Sapeva che Viviana e Ambra hanno avuto contatti telefonici, quando sua nipote è tornata da Gerico?»

Anastasia non appare per nulla turbata. «No, ma non sono sorpresa; Vivi era una che tornava sempre indietro. E aveva la deplorevole tendenza a offrire la propria amicizia a chi la respingeva.»

«Signora Salvemini, ha in mente qualcosa... qualcuno... che potrebbe accomunarle in questa scomparsa?»

«Vi ho già detto che Ambra sta bene.»

«D'accordo. Ma qualcosa o qualcuno l'ha indotta a scomparire... questo è un dato di fatto.»

«È vero. C'è qualcosa, sì. Com'è che non ve l'ha detto nessuno?»

Calligaris tossisce. Immagino che la zia Anastasia stia alludendo alla traccia *strana strana* di cui l'ispettore ha fatto cenno qualche giorno fa.

«Ce lo spieghi lei, allora» incalza lui, una grattatina alla tempia giallognola.

«Non le dice proprio niente il nome di Paolo Malversini?»

Calligaris appare sorpreso. Credo proprio che la sua traccia fosse un'altra, perché questo nome suona nuovo a me quanto a lui.

«Cosa dovrebbe dirmi?» domanda, e a mia volta sono così curiosa che per un attimo non fremo al pensiero di voler tornare subito a casa da Arthur.

«Era un loro compagno di classe. Violento. Disturbato. Fece solo il ginnasio, con loro. Poi fu bocciato... e allontanato, in verità. Non so che fine abbia fatto, adesso, ma se c'è un punto in comune, una persona pericolosa, era lui. Detto questo, non ho proprio idea se questa sia una pista utile. Ma credo che valga la pena approfondirla. E ricordi, ispettore» aggiunge, con gli occhi lucidi e il tono di chi sta per annunciare una gravissima iniquità, «Ambra, al contrario della mia dolce Vivi, sta bene. Benissimo.»

Qualcosa di strano... c'è!

La riunione era stata indetta all'ultimo minuto.

Viviana arrivò trafelata, di corsa dalla propria stanza nel residence. Era in ritardo.

Poggiò la borsa a tracolla sul pavimento, riordinò i capelli con un gesto dettato più dall'istinto che dal bisogno.

Il Prof, con le mani conserte, le riservò uno sguardo di rimprovero.

«Viviana, la riunione era fissata alle 9.30» disse, guardando l'orologio.

«Scusatemi» rispose lei, rossa in viso.

Anita le sorrise con finta solidarietà.

«In ogni caso, meglio tardi che mai. Sei arrivata giusto in tempo per apprendere novità che ti riguardano.»

Viviana notò che Daniel Sahar sembrava distratto. Scriveva il suo nome, ripetutamente, su un foglio bianco. Lo faceva spesso anche lei e la zia Anastasia le aveva sempre detto che è un'abitudine che denota la ricerca di un'identità.

Distolse lo sguardo da lui quando il Prof riprese a parlare.

«Tu e Daniel andrete a Tel Aviv.»

Viviana guardò istintivamente Daniel, forse per cogliere la sua reazione, ma l'israeliano continuò ad autografare il foglio che aveva davanti.

«Perché?» domandò quindi Viviana, non proprio contenta della novità.

Il Prof non vedeva l'ora di darle la notizia, o almeno, così parve a Viviana.

« *Mi serve una ricerca bibliografica sulle origini fenicie dei cananei e sull'invasione delle loro città da parte degli ebrei provenienti da Ur. La biblioteca di Tel Aviv è ricca di volumi strabilianti, dovrete ricavarne il meglio.* »

Viviana restò di pietra. Perché il Prof faceva di tutto per allontanarla dagli scavi? Quella trasferta a Tel Aviv era una colossale perdita di tempo. Capiva il ruolo di Daniel: conosceva l'yiddish, nel caso in cui fosse servito. Allora perché non mandarlo da solo? Sicuramente lei non avrebbe sentito la sua mancanza. Fu combattuta: d'istinto avrebbe voluto ribellarsi. La prudenza tuttavia le suggeriva di accettare la decisione del suo direttore.

« *Quando dovremo partire?* »

« *Direi già domenica. Vi tratterrete per tutta la settimana, fino a venerdì. È importante.* »

Viviana non riuscì a seguire il resto della riunione tanto era concentrata a rimuginare sull'ingiustizia che era certa di aver subito. Al termine, Daniel le si sedette di fianco.

« *L'appartamento di mia madre è vuoto, da quando si è trasferita a Roma. Ti offro ospitalità* » *conclse con un insolito tono formale, la voce seria. Viviana declinò con altrettanta formalità.* « *Come preferisci* » *replicò lui, incolore.*

Quando, tornata nella sua stanza, Viviana controllò i contanti che le erano rimasti si accorse che era stata incauta a rifiutare l'offerta di Daniel. Non aveva denaro a sufficienza per alloggiare in albergo un'intera settimana.

Il Prof l'aveva cacciata in un guaio tremendo. Viviana uscì dalla sua stanza e raggiunse quella di Daniel.

Lui le aprì subito. Aveva l'aria obnubilata di chi ha appena fumato marijuana.

« *Ti disturbo?* » *gli domandò, un po' irritata al pensiero del passo indietro che stava per fare.*

Lui fece cenno di no col capo, prima di chiudere la porta alle sue spalle.

«È grande l'appartamento di tua madre?» domandò, come se le costasse una fatica immane.

Daniel si accasciò sul letto, un sorriso tronfio sul volto scuro.

«Abbastanza. Hai scoperto che ti interessa la mia proposta?»

Viviana sospirò. «Se è ancora valida.»

«Of course» replicò, come se fosse stanco. «Con tanta buona volontà potremmo anche riuscire a impiegarci meno di una settimana. Non vedo l'ora di tornarmene a Londra, in realtà. Ti sorprenderà saperlo, ma io odio Gerico.»

«Allora cosa ci fai qui?»

«Non sempre si può essere dove si vorrebbe.»

Viviana annuì, stranita. «Okay allora... starò da te.»

«Saggia decisione. Non sarà terribile come credi. Vedrai.»

«Ispettore, legga. Stando a quanto scriveva Viviana a Bex, Daniel Sahar non aveva nessuna intenzione di tornare a Gerico. Eppure, secondo Anita, adesso è uno dei maggiori esperti sull'argomento» dico il giorno dopo a Calligaris, durante quel paio d'ore che ormai sono diventate un appuntamento fisso dei miei pomeriggi.

«Che vuoi che ti dica, avrà cambiato idea.»

«Crede che sia arrivato il momento di dirmi qual è la strana traccia che unisce Ambra e Viviana?»

«Quella che ci ha detto Anastasia Salvemini ci basta e avanza, per adesso» ribatte, rimanendo concentrato sul suo lavoro.

«E pensa di svolgere qualche indagine su questo Malversini?»

«È un atto dovuto. Alice, non dimenticare che domani abbiamo appuntamento con Rebecca Tedeschi» mi ricorda subito dopo, come se il nome fornito dalla zia Anastasia non fosse meritevole di ulteriori approfondimenti.

«Ci sarò, ispettore.»

«Voglio sperarlo! Alice, tu sei una privilegiata. Ti sto addestrando personalmente e stai diventando una brava poliziotta.»

«Gliene sono profondamente grata, ispettore.»

«Perché tu vuoi fare la poliziotta, vero?»

In realtà non mi sono mai interrogata sugli sbocchi futuri. Per lo più sono intenta a pianificare progetti del tipo aprire un chiosco di limonate a Cuba.

«Be', ispettore, sa... mancano due anni e mezzo alla mia specializzazione. Ancora non ho ben chiara la strada da intraprendere, ma le esperienze al suo fianco mi stanno insegnando parecchio...»

«Balle!» mi interrompe. «Alice, tu hai davvero del talento investigativo. Se posso permettermi, ne hai più come poliziotta che come medico. Da te non accetterei nemmeno la prescrizione di un'aspirina!» conclude prima di erompere in una risata fragorosa, con un'ilarità che personalmente non riesco a condividere.

«Vedremo, ispettore, ancora è tutto da decidere.»

Calligaris torna al suo lavoro, le sopracciglia aggrottate in un'espressione poco convinta. Io rimetto le mail di Viviana al loro posto nel fascicolo e saluto l'ispettore.

«Alice, dimenticavo. È una faccenda un po' delicata, ma non posso fare a meno di chiedertelo.»

«Non si faccia problemi» ribatto, incoraggiante.

«Ambra aveva una storia con il dottor Conforti, lo sai, no?» dice, pieno di tatto, rosso come una papalina.

«Ma certo che lo sapevo. Le ho già detto e ridetto che tra noi... non c'è proprio nulla, è stato lei a confondere.»

«Strano, eppure avrei giurato in qualcos'altro... Orbene,

non sono affari miei! C'è dell'altro. So per certo che un anno fa di questi tempi tra i due ci sono state discussioni molto forti, su un argomento... importante. »

« So già a cosa si riferisce » affermo, addolorata.

« Alice. Credi che il dottor Conforti sia capace di far del male a qualcuno? »

« No! No! » esclamo con veemenza.

« La madre di Ambra Negri Della Valle sostiene con forza che è stato lui a rovinare la vita di sua figlia. E che se è scomparsa, è a causa sua. »

« Posso anche concepire, in senso generale, che Claudio abbia rovinato la vita di Ambra, come qualunque mascalzone può farlo con una ragazza innamorata, ma non che sia implicato nella sua sparizione, ispettore. O forse ha elementi che glielo fanno pensare? »

« Qualcosa, Alice, qualcosa di strano c'è. Mi riservo di parlartene dopo l'incontro con Rebecca, d'accordo? Faremo il punto della situazione e non ti nasconderò nulla, lo giuro. »

« Ispettore, Claudio non c'entra » gli dico, molto preoccupata.

« Lo spero davvero. »

La geometria non è un reato

La vita a volte fa regali inattesi. Poi, però, ti accorgi a distanza di tempo che, forse, non erano veri regali, bensì trabocchetti. Questi giorni con Arthur ne hanno tutto il sapore. Giorni in cui ci siamo dati l'una all'altro come se non esistesse un domani. Ma il domani è arrivato, e devo farci i conti.

Sono inquieta e Arthur, con cui condivido il divano di nascosto da Cordelia davanti a una replica del *Trono di Spade*, sembra accorgersene.

« Stai bene? » domanda.

« Più o meno. »

« È troppo violento? » domanda alludendo al programma in tv, che in effetti è un po' pesante.

« È la vita che è violenta » ribatto, con tono melodrammatico. Ichi, per tutta risposta, sbadiglia.

Poi quella maledetta Marimba annuncia un'ennesima chiamata per Arthur. Alicia, di nuovo.

« Povera Alicia. Non ha ancora imparato la regola aurea del funzionamento di un rapporto con te. »

Gli occhi di Arthur mi si puntano addosso come due saette. « E quale sarebbe? » domanda, il telefono tra le mani, in attesa di una risposta che non sembra intenzionato a dare.

« Non starti addosso. »

« Vale per qualunque essere umano. »

« Ma per te in modo particolare. Tant'è che non le rispondi. »

« Non è per questo che non le rispondo » dice infine, come imbarazzato.

« È per me? » mormoro.

« *What can I say...* Questa situazione è un po' doppia. O dovrei dire tripla. O se inseriamo nel computo il tuo Conforti, forse anche quadrupla. »

« È tutto molto più semplice di quanto non credi. Certamente non è quadrupla. »

« *Maybe. Anyway,* per il momento è meglio non risponderle. »

La suoneria che smette di martellare lascia un silenzio pieno di tensione. Io mi avvicino per dargli un bacio e con sgomento mi accorgo che ha indietreggiato, come se volesse tirarsi indietro.

Per verificare, ritento ancora. Non mi sbaglio, mi rifiuta le labbra.

« Che ti prende? » gli domando, con voce flebile.

« Basta » ribatte lui, seccamente. « Abbiamo varcato un limite... e non avremmo dovuto. Non sono sicuro che continuare così ci farebbe bene. »

« Stai scherzando? »

Lui scuote il capo.

« Arthur, dammi un bacio. »

Mi accorgo, smarrita, che non ha intenzione di darmi retta e mi sento ferita, umiliata, respinta.

Si alza in piedi, con Ichi che lo guarda anche lui sedotto e abbandonato.

« Portiamo Ichi a fare una passeggiata? » propone, un po' rosso in viso, gli occhi pieni di azzurro un po' congestionati.

Io annuisco, ma come se fossi in trance. Mi rendo subito conto che questa passeggiata non è altro che un modo per uscire da casa ed evitare che io provi a baciarlo ancora.

Rischio di cadere nel vuoto che ho dentro, stordita, impaurita e mi dico che sono stanca delle illusioni che ho coltivato.

Sono esausta di vivere convinta che le cose, le persone, siano meglio di come immagino.

* * *

Anziché tornare a Sacrofano, ho preferito rifugiarmi a casa di mio fratello piena di furore impotente e frustrazione, disfatta come una tossica in astinenza e con l'enterite.

«Alice, che hai?» mi domanda Alessandra, con Camilla tra le braccia, tutta un'aria di armonia domestica che mi dà sui nervi.

«Niente. Ti prego solo di ricordarmi, se mai me ne dimenticherò un giorno, che io *odio* Arthur Malcomess.»

«Sì, come no. Ti fermi per cena?»

«Non ho appetito.»

Alessandra ha assunto ormai un atteggiamento materno anche nei miei confronti ed è sinceramente preoccupata quando osserva: «Alice, non puoi continuare a vivere da Cordelia. Stai complicando le cose».

Annuisco senza troppa convinzione, anche se so che ha ragione. Senza l'occasione offerta dalla nostra convivenza, questo revival con Arthur me lo sarei solo sognato – e quanto sarebbe stato meglio!

Mi chiudo nella stanza degli ospiti, un'occhiata rapida al borsone che non ho mai disfatto, una profonda nostalgia nei riguardi di una vita fa, quando vivevo con la giapponesina Yukino, la tranquillità delle sere sul divano con lei e Ichi a guardare programmi sciocchi e a parlare con leggerezza.

Ma le cose cambiano, eccome se cambiano.

Lo splendore è una cosa nel cuore
Francis Scott Fitzgerald

Rebecca Tedeschi, *aka* Bex, è una giovane donna atletica dai capelli scuri, lisci e curati.

Ha un'aria interessante, occhi vividi, un sorriso cortese e due fossette alle guance dalla pelle chiara e sottile.

A Calligaris ispira fiducia: ormai sono in grado di cogliere le sottili sfumature della sua gestualità, l'apertura o, al contrario, la diffidenza. E Bex gli piace a pelle.

Lei è seduta di fronte alla sua scrivania e hanno già rotto il ghiaccio con chiacchiere fatue; io assisto in disparte, come al solito.

«Allora, Rebecca. So che sono trascorsi molti anni e forse sarà difficile, ma deve sforzarsi di raccontare tutto quello che ricorda degli ultimi mesi di vita di Viviana. »

«No, non è difficile» precisa lei, con tono fermo. «Subito dopo la sua scomparsa mi sono talmente arrovellata su tutti i suoi racconti, che si sono fissati indelebilmente nella mia memoria. »

«Prego, allora» le dice l'ispettore, le braccia aperte come quelle di un prete nell'atto di benedire.

Bex inspira lentamente, socchiude gli occhi, sfiora la fronte e ricorda.

«Viviana amava la Palestina. Quando il suo relatore le propose di tornarci per concludere le ricerche e quindi anche la sua tesi di laurea lei impazzì dalla gioia. Credo che in quegli ultimi mesi lei sia stata davvero molto felice, era animata da un entusiasmo raro e poi si era innamorata... di un amore travolgente, di quelli da romanzo. »

« Che idea si era fatta di Daniel Sahar? Perché è di lui che stiamo parlando, vero? »

Rebecca annuisce. « Daniel... che tipo. L'ho conosciuto, sapete? Tempo dopo la scomparsa di Viviana, molto tempo dopo, lui venne in Italia per degli studi all'università, a Roma, e io non mi ero ancora trasferita a Mantova. Lui volle vedermi perché mi spiegò che Viviana gli aveva parlato di me, di noi, della nostra amicizia. Di Daniel ho una buona opinione. Sì, è un tipo un po' arrogante e di certo lì a Gerico non fu impeccabile con Vivi. Non era un gentiluomo, ma credo che questo facesse parte del suo fascino » conclude sorridendo. « E sono sicura che abbia reso quelle settimane lì... speciali. Visto come sono andate le cose, è una specie di consolazione. »

« Tornata da Gerico, lei e Daniel stavano insieme? »

« No, non proprio. Daniel era un ragazzo difficile, di certo non era un principe azzurro, e poi erano in un'età poco affidabile. Avevano lavorato bene insieme e so per certo che avrebbero dovuto rivedersi presto per fare il punto su alcuni articoli che avrebbero voluto pubblicare. »

« Infatti, Daniel Sahar era qui a Roma, nel gennaio 2006. »

Rebecca conferma, senza aggiungere altro.

« Ascolti, Rebecca. Avrà di certo saputo della scomparsa di Ambra Negri Della Valle. »

Bex annuisce con aria greve. « Ambra, Vivi e io eravamo compagne di classe. Il fatto che siano sparite entrambe è spaventoso e non può essere una coincidenza » aggiunge e mi sembra di notare che le è venuta la pelle d'oca.

« Quali erano i rapporti tra Ambra e Viviana? »

« Tra loro due esistevano sentimenti ambivalenti. »

«Me ne parli» la esorta l'ispettore.

«Al ginnasio erano inseparabili, ma Ambra era... oh, Dio. Non voglio usare il passato» aggiunge con un sorriso imbarazzato e amaro. «Ambra è come una gatta randagia. Non è fedele. Non è affidabile. Faceva in modo di ottenere quello che voleva e poi, se le cose non le stavano più bene, semplicemente prendeva le distanze. Vivi ne uscì come sedotta e abbandonata. La odiava perché si sentiva tradita, ma al contempo non riusciva a smettere di volerle bene.»

«Rebecca, sapeva che Ambra Negri Della Valle è stata in Palestina?»

Fisso l'ispettore sbalordita. Che vipera. Come ha potuto nascondermi una scoperta del genere?

Bex sembra scossa quanto me. «Quando?» chiede d'istinto.

«Poco dopo la scomparsa di Viviana, nel febbraio 2006.»

«E per quale ragione?»

«Speravo che lei sapesse dirmi qualcosa... per esempio, sa che le due ragazze si erano sentite telefonicamente al ritorno di Viviana da Gerico?»

«Sì, questo lo sapevo. Viviana aveva deciso di chiamarla, aveva una specie di attacco di nostalgia... era fatta così, rimaneva infatuata di chi la trattava male. Aveva deciso di sentirla. E so anche che Ambra era stata stranamente cordiale. Alla fine si erano anche riviste, ma non saprei proprio dirvi di più.»

Ultimamente erano successe tante di quelle cose strane che Alice aveva cominciato a credere che di impossibile non ci fosse quasi più nulla.

Lewis Carroll

« Che impressione ti ha fatto? » mi domanda Calligaris non appena Rebecca ha lasciato il suo ufficio.

« Buona. Ma non ci ha dato alcuna informazione degna di nota. Lei, piuttosto, ispettore! » gli dico fissandolo intensamente negli occhi. Lui assume un'aria innocente.

« Cosa? »

« Quando pensava di dirmi che la mia collega si era recata niente meno che in Palestina? »

« Esattamente oggi, mia cara Alice. Scoprirai molte e molte cose. Torna a sederti e levati dalla faccia quell'espressione che non ti dona. » Come al solito la mia curiosità ha la meglio e riprendo posto in attesa delle novità. « Ambra è stata in Israele, per l'esattezza. Ha visitato la Palestina solo per un giorno, una di quelle gite organizzate dagli hotel, con un pullman che scarrozza i turisti nei principali siti archeologici. Ha visitato Betlemme e Gerico, in un itinerario abbastanza tradizionale. Si è trattenuta per una settimana, metà trascorsa a Tel Aviv e l'altra metà a Gerusalemme. »

« Con chi era? »

« Con la madre. Da Isabella Negri Della Valle ho appreso molte informazioni interessanti... per esempio, che, come già sappiamo, Ambra e Viviana si erano incontrate al ritorno di quest'ultima dalla Palestina. Pare che i racconti della vecchia amica abbiano conquistato Ambra, che quindi aveva proposto alla madre un viaggio in Medioriente. Sapevi, piccola Alice, che Ambra è una ragazza dalla spiritualità molto intensa? La sua devozione alla fede cattolica ti sorprenderebbe – almeno, stando a quanto sostiene la madre.»

« Non c'è luogo al mondo in cui si possano ottenere maggiori soddisfazioni per un pellegrinaggio di stampo cattolico» commento, ricordando una mail di Viviana dal tono abbastanza polemico sul suo scetticismo verso tutti i luoghi sacri e le relative reliquie.

« Ho chiesto alla madre se l'interesse fosse esclusivamente spirituale. Ha risposto di no, che era attratta dall'esotismo dei luoghi e che Ambra avrebbe dovuto incontrare anche un ragazzo, lì. »

« Un ragazzo? » sussulto.

« Già. Un certo Daniel. Ti dice niente questo nome? »

Sono a dir poco incredula. Ambra doveva incontrare Daniel Sahar? Per quale oscura e assurda ragione?

« La signora Negri Della Valle non le ha spiegato il motivo? »

Calligaris corruga la fronte. « Purtroppo non ho potuto ricavare molti dettagli. Ambra le aveva detto semplicemente che si trattava di un amico di Viviana e che doveva riconsegnargli qualcosa. Isabella non ha approfondito la questione. »

« Dovrà chiedere notizie a Daniel, ispettore » affermo, con decisione.

« Temo di sì. Oh Alice, quanto è complicata questa vicenda! » esclama intrecciando le mani affusolate, uno sguardo implorante al ritratto di Padre Pio che tiene sulla scrivania.

« Isabella Negri Della Valle le ha detto altro? »

« Ha detto molto, in effetti... anche a proposito del dottor Conforti. Ma... Alice. Non è corretto che tu ne venga a conoscenza. »

Nonostante un'istintiva tendenza alla ribellione, non posso fare a meno di comprendere le sue motivazioni.

«Ispettore... può contare sulla mia discrezione» mi limito a far presente.

Calligaris appare combattuto, come se una parte di lui stesse in realtà fremendo dalla voglia di condividere le sue scoperte. Per il momento, tuttavia, tace.

Non mi resta che accettare la sua correttezza, anche se l'accenno a qualcosa che riguarda Claudio mi sta incendiando di curiosità.

* * *

Mi sento disperata come Jo March quando dovette vendere la lunga chioma a un parrucchiere per finanziare il viaggio della madre che intendeva raggiungere il padre ferito in guerra.

Di Arthur non so più nulla, cosa faccia, con chi lo faccia, da quando ci siamo separati così bruscamente. Sento ancora bruciare le labbra per quel bacio rifiutato. E da sua sorella Cordelia non mi sono giunte notizie circa l'efficacia dei miei anatemi.

Ma almeno ho tratto una preziosa lezione dall'accaduto.

Ho imparato che tutto, tutto ha un prezzo e che quella dolce quiete che mi sembrava noia... è quella la serenità.

Bisognerebbe pensarci due volte prima di gettarla sul piatto in una partita a carte con la sorte, al prezzo di un'emozione che non valeva nulla.

I can put a little stardust in your eyes

Tel Aviv, novembre 2005.

Dopo le nozze tra il Prof ed Ella, Daniel era rimasto ad abitare da solo nel grande appartamento sulla Ibn Gabirol Street, ma le tracce della madre erano ancora percepibili. Viviana non avrebbe saputo spiegarsi in altro modo i barattoli di marmellata di pesche Wilkin and Sons che aveva trovato in dispensa per la colazione, né i barattoli di creme a base di sali del mar Morto che nessuno aveva rimosso dal bagno, né tante altre piccole accortezze che, in generale, non sembravano appartenere a un tipo spartano come Daniel.

Erano a cena, quando certi argomenti di politica si fecero nuovamente strada tra i loro discorsi, e come già era accaduto tra loro altre volte, i toni si accesero e divamparono.

« Ma perché sei così ostile all'idea di una serena convivenza con i palestinesi? »

« Perché sarebbe come se in Italia lo Stato si alleasse con la mafia. »

« Lo Stato era loro. Siete voi gli usurpatori. »

L'usurpatore, per nulla offeso, accolse le sue parole con la flemma di chi ascolta una filastrocca trita e ritrita. « Le Nazioni Unite non la pensano così, e questo è tutto. »

Erano a cena in una specie di bettola vicino a King George V Street. Viviana era certa che non sarebbe mai sopravvissuta a un'ispezione dei NAS, però dovette ammetterlo, l'hummus era il più buono e cremoso mai assaggiato. Come sempre quando gli dava ragione, Daniel gongolava in un modo che, sul piano ra-

zionale, Viviana trovava insopportabile. Il piano emotivo, tuttavia, stava surclassando di gran lunga ogni altro pensiero e tutto ciò che di peggiore pensava di lui lasciava sempre più spazio a quella strana attrazione cui non sapeva dare un nome.

Era una sera mite e cenare seduti quasi sulla strada non la disturbò affatto, nonostante fossero ormai giunti i primi giorni di novembre. Daniel bevve una birra direttamente dal collo della bottiglia, anche se il bicchiere portato dal cameriere faceva bella mostra di sé sul tavolino di legno un po' appiccicoso. Aveva un'aria selvaggia e conturbante.

Ci fu un istante preciso, un momento cruciale di quelli che cambiano irreversibilmente il corso degli eventi, in cui Viviana capì.

Che era solo questione di tempo.

Che avrebbe dimenticato il resto del mondo.

Che in quell'appartamento di Ella, enorme e deserto, in quella strada lunga e trafficata, in quella città sconosciuta affacciata sul mare, calda e in impercettibile decadenza, lei avrebbe definitivamente perso la testa per lui e non le sarebbe rimasto che sperare di non doversene mai pentire.

Lunga e diritta correva la strada

«L'essere umano è poligamo per natura. La monogamia è solo una convenzione sociale.»

La perla di saggezza che ho appena sentito è stata pronunciata da un irremovibile Claudio, in auto, imbottigliati nel traffico prima di inserirci nel Grande Raccordo diretti a un sopralluogo, con il sottofondo di *One way or another* dei Blondie.

«Sì, certo» ribatto, lo sguardo dritto su un punto astratto, un po' annoiata dalla lunga coda. Non ricordo neppure come siamo arrivati a discutere di certi argomenti.

«Guarda che la mia è una teoria scientifica e filosofica, pure. Leggi Schopenhauer, se non ci credi.»

«Bell'alibi per tutti gli infedeli» commento. «Scusa se ti ho tradito, ma avevo letto Schopenhauer.»

«Non bisogna banalizzare né generalizzare. Vedi, l'innamoramento, la passione sono meccanismi dell'evoluzione per tutelare la specie dalla razionalità. Il coinvolgimento emotivo, il perdere la testa, sollevano l'uomo dalla ragione e gli fanno prendere decisioni che non sono nel suo interesse, ma in quello di tutta la specie.»

Bene. Allora quando io ho tradito Arthur con lui – Madonnina, se me lo ricordo mi piglia uno sconforto con una fitta di dolore così acuto che non riesco più a respirare – ho preso una decisione negli interessi della specie umana. Certamente è verissimo che non è stata una scelta nel mio interesse.

«Sono felice di apprendere che adesso supporti le tue azioni nefaste con teorie di tal calibro al fine di renderle più accettabili sul piano etico.»

«Si fa quel che si può» ammette con candore.

«Alzi i finestrini? Quest'aria fredda mi fa venire il raffreddore.»

«Le basse temperature mi conservano in forma.»

Mi scappa uno starnuto e mentre mi accuccio nel mio montgomery non mi trattengo e gli dico: «A queste temperature ci conservi un cadavere».

«Be', viste le attenzioni che mi riservi ultimamente, tanto varrebbe averne uno in auto al posto tuo. Vuoi smetterla di starnutire così? Mi stai sputacchiando gli interni in pelle.»

Il sorriso furbo e ammiccante sul viso bronzeo si distorce in un secondo.

L'auto acquisisce una velocità che la qualità degli ammortizzatori non mi fa percepire, mentre la coda si smaltisce improvvisamente.

E noi finiamo addosso a un'altra auto, con un impatto così violento che l'airbag mi esplode in faccia e istintivamente lancio un grido, prima di sbatter la testa all'indietro contro il sedile.

L'auto si ferma e si spegne bruscamente. Dal cofano esce del fumo. Claudio impreca da par suo.

Un'autoambulanza ci porta al pronto soccorso, dove mi fanno sdraiare su una specie di barella.

Non ricordo poi molto altro.

Il frammento che però ho chiarissimo è quello di un collega di Claudio, che gli parlava mentre lui era seduto accanto a me. Io ho continuato a tenere gli occhi chiusi. Non perché volessi fingere di dormire, ma solo perché non riuscivo davvero a tenerli aperti. Sentivo su di me tutta la stanchezza del mondo.

Il collega, che evidentemente era stato un compagno di studi di Claudio, aveva l'aria un po' preoccupata.

Solo dopo, ho capito che la preoccupazione non riguardava le nostre condizioni in particolare ma, piuttosto, una vecchia storia.

«... quando sei venuto qui in pronto soccorso con la Negri Della Valle... sì, l'anno scorso. È venuta la polizia a fare un sacco di domande. »

« Su cosa? » ha chiesto Claudio, un po' allarmato.

Al sentir pronunciare il cognome di Ambra ho avuto un sussulto, una pulsazione nella mia testa dolorante.

« Sul tipo di lesioni che presentava... » ha risposto il collega, ma come se ci fosse qualcosa di sottinteso tra loro, come se entrambi sapessero qualcosa che non era bene ripetere ad alta voce. « Naturalmente io ho dichiarato di non ricordare bene il caso. Del resto, sfido chiunque a ricordare un paziente in particolare, dopo un anno, con tutta la gente che passa di qui » aggiunge, il tono di voce sempre più basso, fino a che non sono riuscita più a sentire niente di quello che stava dicendo.

E poco dopo, tornata definitivamente in me, la tensione di quella conversazione che fingo di non ricordare e che forse potrei solo aver sognato, è sostituita dalle chiacchiere amene e irrefrenabili di Beatrice Alimondi.

Beatrice è un'allegra ricercatrice di anatomia patologica, un tipo piuttosto sopra le righe – uno psichiatra le appioppperebbe un bel disturbo istrionico di personalità. È stata una ex di Claudio quando erano giovanissimi studenti – in realtà mi risulta che Claudio abbia tradito Ambra anche con lei, che del resto non se ne fa un problema perché lo considera, sue testuali parole, patrimonio dell'Unesco e quindi è di tutte – e abbiamo lavorato insieme a un caso molto speciale e interessante l'anno scorso... la morte inspiegabile di un vecchio e celebre scrittore.

« Si è subito sparsa la voce in tutto l'ospedale del dottor Conforti in pericolo di vita. C'era già una quantità di studentesse in lacrime come prefiche » esordisce, sfavillante come di consueto. « Ma, come si dice, l'erba cattiva non muore mai. »

Claudio rotea gli occhi, provato.

Che lo sia più perché la sua preziosa auto è andata distrutta – chi lo conosce sa bene che ha un rapporto affettivo più intenso con lei che con qualunque altro soggetto di sesso femminile – o per l'apprensione dovuta alla conversazione con il suo collega, questo non saprei dirlo.

« E come si dice dalle mie parti, *cu non ci criri mi c'incappa* » aggiunge. « A chi non crede, gli capiti la stessa cosa. Voi che mettete sempre in discussione le dinamiche degli incidenti altrui... »

« Beatrice, per favore » la interrompe Claudio, tra l'autoritario e l'implorante.

« Come siamo suscettibili! » esclama lei.

In realtà il suo buonumore sarebbe stato gradito in qualunque altra circostanza. Ma in questo esatto momento mi sento troppo scossa per sopportarlo. Le parole del collega di Claudio continuano a ronzarmi nella mente.

Sono confusa e inquieta perché vorrei chiedere notizie a lui personalmente, ma non sono sicura che sia giusto. Origliare è deplorevole e mai giustificabile – non che questo mi abbia mai trattenuto dal farlo. Ma, soprattutto, non so più se mi direbbe la verità.

Io non so più chi sia lui, in realtà.

Ho la sensazione di aver messo piede in un campo minato in cui solo Claudio è ancora capace di muoversi, ma temo per lui, con sincero dispiacere, che lo sarà ancora per poco.

Credo che non appena potrò uscire di qui chiamerò l'ispettore Calligaris perché sono sicura, senza che l'ombra di un dubbio mi sfiori neppure, che il qualcosa di cui non ha voluto parlarmi sia esattamente questo strano e imprevedibile riferimento a un anno fa.

I ragazzi che si amano non ci sono per nessuno
Essi sono altrove molto più lontano della notte
Molto più in alto del giorno
Nell'abbagliante splendore del loro primo amore

Jacques Prévert

Da adolescente, Viviana aveva conosciuto l'esaltazione accecante del primo amore e ricordava che il suo rendimento scolastico era calato con inequivocabile tempismo. Analogamente, la sbandata per Daniel le aveva tolto la lucidità necessaria a lavorare con profitto, come se le due risorse fossero incompatibili e come se lei fosse in grado di indirizzare le proprie energie su un unico canale d'azione.

All'euforia dell'innamoramento si era aggiunta un'anomala e ingravescente sensazione di smarrimento, di perdizione, come se avesse perso il contatto con la parte più intima di sé e che un'altra, più selvaggia e fuori controllo, avesse preso il sopravvento.

Il lavoro bibliografico che era stato lo scopo di quella trasferta a Tel Aviv la annoiava.

Di quei giorni in città amava la solitudine e il mare, amava Habimah, le sue piastrelle chiare illuminate dal sole, i gradini su cui sedeva e il teatro, la gente in bicicletta e i cani a spasso sulla Rothschild.

Ma soprattutto amava la mancanza di freni e ostacoli che le impedissero, ogni notte, di finire nel letto di Daniel, di lasciare che lui le toccasse i capelli neri fino a farne nodi, di sentire quel modo tutto suo di abbandonarsi.

Una voce le sussurrava che c'era qualcosa di profondamente sbagliato in quello che stava facendo, ma non riuscendo più a identificarne la ragione – perché poi era così sbagliato innamorarsi di lui? Erano giovani e senza impedimenti, a parte il fatto che lui incarnava il bieco nazionalismo israeliano che lei detestava ideologicamente – la interpretò come un timore infondato dell'inconscio, dovuto al fatto che Daniel emanava un'aura aspra e irregolare, ma era proprio quel modo di essere che l'aveva portata lontano dalla luce e le aveva lasciato intuire che amava la notte assai più del giorno.

A nessuno piace capire di amare le tenebre, pensava. Possiamo accettarlo, infine, ma tutti noi vogliamo essere il contrario. Vogliamo il calore e la trasparenza della luce.

Fremeva per il ritorno in trincea, nella dimensione parallela in cui avvertiva che quello straniamento dallo spazio e dal tempo era in qualche modo legittimato dall'atmosfera remota e sabbiosa.

Doveva essere così, altrimenti avrebbe dovuto pensare che l'impalcatura della sua mente era sovvertita, che era persa, che la vera Viviana era finita chissà dove.

Se non esistesse il mal d'amore, l'umanità sarebbe una razza onnipotente
Alicia Giménez-Bartlett

In realtà, non ho avuto il coraggio di parlare con Calligaris.

Sono tornata a casa in serata, è venuto a prendermi mio fratello e mi ha riportata da Cordelia e Ichi che mi hanno accolta come se fossi sopravvissuta a una catastrofe atomica.

In particolare, la baby Malcomess si è industriata in cucina e ha preparato degli incommentabili ravioli col sugo, di cui tuttavia era fierissima. Ha pure affittato il dvd di *Marie Antoinette*, davanti alla cui proiezione mi sono tragicamente addormentata.

Stamattina continuo a non avvertire le energie necessarie per parlare con Calligaris di quella conversazione. C'è una parte di me che sente di tradire vilmente Claudio, è disorientata su cosa fare e mi esorta a temporeggiare.

Nel frattempo mi godo la prognosi di cinque giorni che ho ricevuto in pronto soccorso, un tutt'uno con Ichi, il divano e un buon libro.

Ed è proprio mentre sono a un capitolo clou che ricevo un'inattesa chiamata da parte di Arthur.

«Come stai? Cordelia mi ha raccontato...»

«Avrei preferito che non lo facesse» lo interrompo. «È una telefonata ipocrita. Non hai bisogno di ostentare – proprio con me – le buone maniere che non hai. »

Okay, lo so, ho esagerato. Ma sono nervosa. Troppo agitata e stanca per riuscire a filtrarmi.

« *Elis...* Va bene, ho sbagliato a chiamarti. Ma ero preoccupato. »

Vorrei dirgli che avrebbe dovuto preoccuparsi per me molto tempo fa. Un banale tamponamento non ha niente a che vedere con quel rifiuto cocente e più in generale con tutti i torti e le mancanze da quando lo conosco fino a oggi. Un airbag in pieno volto è sempre preferibile alle numerose porte che mi ha chiuso in faccia.

* * *

Come spesso accade, la rabbia abbrutisce ma, al contempo, rinvigorisce.

Emergo dal divano, metto da parte il libro e dopo una miracolosa Coca-Cola parto alla volta dello studio di Claudio. Lealtà? Stupidità?

« Tu? Non dovresti essere convalescente quanto la mia povera macchina? » esordisce, aprendo la porta dello studio con evidente sorpresa.

C'è nell'aria quel buon profumo tutto suo, mentine, gel e Declaration.

« Vale anche per te. Non avevi anche tu i tuoi cinque giorni di riposo prescritti dal tuo collega? »

« Non posso permettermeli. Devo lavorare o mi arresteranno per omissione d'atti d'ufficio. »

« Hai bisogno di aiuto? » gli domando, in un impeto di altruismo di cui mi pento immediatamente.

« Be', se insisti... » replica alludendo a una pila di pratiche che sovrasta la sua scrivania. « Siediti. A cosa devo l'onore di questa tua incursione nella tana del lupo? » prosegue, il tono ambiguo di sempre.

« Spegni il riscaldamento, fa troppo caldo » gli chiedo per tutta risposta.

«E tu spogliati» ribatte con un filo di sensualità, senza che lo attraversi nemmeno per un attimo l'intenzione di soddisfare la mia richiesta.

«Claudio... c'è qualcosa di serio e importante di cui ho bisogno di parlarti.»

Lui corruga la fronte e assume un'espressione sarcastica. «Addirittura. Il tono fatale delle grandi occasioni. Che è successo, ti sei persa i saldi al negozio di scarpe?»

Il suo volto si fa via via più serio e l'abituale maschera di incrollabile sicurezza si volatilizza quando gli racconto di aver ascoltato quella strana conversazione tra lui e il suo collega del pronto soccorso.

«Non avrei dovuto, ma era impossibile sottrarsi... è stato davvero un attimo...» tento di spiegargli, in imbarazzo.

Lui ribatte con un cenno di noncuranza, la stessa di chi ha saputo di segreti ben peggiori. «Vuoi delle spiegazioni, immagino» aggiunge, con freddezza.

«Credi di dovermene?» lo sfido.

«Non ne devo a nessuno.» La maschera sul viso ha ripreso il suo posto.

«Quand'è così...»

«Non è un *dovere*. È piuttosto un *volere*. È ovvio che io non c'entro nulla con quelle ferite di Ambra» premette, prendendo posto sulla sedia di fronte a me, le mani sulla fronte, un'aria tremendamente stanca. «È successo lo scorso anno... erano i primi di dicembre, se non sbaglio. Lei è stata aggredita da un tale e me la sono ritrovata in casa. Avevamo già chiuso. Però continuavamo a sentirci ed evidentemente sono stato la prima persona cui ha voluto rivolgersi.»

«Un tale, chi? Uno che conosceva?»

«Sì... ma non ha voluto saperne di sporgere denuncia, ha preferito insabbiare la cosa.»

« E perché? »

« Per le stesse ragioni che spingono molte donne. Vergogna. Desiderio di lasciarsi tutto alle spalle senza strascichi. Paura. »

Non ci vedo chiaro, forse perché sono annebbiata dalla troppa curiosità. « Claudio, chi l'ha picchiata? »

« Un pazzo che conosceva da quando andava a scuola. »

« Non ti ha detto il suo nome? »

« No » risponde secco e con tono condiscendente, anche un po' annoiato. « L'ho accompagnata al pronto soccorso da quel collega perché era veramente malconcia. Ma naturalmente lui era perplesso. Che figura di merda » considera, come tra sé e sé.

« Claudio, è gravissimo che tu non abbia detto niente a nessuno su questa storia. »

« Chi ti dice che non l'abbia fatto? » domanda, risentito. « A chi lo hai detto? »

« Al tuo caro ispettore Calligaris, ovviamente. Poco dopo la scomparsa di Ambra. » Che malefico, quell'ispettore. « Ma purtroppo non ho saputo dargli informazioni su questa persona, Ambra è stata molto elusiva e per conto mio ero intenzionato a rispettare il suo riserbo. Ho fatto di tutto per convincerla a sporgere denuncia, ma era... *è* cocciuta. La conosci, insomma. È finito il mio interrogatorio? »

Claudio sembra talmente costernato che in effetti non riesco a spiegarmi se si tratti di rimpianto per aver permesso a una storia in cui non credeva di trascinarlo in un baratro di situazioni e coincidenze che lo stanno distruggendo o piuttosto se si tratti di sincero dispiacere per Ambra e la sua triste vicenda. Forse entrambi.

« Claudio, non devi pensare che fosse un interrogatorio... nei miei panni non avresti chiesto spiegazioni anche tu? »

«Io sono una persona discreta» precisa.

«Io... no.»

«È cosa nota» commenta dopo un lungo, melodrammatico sospiro.

Morire è solo non essere visto

Fernando Pessoa

Giunti a questo punto, parlare con Calligaris dell'aggressione subita da Ambra mi sembra una mossa imprescindibile, che avvio senza alcun tipo di senso di colpa.

«Sì, in effetti sapevo già tutto» ammette lui. «Ma capirai che non era una cosa di cui potessi parlarti. In ogni caso, come era ovvio, ci sei arrivata da sola con le tue gambette e la tua solita fortuna sfacciata.»

«Be', insomma, fortuna... Ispettore, non ci ha rimesso soltanto l'auto di Conforti, sa? Anch'io ho preso una bella botta.»

«Hai ragione pure tu.»

«A questo punto, però, vorrei qualcosa in più. Ovvero: ha scoperto chi è stato ad aggredire Ambra lo scorso anno? Io ho subito pensato a quel compagno di classe di cui aveva parlato la zia Anastasia.»

«Sì, certo. Paolo Malversini è un'idea sensata, anche se a spingerci verso di lui sono soltanto le dichiarazioni di Anastasia Salvemini, che per quanto mi riguarda ha scarsa attendibilità. È vero pure che si tratta di un pessimo soggetto, con un curriculum di violenze degno di nota. Dovrebbe già aver ricevuto un mandato di comparizione, ma qui non si è visto. Forse è il caso di fargli una visita.»

«Non sono soltanto le dichiarazioni della zia di Viviana, ispettore. Claudio ha parlato di un tale che Ambra conosceva dai tempi della scuola. E non le sembra suggestiva l'idea di un collegamento così chiaro tra Ambra e Viviana?»

« Ce ne sono talmente tanti, ormai, collegamenti tra Ambra e Viviana! » osserva Calligaris, stranamente più affranto che lieto per la notizia. O forse è solo senso d'impotenza.

« Quando andiamo a parlare con Malversini? » propongo d'impulso.

« Stai diventando insolente! » osserva l'ispettore, sollevando la cornetta del telefono. « Sono io. Trovami l'indirizzo di Paolo Malversini » ordina a un suo sottoposto, chiudendo poi la conversazione senza smancerie.

« Ispettore, come si fa a capire se è stato lui, davvero, a pestare Ambra un anno fa? E soprattutto perché? E poi c'è una cosa che mi lascia perplessa. Com'è possibile che la madre di Ambra non abbia detto nulla? Vivevano insieme. Si è davvero bevuta la storia dell'incidente? »

« Così ha detto. Sostiene di non aver mai avuto ragione di credere che la sua Ambra le avesse mentito. Sta apprendendo tutti i segreti di sua figlia da sola o tramite le indagini. Non dev'essere bello. »

« No » confermo tristemente.

Poco dopo il telefono squilla. Calligaris prende nota delle informazioni che riceve e si alza dalla poltroncina, con qualche rumorino di colonna vertebrale lombare scricchiolante.

« Andiamo, su. Facciamoci questa ritemprante gita all'Eur. Sulla strada c'è un bar dove le brioche sono favolose, così te le faccio assaggiare. »

* * *

A Calligaris un buon bar non sfugge mai, in effetti: la sosta è assai gratificante per le nostre papille gustative, ma non sufficiente a prepararci al quadro offerto dalla famiglia Malversini.

Al terzo colpo di campanello, la porta è aperta dalla donna più somigliante a un varano che abbia mai visto in ventotto anni di vita. Al solo vederla Ichi sarebbe fuggito con la coda tra le gambe.

«Sono l'ispettore Roberto Calligaris. Cerco Paolo Malversini» esordisce Calligaris, imperturbabile.

«Non cominciamo. Non può aver fatto niente. È stato in psichiatria per due settimane fino a cinque giorni fa e da quando è stato dimesso non è più uscito di casa.»

«Non si agiti» le consiglia l'ispettore. «Possiamo entrare?» domanda cautamente.

La donna vorrebbe dirci di no, ma sa che non è saggio. «Prego.»

Ha in mano una scopa e negli occhi tanta di quella tristezza che potrebbe riempirci un oceano.

«Volete un caffè?» domanda con riluttanza.

«No, grazie» ribatte l'ispettore, in piedi al centro dell'ingresso. «Quindi, suo figlio è in casa al momento?»

«Certo. Non esce, gliel'ho appena detto.»

«Può spiegarci meglio il perché? Temo che stia dando per scontato che per me sia una vecchia conoscenza ed è vero solo in minima parte: ci sono tante cose che ignoro» bluffa Calligaris.

In realtà durante il tragitto mi ha spiegato che Malversini ha precedenti per aggressione e per crudeltà su animali. È finito anche in carcere, più di una volta, ma ne esce sempre, per problemi psichici.

«Mio figlio è disturbato» sintetizza la donna, gli occhi bassi, come se si vergognasse a dirlo.

«Che tipo di disturbi?» insiste Calligaris, pacatamente.

«Disturbi mentali, ispettore» replica, irritata.

«Bene. C'è una diagnosi precisa? Ha detto che è stato in ospedale fino a poco tempo fa, avrà pure una cartella clinica» osserva l'ispettore, con piglio competente.

«Psicosi... una cosa così... senta, cos'è successo? Ogni volta che suonate alla mia porta è una tortura. Non ve ne rendete conto? Almeno fate presto! Basta con questa agonia!»

La signora Malversini vorrebbe tanto prenderci a colpi con la scopa che tiene in mano, ma sa che anche questa non sarebbe una mossa saggia e si accontenta di un po' di legittima stizza.

«Bisogna tornare indietro nel tempo, signora. All'epoca della scuola superiore. Suo figlio Paolo... frequentava il liceo classico, giusto?»

Sul volto della donna si dipinge un'espressione sarcastica. «Un'idea di mio marito! Ah, quanto sognava che questo figlio facesse strada... ma che strada? Per quelli come noi non c'è salvezza.»

«E invece aveva avuto un colpo di fortuna, era finito in una buona classe. I docenti lo ricordano come un ragazzo intelligentissimo.»

«Che te ne fai dell'intelligenza quando il resto non funziona?»

Da una stanza vicina sembra provenire un lamento lontano, una sofferenza remota e profonda.

«Eccolo, si è svegliato. Avrà sentito le vostre voci. Il rumore lo confonde e lo fa innervosire. Vado a tranquillizzarlo. Sedetevi, nel frattempo» dice, indicando una specie di divanetto color senape nel salotto buio.

Calligaris prende posto e si guarda attorno. La vetrina con le bomboniere in argento di vecchi battesimi. Un finto tappeto persiano sul pavimento. Una ciotola ingiallita piena di caramelle Rossana. Un televisore vecchio modello con qualche videocassetta poggiata su una mensola sottostante. L'aria di mestizia che impolvera ogni cosa e la sensazione che non ci si sia mai mossi dagli anni Novanta.

La signora Malversini entra in salotto e prende posto di fronte a noi.

« Dicevamo? » domanda stancamente.

« Che Paolo aveva buoni risultati al liceo. »

« Ah sì. Buoni. Non ci potevamo lamentare. Mio marito sperava che potesse andare all'università. Sa cosa avrebbe significato per noi? Mio marito fa il portiere notturno in un albergo. Io non ho mai lavorato. Abbiamo due figli e abbiamo voluto il meglio per loro. Il maggiore non ha voluto saperne di studiare. Fa l'operaio, e sta bene. Abbiamo pure un nipotino. Paolo invece sembrava diverso, ce la poteva fare, poteva studiare. »

« Poi? »

« Poi... i problemi. Ha preso a pugni in classe un compagno che lo prendeva in giro, nel pieno dell'ora di storia. È stato sospeso, ma poi è tornato e tutti lo emarginavano perché si erano accorti che aveva qualcosa che non andava... » Gli occhi si fanno lucidi. « Allora sono iniziati i guai grossi, perché tormentava le compagne di classe che lo prendevano in giro, secondo lui. Come si dice poi quando si gode nel fare del male? »

« Sadismo? » azzarda Calligaris.

La signora annuisce mortificata. « Ha ucciso pure dei gatti... basta, vi prego. »

La voce è rotta dal pianto. Calligaris cerca di rivolgersi a lei con garbo. « Signora, torniamo alle sue compagne di classe. Vede, è proprio per loro che siamo qui. »

« Una è morta, lo so, li guardo i telegiornali. Viviana. Ma non penserete che Paolo c'entri qualcosa? »

« Vagliamo tutte le ipotesi. »

« È una cosa vecchia! Poi lui è stato bocciato e non è mai più tornato a scuola. Ha la pensione perché che lavoro può mai fare? Non c'entrava niente con Viviana... non l'ha mai più vista. »

« Questo lei non può saperlo » la corregge uno spinoso Calligaris. « E Ambra Negri Della Valle? »

« Quella? Ancora meno! Un altro pianeta, proprio! »

« Signora. Ambra è sparita. E un anno fa, più o meno, è stata aggredita da un vecchio compagno di scuola. »

« E certamente si pensa a Paolo! »

« Signora, davvero, si calmi. Possiamo vederlo? »

Il varano poggia su di noi gli occhietti scuri, un po' perfidi e un po' stanchi. « E che, posso impedirlo? Non credo. Vederlo... non costa niente. Parlarci è un'altra cosa. »

Si mette in piedi e ci guida verso la stanza di Paolo. Dischiude la porta cautamente, le luci sono spente, le tapparelle abbassate. Sul letto, una sagoma interamente rivestita dalle coperte. C'è odore della notte trascorsa, senza che nessuno abbia fatto cambiare l'aria.

« Paolo. Dai, su, alzati. »

Un mugolio di disapprovazione valica la pesantezza del piumone e giunge flebilmente alle nostre orecchie.

« Paolo, non fare storie. »

La donna accende la luce, il mugolio diventa più forte e ancor più risentito.

Paolo Malversini si alza di botto e fissa me e Calligaris con una ferocia indimenticabile.

« Che cosa vogliono questi qua? » domanda alla madre, la voce tutta impastata.

« Parlare » ribatte un serafico Calligaris, le mani atteggiate in segno di resa.

« Di cosa? » domanda, più quieto.

« Di Ambra Negri Della Valle. Te la ricordi, Paolo? » gli chiede la madre.

Malversini ci omaggia di un sorrisetto mefistofelico.

« Nella vita succede a tutti di incontrare una troia. A pochissi-mi di conoscere una donna amante e onesta. Su cento, novan-tanove sono troie. L'ha detto Cesare Pavese. E io condivido. »

Cerco istintivamente lo sguardo di Calligaris, come a cer-care protezione. Malversini trasuda odio.

« Bene, Paolo, dunque la ricordi » ribatte l'ispettore, pa-cato. Paolo annuisce compiaciuto. « I torti subiti non si de-vono mai dimenticare. »

« Che ti ha fatto Ambra? »

« Sfotteva. »

« Gliel'hai fatta pagare? » chiede Calligaris.

Malversini diventa sospettoso. « No » ribatte seccamente.

« Avresti voluto? »

« Sì. » Un lampo di lucidità attraversa gli occhi tormenta-ti di Paolo. « Ma non posso farlo. Devo trattenermi. Non posso svegliarmi la mattina e darle fuoco solo perché mi ri-cordo di quanto era odiosa. Anche se lo vorrei molto. »

Ho i brividi e vorrei fuggire subito da lì, vorrei che non mi guardasse con quella falce mortale che ha negli occhi.

« No, non le hai dato fuoco, quindi. Ma nemmeno una piccola lezione? »

« Quello... neppure. » Mente, si capisce. Ma quando si entra nel territorio della follia, chi può dire dove inizia e do-ve finisce la realtà?

« Avanti, Malversini. Ammettilo. Un giorno, l'anno scor-so, ti è tornata in mente e hai pensato di toglierti il sassolino dalla scarpa. »

Lui non risponde, ma personalmente non nutro più mol-ti dubbi sul fatto che l'aggressione di Ambra di un anno fa sia stata opera sua.

Tutt'altro è capire se c'entra qualcosa con la sua scompar-sa e con la morte di Viviana.

« E della Montosi che pensi? » domanda l'ispettore, cambiando argomento forse dopo aver capito che su Ambra per il momento non scoprirà altro.

«Era dolce» commenta Paolo.

«Ti ha mai sfottuto?»

«Lei? No, no, no, non capite. Lei camminava sulle nuvole. Non era con noi. *La terra è fatta di cielo*. Conosce Pessoa?»

Calligaris mi sembra vagamente disorientato.

«Cosa pensi del fatto che due tue compagne di classe siano sparite? La coincidenza non ti ha lasciato perplesso?» gli chiede ancora, ma sento che sta per mollare la presa, è scoraggiato.

«Posso solo dire che il mio desiderio segreto è che spariscano tutti a uno a uno e non ne resti nessuno.»

La madre abbassa gli occhi e sospira. Da parte sua Calligaris non ha altre domande, per il momento, proprio come prevedevo.

Lasciamo quella brutta casa in silenzio, e ci restiamo fino al momento dei saluti con la promessa di un vago appuntamento per riparlare di tutto.

Infine, rientro in casa certa che non potrò più leggere Pavese e Pessoa con gli stessi occhi, purtroppo.

Somebody that I used to know

Cordelia ha un'aria di vaga e impenitente colpevolezza. Tiene Ichi al guinzaglio ed è pronta a uscire.

« Dove state andando con questa faccia da furbetti? »

La baby Malcomess sfila dal collo del cappotto la lunga chioma bionda che era rimasta incastrata. « Faccio una passeggiata con il mio adorato. »

« A quest'ora? »

Sono le sette e non rientra nelle sue abitudini. Anzi, a quest'ora, tipicamente, declama Shakespeare chiusa nella sua stanza con Ichi che le fa da spettatore, sempre molto coinvolto.

« Già che ci sono mi vedo con uno. »

« Ah, ecco. E ti porti il cagnolino? »

« Sì... funge sempre da azzera-silenzio. »

La sua teoria è tutto sommato sensata, ma mi dispiace non averli in casa, avrei gradito un po' di compagnia. Mi accontenterò di Sky.

Sono sul divano da qualche minuto quando il cellulare mi avvisa di una chiamata in arrivo da parte di Arthur.

Il mio povero cuore sobbalza.

« Sono qui » esordisce.

« Dove? »

« A Roma. Sotto casa di mia sorella. Se ti affacci, mi vedi. Aprimi. Sono venuto per parlare con te. »

E che cavolo. Mi leva l'opportunità di riflettere e di scegliere.

Non posso lasciarlo qui sotto. Adesso capisco la tempestiva uscita di quella paraninfa di sua sorella, che ormai architetta i modi più insani per agevolare una ripresa dei rapporti tra noi.

«Allora?» incalza. «*Elis. Let me in, please.*»

La sua voce è intensamente persuasiva, ma se ricordo le umilianti scene degli ultimi tempi sento l'istintiva voglia di chiudere a chiave la porta, altro che farlo entrare. Ho imparato che i lussi che ci prendiamo li paghiamo tutti e con sostanziosi interessi.

Mi affaccio e lo vedo, accanto alla fermata della metro.

Quanto vorrei essere davvero stanca di lui. Saper dire no.

Lui solleva lo sguardo, con un sorriso dei suoi, di quelli che aprono le finestre e fanno entrare valanghe di sole.

Alice. È un momento topico. Non cedere o te ne pentirai amaramente.

«Arthur, davvero, io sono colpita... ma lasciamo perdere, è meglio per entrambi. Sei diventato come un rimpianto che va e viene. Se tu mi aiuti, magari se ne va. Per sempre.»

«*Elis.*»

«Te ne prego.»

«Okay. Mi fermo qui a Roma due giorni. Ho degli appuntamenti importanti. Quando vorrai. Se lo vorrai. *Call me, just to talk.*»

* * *

«E lo hai veramente mollato qui sotto?» allibisce Cordelia, rientrata dopo una mia telefonata poco conciliante.

«Sì, piccola ruffiana. Tutte queste tue interferenze iniziano a stancarmi.»

«Lo avessi io un uomo che viene fin qui per me dalla Libia.»

« Non è venuto per me. Ha degli appuntamenti importanti, ha detto. »

« Come sei puntigliosa... » conclude, con aria acidula.

« Che appuntamenti ha? »

« Ti interessa davvero saperlo? » domanda inarcando le sopracciglia perfettamente depilate.

« Tanto per chiedere. »

« Deve incontrare un pezzo grosso di *National Geographic* che è qui a Roma per qualche tempo. »

« Vuole lasciare l'AFP? » chiedo con sbalordimento. Considerato tutto quello che ha sacrificato per riuscire a entrarci, un repentino abbandono mi spiazzerebbe.

« Non è esatto. Gli hanno fatto una proposta, lui sta solo valutando. »

« E che ne è della supersonica Alicia? » le domando, incapace di resistere.

« Dai davvero troppo peso a quella storia. Tra le sue braccia Arthur cerca l'oblio, non c'è niente di più. Che sarà mai, si sono solo fatti qualche sana scopata. »

« E se la fanno ancora? » azzardo.

« E perché non dovrebbero? »

« Perché poi si finisce con l'avere una relazione. »

« Quanto sei pesante. »

Cordelia coccola le orecchie del piccolo Ichi che la guarda con beatitudine. « Non è vero che la zia è pesante, Ichi? » gli chiede. Se potesse, schiavo d'amore della baby Malcomess com'è, assentirebbe senz'altro. « Lo chiamerai? » mi chiede infine, un po' più seria, ma dolcemente.

« Dovrò trovare la forza di resistere » ammetto.

Something I did, something I said, but yesterday's gone

Gerico, novembre 2005.
   Esistono luoghi che sono più di un posto.
   Era arrivato il momento di lasciare Tel Aviv e tornare a Gerico. Di viaggiare su quell'autostrada che portava fino alla conca desertica che ospitava la più antica città del mondo. Daniel era alla guida, mentre Viviana osservava i colli bruciati e le carovane di beduini in transito. Il paesaggio non variava fino all'ingresso in West Bank, con la lunga procedura che ciò comportava.
   Al campo, Anita era più stizzosa del solito. Carlo e Sandra avevano da poco portato alla luce un nuovo angolo di muro. Il Prof era annoiato, Ella iniziava il conto alla rovescia per il ritorno a Roma. Apparentemente poco era cambiato.
   Viviana stava bevendo un succo di frutta seduta a un tavolino di un bar assieme al Prof. Era venuto a prenderli in corrispondenza del blocco.
   « Jade è arrivata proprio ieri » spiegò il Prof a Daniel. Ella s'inserì nella conversazione e attaccò a parlare animatamente nella loro lingua con il figlio, che aveva l'espressione di chi ha appena preso un colpo di padella in piena faccia.
   « Chi è Jade? »
   La domanda fremeva inespressa sulle sue labbra. In auto, seduta sul sedile posteriore mentre il Prof guidava nel caos arabo, Viviana cercò lo sguardo di Daniel, che sembrava assente – o forse fingeva di esserlo.
   Con le dita sfiorò la sua mano scura, che era poggiata sul sedile di finta pelle. Proprio in quel momento – erano fermi

all'albero di sicomoro e un ragazzino con in mano delle arance stava provando a venderle per pochi spiccioli – il Prof ripartì all'improvviso, con un'imprecazione intollerante.

Viviana sentì gli occhi riempirsi di lacrime e si sentì sommersa dalla tristezza, una tristezza assoluta, per sé, per Daniel, per quel Paese sfortunato, per quel ragazzino povero scacciato via come una mosca.

L'israeliano incrociò quelle lacrime ma fu incapace di affrontarle, e le ignorò.

Tornati al campo, appena scesi dall'auto, una bella ragazza bionda si avvicinò e abbracciò Daniel come se non lo vedesse da un'eternità.

Non era una semplice conoscenza. Jade era evidentemente qualcosa di più per Daniel.

Viviana si sentì sola. Percepì su di sé tutta la terribile inutilità che hanno le cose di scarso valore.

Ella vide e comprese l'arcobaleno che attraversò gli occhi di Viviana e le si avvicinò con gentilezza.

Poggiò la sua mano sulla spalla abbassata dalla delusione e mormorò poche dolci parole al suo orecchio che era diventato insensibile. Parole che poco dopo, infatti, Viviana aveva già dimenticato. Non riusciva a far altro se non guardarli, come ipnotizzata, e a ripetersi che il sogno era finito, la condivisione di ieri era già volata via. Yesterday's gone, come in quella canzone di Robert Smith che lei amava tanto.

* * *

La notte è trascorsa male, tra brutti pensieri e indecisione sul da farsi.

In Istituto sono strambata più che mai, al punto che la Wally ha lanciato contro gli specializzandi in generale una maledizione senza perdono che in confronto gli *Avada keda-*

vra di Harry Potter sono complimenti. Del resto, però, il malumore è diffuso e uno degli specializzandi più piccoli ha anche proposto di portare dei topi in Istituto per poi chiamare i NAS e decretarne così la chiusura per qualche tempo.

Giunta l'ora di andar via, passo dall'ufficio dell'ispettore Calligaris per continuare la lettura delle lettere di Viviana, prima di rientrare a casa.

«Ieri eri davvero turbata» osserva, un po' preoccupato. «Oggi come va?»

Non posso negarlo. Quella torbida e sconcertante aria di pazzia che si respirava a casa Malversini mi ha stravolta.

«Meglio, la ringrazio.»

«La psicosi umana è molto frequente nel nostro lavoro, Alice... Mi rendo conto che spesso è inquietante, ma devi abituarti.»

«Certo, ispettore.»

«Credo che sia arrivato il momento di una nuova visita al Dipartimento di archeologia. Se vuoi, puoi accompagnarmi.»

«Naturalmente. Ma che ci andiamo a fare?»

«A parlare con Curreri, tanto per cominciare, e poi con quell'altro tipo, De Robertis, che era a Gerico con Viviana nel 2005.»

«Torna a stringere il cerchio attorno all'università?»

«Mi sfuggono troppi elementi sulla permanenza di Viviana a Gerico. E a ciascuno di loro dovrei chiedere se conosceva in qualche modo Ambra. Credo inoltre che sia arrivato il momento di parlare con Daniel Sahar. Il fatto che abbia incontrato la Negri Della Valle mi sembra una svolta troppo interessante per non saperne di più.»

* * *

Nel Dipartimento di archeologia si percepisce un atteggiamento che vuol essere collaborativo ma che al contempo è diffidente. Ho la netta percezione che nessuno, qui, sia ciò che sembra. Ognuno cerca di presentare la parte di sé che meglio esclude un coinvolgimento con la brutta storia della morte di Viviana.

Come ogni ipocrita che si rispetti, Anita Ferrante parla di Viviana quasi con rimpianto e non una parolina da animo malvagio fuoriesce da quella boccuccia rosea.

«Il professor Curreri è fuori sede, ma rientrerà domani. Dovrete ritornare...» osserva, contrita.

«E Carlo De Robertis?»

«Non c'è problema, posso accompagnarvi da lui subito» ci dice quasi scodinzolando.

Ci guida lungo un corridoio, fino alla porta aperta di un ufficio. Bussa con le nocche sullo stipite per annunciare il nostro arrivo.

«Carlo? L'ispettore Calligaris si sta occupando del caso di Viviana, e vorrebbe parlare con te.»

Un tipo un po' anonimo si erge nel suo metro e ottanta di altezza da una poltroncina verde da cui manca un'abbondante porzione di tessuto. Porge la mano con garbo, solleva la pesante montatura degli occhiali in celluloide con un allenato scattino di un muscolo della guancia, mostra un sorrisino gentile ma terrorizzato.

Calligaris mi ha spiegato che l'istintiva paura delle forze dell'ordine non deve pregiudicare l'idea che ci si fa della persona con cui si parla. Esistono infatti soggetti che hanno le coliche anche quando avvicinati da un vigile urbano in assenza di ragioni particolari. Dunque il fatto che Carlo De Robertis trasudi angoscia e che se fosse nella foresta l'odore della sua paura avrebbe già allertato i predatori non ha in sé alcun particolare valore predittivo.

« Prego, sedetevi » dice, un gesto amichevole della mano. Anita sembra lasciarci soli con riluttanza.

L'ispettore studia l'ambiente con discrezione; personalmente trovo che non ci sia molto da memorizzare, poiché si tratta di un arredo talmente spoglio che persino gli studi da esposizione dell'Ikea hanno più personalità.

Ma forse il mio approccio è stato superficiale: in realtà, sulla scrivania, era presente una specie di piccolo cimelio di terracotta che a causa di un imprevisto movimento della mia borsa ingombrante è finito a terra con un bel *crack!* Un angolo si è distaccato dal resto, inesorabilmente.

« Merda! » sbotta De Robertis con una smorfia di dolore, e delle due l'una: o era qualcosa cui teneva molto, oppure ha in sé tanta tensione da avergli slegato i freni inibitori.

« Mi scusi! » esclamo, chinandomi per prendere i cocci.

« Non lo tocchi » sbraita e io sono turbata da tanta scortesia. Nemmeno il guardiano del MoMA sarebbe stato tanto agitato.

« Pezzo importante, De Robertis? » domanda Calligaris, cui non è sfuggita l'intemperanza della sua reazione.

« Purtroppo, sì. Lo *era* » commenta lui affranto, tenendo sul palmo della mano questa cosa che per quanto mi riguarda potrebbe essere un frammento di tegola di nessun valore. « Non preoccupatevi. Anzi, scusatemi... ma è una cosa cui sono legato. Mi ricorda Gerico » conclude, uno sguardo pieno di significato.

« Bene, così col pretesto entriamo subito nel merito della questione. Quali erano i suoi rapporti con Viviana durante la spedizione? »

De Robertis simula indifferenza. « Francamente, non è che ve ne fossero. Io sono un tipo molto chiuso. E poi ero lì con la mia ragazza di allora, Sandra Martelli. Eravamo molto giovani e innamorati. La spedizione fu anche una sorta di luna di miele. Eravamo interessati al progetto, si capisce, però per noi aveva minore significato rispetto a quanto ne avesse per i due competitor. »

« Che intende? »

« Mi riferisco ad Anita e Viviana. Loro si giocavano il posto per il nuovo dottorato. Per me e per Sandra tutto era invece già definito. Io sarei rimasto, e difatti eccomi, mentre Sandra aveva altri progetti » spiega con tono neutrale.

« Che progetti? »

« Sandra non era appassionata di archeologia israelitica in senso stretto, quindi il suo contributo mancava di entusiasmo. A lei interessava l'archeologia templare, quindi in realtà fremeva per essere inclusa in progetti che avessero come destinazione Acri, per esempio, per questo si è poi trasferita in Francia, alla fine del dottorato. »

« A lei invece interessa l'archeologia israelitica? » domanda Calligaris, per pura cortesia.

« Non è il mio settore prediletto. »

« E qual è? »

« Archeologia etrusca » ribatte seccamente, come se non avesse nessuna voglia di parlare di sé.

« Torniamo a Viviana. Mi risulta che lei fosse molto appassionata » osserva Calligaris.

« Dei tre Viviana era indubbiamente la più coinvolta nel progetto. E infatti, Curreri puntava moltissimo su di lei. Posso affermare senza ombra di dubbio che se non fosse sparita, Viviana ora sarebbe qui. Al posto di Anita. »

« Ha qualcosa da dire su Daniel Sahar? »

« Era un tipo simpatico e competente. »

Calligaris storce il naso: non gli piacciono le persone che parlano bene degli altri, gli rendono le cose sempre più difficili. Preferisce conoscere prima i difetti della gente coinvolta nei casi di cui si occupa. Poi, se utili, i pregi.

« Nient'altro? »

« Be', ispettore, io non lo conoscevo, si può dire. »

« Due mesi gomito a gomito in Palestina mi sembrano sufficienti a farsi un'idea su una persona. »

« Allora l'ho già detta, l'idea che mi sono fatto. »

« D'accordo » sospira Calligaris, insoddisfatto. « Ha percepito qualcosa di particolare riguardo ai rapporti tra lui e Viviana? »

« Non mi sembra. »

« Abbiamo motivo di ritenere che si fossero innamorati. »

« Ah, tutto è possibile. »

« Ma lei cosa crede? »

« Non mi interessava. Ma posso dirvi che Sandra era di questo avviso. Ecco, chiedete a lei, vedrete che saprà esservi molto più utile di me » conclude con una specie di vibrato autocommiserativo assai fastidioso.

« Si è fatto un'idea sulla scomparsa di Viviana, o anche per questo dovremo chiedere a Sandra? » domanda Calligaris, un filino velenoso.

« La seconda che ha detto, temo. Non ho la più pallida idea di cosa possa essere accaduto a Viviana. Posso soltanto dirle che ne sono dispiaciutissimo, ma non credo che le serva a qualcosa. »

« Viviana aveva nemici a lei noti? » ritenta Calligaris, ma mi sembra proprio un tentativo molto futile.

« Posso dirle che tra le due ragazze c'era molta competizione, questo sì. Ma sa, ispettore, mi sembra normale. »

« Crede per esempio che Anita avrebbe potuto farle del male? »

De Robertis sembra genuinamente disorientato, come un liceale che è stato già interrogato e un professore, a tradimento, lo ripizzica il giorno dopo. « Non credo » mormora, possibilista. « Qualcuno però gliene ha fatto, questo è certo, e se cercate risposte da me...» conclude con le mani alzate, come in segno di resa.

Trovo quest'individuo molto poco interessante. Do un'occhiata alla sua libreria accanto alla mia sedia, tutti questi volumi ordinati mi attraggono come una calamita.

De Robertis ci lascia soli: io mi ero astratta nei miei pensieri e ho perso i dettagli di una chiamata che lo ha momentaneamente distratto da noi. Tra i libri sulla mensola, uno mi attira in particolare. I caratteri sono ebraici e sembra un libro molto bello.

«Che fai? Non ti basta avergli distrutto un cimelio?» mi chiede Calligaris, perplesso.

«Sfoglio questo libro. Sarà certamente più interessante di lui» dico con uno sguardo alla poltroncina vuota. È un libro pregiatissimo, un gran volume da enciclopedia. Le immagini sono in alta definizione, nonostante sia un libro dei primi anni 2000.

«Ispettore, non le sembra strano che una persona non molto interessata all'archeologia israelitica possieda un libro così?» dico, mostrandoglielo.

«Alice, chi può dirlo. Se sapessi i libri che anch'io ho dovuto acquistare quand'ero all'università! Libri di cui non mi interessava proprio niente. Uno, lo ricordo ancora, era di medicina legale. C'erano immagini repellenti e solo aprirlo e sfogliarlo mi faceva venire da vomitare.»

«Guardi!» lo blocco, le dita puntate su una specie di cancellatura sulla prima pagina. «È come se ci fosse appuntato un nome e qualcuno si sia premurato di cancellarlo. Malamente, peraltro. Che peccato, su un libro così!»

Controllo la porta. «Ispettore, sia pronto a trovare una scusa, se dovesse rientrare!»

Calligaris strabuzza gli occhi. «Che scusa?»

«Sugli illimitati poteri e diritti della polizia!» dico, mentre espongo alla finestra la pagina, così di fretta che davvero corro il rischio di rovinare anche il libro.

«Tombola! Lo sapevo, io!» esclamo, tutta un giubilo. «Questo libro era di Viviana. Guardi qui» gli spiego indicando il nome di Viviana che emerge controluce dalla cancellatura.

Calligaris è costretto a darmi ragione, ma non si raccapezza sull'utilità della mia scoperta.

In effetti, non ho ben chiaro nemmeno io cosa significhi, in termini pratici, che Carlo De Robertis possieda questo libro appartenuto a Viviana. È del tutto plausibile che lei lo abbia lasciato qui in Dipartimento e poi, dopo la sua scomparsa, lui se ne sia appropriato più o meno infidamente.

Del resto, è un peccato che un così bel libro resti senza proprietario. Mi chiedo soltanto perché cancellare il suo nome. È un gesto vile.

«Mettilo a posto, Alice» mi ingiunge Calligaris, sentendo rumore di passi sempre più vicini. Prima di obbedire, fotografo col cellulare la copertina. Potrebbe tornarmi utile.

De Robertis rientra nella sua stanza un po' più pallido di prima.

«Scusatemi se vi ho fatto aspettare.»

«Non si preoccupi. Dopotutto, noi abbiamo concluso» spiega l'ispettore, che deve aver pensato di porre fine al supplizio.

Carlo porge la mano e saluta con aria gioviale.

«Resto a vostra disposizione» aggiunge mellifluo, mentre noi siamo vicini al ciglio della porta.

«Sì, come no» mormora pianissimo uno stizzoso Calligaris.

L'unico modo di liberarsi di una tentazione è cedervi
Oscar Wilde

Aver fotografato la copertina di quel libro si rivela abbastanza inutile: non ho modo di tradurre il titolo in inglese per saperne di più e forse non è davvero importante.

Metto da parte il cellulare e resto immobile, sdraiata sul mio letto, con gli occhi chiusi per un po'.

Domani Arthur ripartirà.

Non l'ho ancora richiamato e non ho idea di dove sia, né di cosa stia facendo, né di come sia andato il suo colloquio.

So però che è un venerdì stantio e bavoso, che io mi sento piuttosto di merda e che non sono certa di potermi perdonare di averlo lasciato andare via senza nemmeno avere ascoltato ciò che intendeva dirmi.

Se ognuno di noi vivesse davvero ogni giorno come se fosse l'ultimo, quante cose si svolgerebbero diversamente? Se questo fosse il mio ultimo giorno, se i Maya avessero ragione e l'apocalisse fosse vicina, io richiamerei Arthur. Senza dubbio. Viceversa, se fossi certa di un domani, non sono sicura che sarebbe assennato alcun tipo di gesto che porti a una ricaduta.

La nostalgia costa carissima e va adoperata solo quando proprio non se ne può fare a meno.

Okay, non ne posso fare a meno.

Finisco col riprendere in mano il cellulare e selezionare il suo contatto. Lui non risponde subito e richiama dopo un tempo che mi sembra molto lungo e che trascorro camminando avanti e indietro per la stanza come una teenager in ansia.

È una telefonata breve e poi, giusto il tempo di una doccia e di una generosa quantità di latte alle mandorle spalmata su tutto il corpo per ogni evenienza, lui mi raggiunge con una pizza e una bottiglia di Veuve Clicquot.

«A cosa si brinda?» gli domando.

«Semplicemente alla vita» replica, mettendo lo champagne nel frigo.

«Cordelia mi ha detto della proposta di *National Geographic*» butto lì, dissimulando la curiosità.

«*It's a great opportunity.* Ma non ho preso nessuna decisione.»

«In quale luogo al mondo si collocherebbe questa *grande opportunità*?»

«Qui in Italia» replica con tono asettico.

Un tempo, una notizia di questa portata avrebbe fatto dilagare la gioia tra le mura della mia casa e in ogni tessuto del mio corpo. Oggi è l'ombra di quel che sarebbe stato, tutto è stemperato dal disincanto, ma una parte di me, ben nascosta, esulta.

«Bello» ribatto con tono incolore.

«*At all!*» esclama. «È proprio questo l'aspetto peggiore. Tornare in Italia.»

«Ne parli come se fosse il Burundi» osservo con l'acrimonia che ci colpisce tutti quando l'orgoglio nazionale viene ferito, anche se chi lo fa ne ha tutte le ragioni.

Arthur, per conto suo, annuisce come se avessi perfettamente centrato il punto. «Chi ha un minimo di buon senso fugge dall'Italia, non ci torna» spiega come se fosse un dato di fatto.

«Be', tu non hai mai avuto buon senso» faccio presente.

«No» conferma, un *no* morbido e pieno di significato.

Più avanti, ho modo di scoprire che se accettasse rivestirebbe una posizione molto importante da un punto di vista gerarchico e che di fatto non esagera quando la definisce una *great opportunity*. Ma è avaro di parole, come se volesse evitare di scegliere. Non ho proprio idea di quale sarà la sua decisione finale. Né lui chiede la mia opinione al riguardo. Certo, immagino che ora la chieda ad Alicia.

Attenta, Alice, non abbrutirti.

« Mi dispiace per come mi sono comportato la scorsa volta. »

« È stato indegno di te » ammetto, dolente. Il modo improvviso in cui mi ha respinta m'umilia ancora.

Arthur china lo sguardo, ho l'impressione che non riesca a esprimere ciò che vorrebbe dire. E per conto mio non lo forzo a farlo.

Non si ferma a dormire qui, preferisce tornare in albergo. C'è un po' di distanza, tra noi.

Al momento dei saluti, ci abbracciamo per un tempo così lungo da permettermi di percepire distintamente, e assaporare, quanto sia bello farlo. Poi va via, e un sorriso incerto dall'ascensore è l'ultima scena che mi regala.

Sarebbe pur bello se una volta tanto qualcosa qui avesse senso

Alice nel Paese delle Meraviglie

Nel primo pomeriggio ho appuntamento con Calligaris per il secondo round al Dipartimento di archeologia, dove il professor Curreri – allertato dalla fedele Anita – ci accoglie maestosamente.

«Abbiamo bisogno di lei, professore.»

«Sa già, ispettore, che sono ben contento di rendermi utile» risponde con tono cerimonioso, per sottolineare che lui è uno che collabora. C'è un bel ritratto fotografico del suo matrimonio, su una mensola. La sposa in tailleur dev'essere Ella, suppongo, anche perché è una donna che potrebbe corrispondere perfettamente all'idea che mi sono fatta di lei attraverso le lettere di Viviana.

«Sa, il ritrovamento del cadavere ha rimesso in moto le indagini e dato il trasferimento del mio vecchio collega, bisogna ricominciare da capo. L'aspetto positivo è che posso ripartire a modo mio» conclude Calligaris con un'aria da precisino del tutto inedita. Nelle indagini su questo caso sta sfoderando un piglio tutto nuovo, e invero non del tutto credibile, da novello Maigret.

«Certo, capisco. Proprio per questo sono venuto a presentarmi» ribatte Curreri, gentilmente ma con troppa voglia di rimarcare il suo atteggiamento collaborativo.

L'inizio del colloquio si svolge in un modo che ormai ha del ripetitivo. La competizione tra le due laureande e Viviana che era senza dubbio la migliore; i mesi a Gerico trascorsi sereni e proficui.

« Parliamo di Daniel, il suo figliastro. »

« Non c'è molto altro da dire su Daniel... oltre a quanto vi ho già detto, intendo » replica il professore, serenamente.

« C'era qualcosa, tra la sua allieva e Daniel » precisa Calligaris.

Curreri annuisce. « Ella, mia moglie, se n'era accorta e me ne aveva fatto cenno. Ma Daniel, al tempo, era molto incostante. Aveva già una ragazza, Jade, che ha sposato da poco. »

« Ho bisogno di alcune ulteriori precisazioni. In particolare, sul fatto che Viviana avesse ritrovato quel cranio oggetto della pubblicazione di Daniel. »

Il volto di Curreri è segnato da un sorriso amaro. « Ancora? So che si sono diffuse strane voci, sulla scoperta del cranio. A un direttore non sfugge nulla, o almeno, non dovrebbe sfuggire mai nulla. Pensavo di avervi chiarito quei fatti, ma... evidentemente non è così. »

Fruga in un cassetto della scrivania fino a estrarre un piccolo album di fotografie, di quelli che davano in omaggio allo sviluppo di un rullino. Curreri lo sfoglia rapidamente e alla fine ci mostra una foto in particolare, che ritrae, credo, il cranio in questione.

« Eccolo, il reperto. Viviana e Daniel naturalmente me ne avevano parlato, ma data la rilevanza del ritrovamento e le conseguenze che ne sarebbero seguite per tutto il gruppo, ho scelto di non condividere la loro scoperta, inizialmente, almeno. » Calligaris osserva la foto e io con lui, ma è stato più un gesto teatrale che altro. Di per sé la foto non dice proprio niente. Curreri la estrae dalla bustina in plastica che la contiene e mostra il giorno di stampa, riportato sul retro: 21.12.2005. Due giorni dopo il ritorno di tutti da Gerico. « Vede? Ho scattato questa foto con Viviana e l'ho sviluppata subito dopo il nostro rientro a Roma. Avevamo molti progetti, ma poi la sua scomparsa ha rivoluzionato tutto. Anche la necessità di ripartire urgentemente, per via della ripresa delle ostilità tra israeliani e palestinesi, ha complicato le cose. Ma, vedete, non c'è alcun mistero, né alcun segreto attorno alla storia del cranio. Discrezione, al più. »

« Ma allora, mi faccia capire, qual è la ragione per cui il merito di questa scoperta è passato solo a Daniel Sahar anziché all'intera équipe? Del resto Viviana afferiva a tutti gli effetti al vostro Dipartimento, e lei stesso ne era a conoscenza, dunque per quel che ne posso capire, credo che quel ritrovamento dovesse a tutti gli effetti conferire merito a tutta la missione italiana» osserva l'ispettore, con modi bruschi, come se non fosse convinto dalla vaghezza dei racconti di Curreri.

Curreri ostenta ilarità, prima di recuperare un tono più serio. «Lo dice per spirito nazionalistico? C'è una ragione, ovviamente. Vede, quella del cranio è una scoperta che Daniel e Viviana hanno fatto insieme. E non è stata l'unica... La più eclatante, direi, ma forse non la più importante: non dimentichiamo il ritrovamento della principessa. Alla luce di tutto il lavoro che hanno svolto insieme, mi è sembrato più giusto che, dopo la scomparsa di Viviana, fosse Daniel a beneficiarne. Il lavoro di squadra, ispettore, è un'utopia. Le aquile non volano a stormi. »

Calligaris è imperturbabile. «Continuo a non capire. Una scoperta del genere avrebbe portato lustro alla sua équipe. »

«Ancor più ne ha portato a mio figlio, ispettore» ammette con candore. «Quel reperto ha confermato definitivamente informazioni frammentarie, che già si conoscevano, sul culto dei morti nell'epoca cananea. Il culto dei morti è qualcosa che in ogni civiltà ha radici profondissime e che dice molto sull'identità di un popolo. »

Poi, come resosi conto di avergli servito su un piatto d'argento un movente per cui Daniel avrebbe potuto commettere l'omicidio di Viviana, si affretta a correggere il tiro: « Viviana Montosi era la mia pupilla. Non desideravo altro se non una carriera sfolgorante per entrambi. Viviana era una vera ricchezza. Brillante, appassionata, instancabile. È una perdita professionale e ancor di più umana che a tutt'oggi mi è inaccettabile ».

Il suo cordoglio è così radicato e dilagante che è difficile non giudicarlo sincero.

« Mi parli adesso del ritorno da Gerico. Siete rientrati in Italia poco prima di Natale, il 19 dicembre. Cos'è accaduto nelle settimane antecedenti la scomparsa di Viviana, il 23 gennaio? »

« Niente degno di nota, purtroppo. A parte lo smarrimento della valigia di Viviana, ma questo già lo saprà. »

Calligaris sbatte pesantemente le palpebre. « Me lo ripeta, grazie » gli ingiunge, ma ho la netta sensazione che non ne sapesse niente. L'ispettore che lo precedeva in quest'indagine era un vero impiastro.

« Durante il volo di ritorno Tel Aviv-Roma, la valigia di Viviana è andata persa, come accade ogni giorno a tanti altri bagagli di altrettanti sfortunati viaggiatori. »

« In genere, però, le valigie vengono ritrovate e restituite » osserva Calligaris.

« Non in questo caso. Viviana non la riebbe indietro, che io sappia. »

« Può raccontarmi precisamente cosa accadde? »

Se Curreri è irritato dalla domanda, non lo dà a vedere. « Ci accalcavamo di fronte al nastro su cui scorrono le valigie, dopo l'atterraggio. Giunsero a destinazione tutti i bagagli tranne quello di Viviana che, di conseguenza, sporse denuncia all'ufficio bagagli smarriti. Non so davvero altro. »

Jade

Gerico, dicembre 2005.

Jade Berenson era rimasta a Gerico per una settimana; subito dopo era rientrata a Londra, dove studiava e viveva con il padre. La madre, israeliana di Tel Aviv, aveva qualche problema con l'alcol. La versione ufficiale era che Jade aveva lasciato Israele per studiare economia alla London School of Economics. In realtà non sopportava più di farle da infermiera.

La sua storia con Daniel era tuttavia forte a sufficienza da resistere alle insidie della distanza – di questo era fermamente convinta. Quell'italiana priva di eleganza poteva dirsi soddisfatta della loro avventura: altro non ci sarebbe stato.

Jade non era una letterata, né un'erudita, ma attraverso la madre aveva sentito parlare di Sartre, della de Beauvoir e del loro ménage liberale e pensava che dopotutto potessero andare avanti così anche lei e Daniel.

Era dotata di un'incrollabile fiducia nella certezza che non importava quante volte sarebbe caduta: lei si sarebbe sempre rialzata. Agli sguardi languidi tra lui e l'italiana non dava quindi peso sufficiente ad arrecarle troppo dispiacere.

Certo, la fortuna era sfacciatamente dalla loro parte: quel maledetto patrigno italiano pretendeva che i due lavorassero insieme ogni giorno, gomito a gomito. Con tutta quella febbricitante sensualità che dilagava tra loro resistere sarebbe stato difficile.

Daniel le aveva spiegato che insieme avevano trovato un reperto di un'importanza tale da incidere profondamente sulla carriera di entrambi.

A Jade non interessavano quasi per niente i dettagli relativi all'attività di Daniel. Per lei si trattava di studi estremamente noiosi verso cui non nutriva alcuna attrazione. Il più delle volte fingeva di ascoltarlo, anche perché lui aveva un modo troppo prolisso di metterla a parte del suo lavoro.

Certamente un dettaglio l'aveva colpita: il fatto che il resto del gruppo dovesse ignorare la portata della scoperta, per il momento. Non era abitudine del patrigno di Daniel, che stappava champagne per il ritrovamento di qualunque schifezza. E lei era certa che quell'italiano poco cortese che forse non sorrideva mai per non mostrare i denti giallini, con la fidanzata sempre appiccicata, avesse capito qualcosa.

Anziché impigrirla, l'inattività aveva acuito la sua capacità di osservazione e non le era sfuggito il modo in cui quel tipo squallido sbirciava – spiava! – il lavoro di Daniel e dell'italiana. Lo aveva anche detto a Daniel, ma lui non le aveva prestato attenzione, anzi aveva cambiato argomento nel volgere di pochi minuti.

Go ask Alice, I think she'll know

Sono in Istituto, nella mia stanza, con Lara e il vuoto lasciato da Ambra.

Dopo la sua scomparsa c'è stata una perquisizione che ci ha costrette a mettere in ordine il caos che in tre avevamo creato durante gli anni di specializzazione: adesso la stanza è linda e ordinata in maniera ineccepibile e questo me la rende un po' estranea.

C'è un armadietto in cui conserviamo libri semi-inutili, vecchi appunti, fotocopie, tutta quella roba, insomma, che non si ha il coraggio di gettare via perché si spera sempre di poterle dare un'ultima chance.

E forse stavolta ho fatto bene a non dare al macero un vecchio libriccino sulla lesione personale, per più ragioni. La prima è che torna utile per una perizia che devo scrivere. La seconda è che, nascosta come una bimba dispettosa tra le scartoffie, trovo una chiavetta USB, con appeso un piccolo pendente di Winnie the Pooh.

«Lara, è tua?» le domando mostrandogliela. Lei scuote il capo. «E di chi è?»

I suoi occhi esprimono smarrimento, prima di tornare silenziosamente al lavoro.

La collego al mio pc.

È di *Ambra N.d.V.*

Sento i battiti accelerare e istintivamente chiamo Lara. Lei, che detesta essere anche solo guardata mentre lavora perché si deconcentra facilmente, sbuffa.

«Lara, questa chiavetta è di Ambra» dico scandendo bene le sillabe.

Ho suscitato il suo interesse. Abbandona il lavoro e si siede accanto a me.

«Forza, apri» ingiunge, anche lei tesa.

«Forse dovremmo darla subito alla polizia senza esplorare il contenuto» propongo con un breve sussulto di prudenza.

«Vedi solo che file contiene, no? Possiamo sempre dire che non ce ne eravamo accorte che fosse sua.»

La spregiudicatezza di Lara mi sorprende e mi contagia. Clicco sul nome di Ambra ed ecco l'elenco dei dati salvati sulla USB. «Sono tutti file di lavoro, niente di interessante» commenta, mentre scorro col cursore. «Ci ha lavorato molto tempo prima di scomparire, magari poi ha dimenticato la chiavetta e non se n'è più curata.»

«Aspetta, qui c'è un file del 2 ottobre. Lei è sparita il 7, giusto? E guarda, non è registrato col nominativo del procedimento o del caso.»

In effetti, è una sequenza di numeri e lettere ed è un file pdf. «Forse, semplicemente, è un articolo scientifico scaricato da internet» commenta Lara.

«Secondo te, se lo salvo sul mio pc... qualcuno se ne accorge?»

«Non ne capisco niente di informatica. Non rischierei.»

Annuisco e chiamo Calligaris per dirgli che gli porterò nel pomeriggio questa mia banale scoperta, ma lui non risponde e non richiama.

Winnie the Pooh travestito da ape gialla e nera mi fissa sulla scrivania. Che bizzarra coincidenza! Ho sempre chiamato Ambra «l'Ape Regina».

Che c'è, Ambra? Vuoi che lo apra, questo file?

Control+C, Control+V, e il file è sul mio computer in

una frazione di secondo e una volta che è sul mio pc posso farne quel che voglio.

* * *

In un tempo che a lui è sembrato eterno, la preziosa X5 di Claudio è tornata agli antichi splendori.

«Quanto la adoro» mormora estasiato mentre apre lo sportello con il telecomando a distanza. «Se avessi trovato una donna perfetta come la mia auto a quest'ora l'avrei già sposata.»

Mi sta dando un passaggio fino all'ufficio di Calligaris – anche se lui non lo sa, gli ho semplicemente detto che volevo fare un salto in un outlet lì nei paraggi.

Ha un'aria ringalluzzita. Credo che la pressione su di lui stia gradualmente scemando e che ne stia beneficiando l'umore suo e del resto dell'Istituto, dato che gli gravita attorno come i pianeti del sistema solare.

Il segno del ritrovato vigore è tutto nella distensione delle rughe attorno agli occhi, nemmeno avesse fatto il botox – anche se, vanitoso com'è, non che poi si possa del tutto escludere. Canticchia persino, quando l'autoradio suona *Police on my back* dei Clash.

Con una sterzata accosta vicino al negozio che gli ho indicato. Inserisce il freno a mano, si gratta appena un lato del collo, prende una mentina. È fulgido come i vecchi tempi. Sto per aprire lo sportello quando il suo telefono squilla e lui risponde incurante della mia presenza, con un tono da provolone che elimina in me ogni dubbio sulla *restitutio ad integrum* dell'essenza più vera del dottor Conforti.

Lo saluto in silenzio con un gesto, è abbastanza imbarazzante rimanere qui a sentire la conversazione, ma lui mi ferma con un cenno della mano e dà un rapido appuntamento alla nuova sventurata.

«Quanta fretta!» sbotta, riponendo l'iPhone nella tasca.

«Non è la mia massima ambizione restare in ascolto delle tue moine telefoniche.»

«Uh-uh! Noto un piglio geloso, come al solito. Allevi, quante volte ti ho dato la mia disponibilità alla ripresa di un certo tipo di attività tra noi? Ma sei troppo indecisa e negligente per i miei gusti e non mi resta che far dono delle mie attenzioni a chi mostra di gradirle.»

«Ecco, bravo.»

«Grazie. E tu va' a sfogare la tua astinenza sessuale nello shopping» mi esorta, parlando piano.

Sono così indispettita che non controllo nemmeno se stia arrivando un'altra auto quando apro lo sportello. Lui non fa a tempo a sbraitare un terrorizzato: «*Attenta!*» che il prezioso pezzo è già stato parzialmente divelto da un'altra auto.

«E che cazzo» pronuncia calmo, immobile, in un surreale silenzio, gli occhi fissi sullo sportello danneggiato. «E che cazzo» ripete, con una *nuance* più disperata.

«Pago tutto io» gli dico costernata, mentre vedo il proprietario dell'altra automobile scendere dal posto di guida, pronto a chiedere i danni.

«Non è questo. Tu, Allevi» dice puntandomi il dito contro. «Tu. Sulla mia auto non metterai più piede. Io avevo il sentore che portassi sfiga e, quant'è vero Dio, questa è l'ultima volta.»

Come molte persone che nella propria vita riconoscono alla fortuna un ruolo modesto, addebitando tutto il successo al merito personale, Claudio è affetto dal paradosso di credere disperatamente a malasorte, malocchio e simili.

«Io non porto sfiga» mi difendo con l'ultimo bagliore di orgoglio che mi resta.

«Ah, no? E Tamara, la badante di tua nonna, Giulia Valenti... e pure l'ottuagenario Konrad Azais la pensano così? Mi verrà l'orchite a furia di fare scongiuri quando sono con te. Scendi. Basta. Me la vedo io. Levati dalle palle.»

Ah sì, dubbi non ce ne sono più.

È proprio tornato in sé.

Ma come fan presto, amore, ad appassire le rose

Sono entrata nel negozio fingendo indifferenza, ma non appena l'ho visto ripartire, sbirciando attraverso le vetrine, ho camminato per un breve tratto di strada e ho raggiunto l'ufficio di Calligaris, gravata da un malumore tremendo.

«Sei in ritardo» mormora lui stizzito. «Ti aspettavo un quarto d'ora fa.»

«Ispettore, non ci si metta anche lei.» Se fossi un gattino lo graffierei senza pietà. Estraggo dalla borsa la chiavetta USB di Ambra e la poggio sulla scrivania.

«Ci troverà qualcosa d'interessante, forse» butto lì con aria serafica.

«Guarda che ti conosco. Hai già controllato ogni file, vero? E sai benissimo che non avresti dovuto.»

«Sì, lo so, ma se mi conosce sa anche che sono sprezzante del pericolo.»

«Bene. Allora anticipami cos'hai scoperto.»

Prendo posto di fronte a lui che, illuminato dallo sfondo del desktop delle Maldive del suo computer, sorride con un'espressione un po' beota.

«Sono tutti file di lavoro, tranne uno.»

«Che è, invece?»

«È un'immagine, di una cittadina barocca. Ma che glielo dico a fare, io non ho idea di dove si trovi.»

Calligaris sospira e compone un numero di telefono. Parla con una sua sottoposta e dopo un po' siamo raggiunti da un appuntato occhialuto, che osserva la foto e come un concorrente di un quiz a premi afferma, senza esitazione: «Barocco siciliano. Potrebbe essere un qualunque comune della provincia di Ragusa, o Siracusa, ma mi sembra più probabile Ragusa».

Calligaris ringrazia e il ragazzo ribatte con un impersonale: «Comandi!»

«Sicilia» mormoro. «Dove, se non erro, è stata avvistata Ambra. E la foto è stata salvata qualche giorno prima della sua scomparsa. Non so a lei, a me sembra una coincidenza simpatica.»

«Le coincidenze esistono, sì... solo per farci fissare!» risponde Calligaris, e si strofina gli occhi mentre sbadiglia.

«È stanco, ispettore. Ed è tardi in effetti, perché non torna a casa?»

«Io conosco te... ma tu non conosci me! Devo capire bene questa faccenda della Sicilia, se no non dormo tutta la notte.»

«Addirittura, ispettore?»

«Alice, io mi ci sto rompendo la testa, a ricostruire i movimenti di Ambra... Anche perché, come sai, quando è sparita si è portata via il portafoglio, con la carta di credito e il bancomat... Ne stiamo tracciando i movimenti, ma niente, non ha mai usato né l'una né l'altro. E insomma, questa tua trovata potrebbe essere la svolta...»

Gli sorrido con comprensione, perché in realtà so bene quanto sia scrupoloso.

«Resto con lei, leggo le mail di Viviana» propongo gentilmente.

«Ci facciamo portare una pizza?» chiede subito di rimando lui.

* * *

Cara Bex,

non preoccuparti, non sono ancora stremata dagli eventi.

Certamente, lavorare con lui è difficile quanto non immagini.

Ho azzerato i nostri dialoghi. Gli ho detto che, se proprio dobbiamo parlarci, l'argomento dev'essere la ricerca e l'articolo che dobbiamo scrivere insieme. Non ne prevedo altri.

Lui cerca di convincermi che quella settimana è stata importante e, anche se non gli rispondo nemmeno, a te posso dire che vorrei credergli.

Voglio credere che non fosse solo sesso o davvero non darò un senso a tutto quello che è accaduto. Mi crogiolo nell'illusione di aver commesso un errore, certo, ma almeno per qualcosa che sentivo ed era in qualche modo ricambiato.

Ho visto tante cose molto sfocate. Mi dicevo che tra tutti i dispiaceri di lasciare Gerico non avrei voluto anche il rimpianto di non essere arrivata fino in fondo con lui. La verità è che ho ceduto a un impulso e come tutte le volte in cui non si è riflettuto abbastanza, si finisce col capire troppo tardi quanto sarebbe stato saggio fermarsi in tempo.

Ma c'è qualcosa che si salva ancora, dopotutto. Non ho mai lavorato con più profitto. Sento il traguardo vicino e l'approvazione del Prof è come una pillola del buonumore. Si è sbilanciato e mi ha detto che non ci saranno difficoltà, per me, in futuro. A quale prezzo!

Anita e gli altri hanno capito qualcosa, sono diffidenti e lavorano per conto loro. Non si respira un'atmosfera distesa, anzi.

Mi sento più vicina a Carlo e Sandra, ho scoperto che non sono poi così noiosi. È un peccato che Sandra non abbia chance di rimanere con noi, ma sono certa che il suo futuro sarà radioso, perché è in gamba.

La smetto di annoiarti, torno in trincea.

« È Ibla! » esclama Calligaris, con l'entusiasmo incontenibile di un golden retriever che corre dietro a una pallina da tennis, distraendomi dalla lettura.

« Cosa, ispettore? »

« La città nella foto. Ibla, Ragusa. Sicilia. »

« E le segnalazioni da dove arrivavano? » domando prudentemente.

« Da Ragusa » ammette, un sorriso speranzoso sul viso. « Questa non può essere una coincidenza. C'è qualcosa da approfondire. Questo fine settimana me ne vado in Sicilia. E sai che ti dico? Mi porto pure mia moglie e i gemelli » mi informa, sfregandosi le mani come a volerle riscaldare.

« Che invidia, ispettore! » ribatto, travolta dal suo stesso entusiasmo.

« Meriteresti anche tu di venire, dato che la foto l'hai rintracciata con le tue manine... » osserva con gentilezza.

« Mi accontenterò dei suoi racconti! Ispettore, già che ci sono, stavo pensando che se Viviana non ha mai ritrovato la sua valigia deve aver sporto denuncia con tutti i dettagli sul contenuto. Ne ha una copia? »

« La sto aspettando, ho già fatto richiesta. Che ti frulla per la testa? » domanda con lo stesso tono condiscendente che userebbe con quelle birbe dei gemelloni extralarge.

« Un'idea. Lei mi faccia avere l'elenco e poi le dirò se avevo ragione! »

Nessuna amica era stata tanto vicina al suo cuore quanto la piccola Viviana

Il weekend è arrivato rapidamente.

Come aveva annunciato, Calligaris è partito alla volta del sole e delle bellezze della Sicilia e io sto trascorrendo uno splendido uggioso pomeriggio da Bookàbar, nel Palazzo delle Esposizioni, dove ho appuntamento con Isabella Negri Della Valle, che mi ha chiesto di vederla non so bene a quale scopo. Ho proposto questo luogo perché è tra i più entusiasmanti di Roma e perché probabilmente è una delle librerie più belle al mondo; sono arrivata in larghissimo anticipo proprio per godermelo e giungere rilassata al nostro incontro.

Alla radio c'è una versione jazz chic di *Amore disperato* e io mi aggiro tra gli scaffali bianchi, accarezzando con la punta delle dita le pagine patinate dei libri di arte.

«Alice» mi chiama gentilmente una voce così simile a quella di Ambra da sembrarmi un richiamo proveniente da un passato che ormai sento come remoto.

Isabella sorride grigia, come se ormai i lineamenti del suo viso fossero allenati solo alla tristezza e al pianto, e non riuscissero più a esprimere serenità, nemmeno con adeguato impegno.

Le porgo la mano, che lei stringe con la giusta forza.

«Un caffè?» le propongo per rompere il ghiaccio.

Lei annuisce ed estrae un prezioso portamonete dall'altrettanto preziosa borsa Dior, insistendo per offrire.

«L'ispettore Calligaris non ti ha accennato nulla?» domanda, mettendo del Dietor nel suo caffè.

Nella mia mente si diffonde una sorta di nulla fumoso.

«Mi è tornato in mente un particolare interessante e gli ho chiesto un incontro per potergliene parlare. Ma lui è fuori città, per una breve vacanza, e mi ha detto... di parlarne con te» conclude, lasciando il tono un po' sospeso, un'ombra di diffidenza appena percettibile.

«Certamente per via dell'impegno che sto mettendo in queste indagini» ribatto prontamente, a mo' di giustificazione, come se sentissi di dovergliene una. «Sto cercando di rendermi utile all'ispettore, è già capitato altre volte di lavorare insieme... o meglio, che io lo assistessi...» Non so bene dove andare a parare, perché ormai non saprei neanch'io che nome dare all'attività collaborativa tra me e Calligaris.

La madre di Ambra resta per qualche lungo secondo in silenzio. «Senz'altro» commenta infine, un po' stanca. «Non voglio approfittare del tuo tempo, dunque sarò breve. Nel caso, ne riparlerò con l'ispettore personalmente» ci tiene a precisare.

«Certo» mormoro con un sorriso un po' goffo.

«Bene. Ho ricordato un particolare del nostro viaggio in Terra Santa, nel 2006.»

La esorto a proseguire con uno sguardo curioso. Lei sorseggia lentamente il suo caffè alla nocciola, che ha chiesto lungo precisandolo più volte.

«Ambra lì ha incontrato un ragazzo di nome Daniel.»

A questa rivelazione piena di suspense vorrei rispondere con un: *Buuu! Lo sapevo!* Ma mi trattengo per pudore. «Daniel Sahar. Era un amico di Viviana Montosi» le spiego.

«Forse anche qualcosa in più che un amico» chiosa lei, con espressione furbetta.

«Non ricorda il perché di quest'incontro?»

«L'ho ricordato. A furia di scervellarmi, il dettaglio è tornato alla memoria.»

Capita, che i ricordi escano dalle stanze dell'inconscio e che come vecchi amici si ripresentino alle porte della nostra realtà. Non stento a crederlo.

«Ambra aveva un taccuino di Viviana, pieno di appunti che lei aveva annotato in non so bene che circostanza... Credo che lo abbia dato a Daniel.»

L'istinto ha la meglio. «Mi scusi, ma come faceva Ambra a possedere un oggetto così personale? Peraltro Viviana era già sparita. Non avrebbe dovuto parlarne agli inquirenti?»

Isabella solleva le spalle, come in segno di resa. «Ci sono tali e tante cose di mia figlia che non ho approfondito al momento opportuno... questa resterà tra loro!»

«Signora, Ambra e Viviana, dopo una lunga e appassionata amicizia adolescenziale, hanno rotto e sono sparite l'una dalla vita dell'altra per anni e anni. Poi, all'improvviso, Viviana torna da un periodo di studio nei Territori Palestinesi e sente il bisogno di chiamare Ambra. Questo è noto, ci sono i tabulati telefonici. Cos'era successo?»

«Sapevo, sì, che si erano riviste. E sapevo che Ambra ne era contenta, perché era una ragazza molto più dolce e affettuosa di quanto non si potesse credere da una conoscenza superficiale, e nessuna amica era stata tanto vicina al suo cuore quanto la piccola Viviana.»

«Ma cosa si sono dette? Perché Ambra possedeva il taccuino di Viviana? E perché ha organizzato un viaggio in Israele per incontrare Daniel Sahar?»

Isabella si sente assalita da tutte le mie domande. «Non credo che abbia organizzato quel viaggio *solo* per incontrare Daniel Sahar. Quella la ritengo una casualità. Il viaggio è nato da altri propositi.»

«Quali?» incalzo, ma con tono conciliante.

«Alice, come scegli la meta di un viaggio? Per istinto, passione, sogno?»

« Un po' tutto. » E anche le offerte low cost, vorrei aggiungere, ma davanti a *Madame Royale* preferisco evitare.

« Anche quel viaggio nacque sotto la spinta di *un po' tutto*. Ma certo non con il fine di incontrare Daniel Sahar. »

« Cosa le disse Ambra subito dopo l'incontro con Daniel? Le raccontò qualcosa in particolare? »

« Mi disse che era un ragazzo molto avvenente, che era stato gentile e che le dispiaceva che Viviana fosse stata tanto sfortunata, perché Daniel era evidentemente molto innamorato. E le aveva raccontato che il suo patrigno aveva grandi progetti accademici per lei. Probabilmente l'attendeva un destino molto felice. »

È evidente che il *destino molto felice* di Viviana corrispondeva specularmente al destino infelice di qualcun altro, che ha pensato bene di toglierla di mezzo.

Isabella Negri Della Valle non ha molto altro da dire, anzi in realtà sembra desiderosa di porre fine al nostro incontro. Si congeda con la grazia che la contraddistingue e non appena la vedo sparire dal mio orizzonte, provo a chiamare, senza risultato, l'ispettore Calligaris.

Mi sa che dovrò aspettare domani per tutte le novità, se ce ne sono, ma lo sento, gli astri sono in fermento. C'è qualcosa di molto grande, in vista.

E non si conviene all'uomo gustare dell'albero della conoscenza del bene e del male

Principe Andrej Bolkonskij, *Guerra e Pace*, Lev Tolstoj

«Com'era la Sicilia, ispettore?»

Lui assume un'aria sognante, come fosse ancora lì perso tra gli intarsi barocchi e la cioccolata al peperoncino di Modica. «Ah! Quelli sì che sono posti dove rilassarsi! Ma non è stata solo una bella vacanza» ci tiene a precisare, con lo zelo che non lo abbandona mai.

«Bene! E cosa ha scoperto?»

«Prima di tutto, dimmi del tuo incontro con la Negri Della Valle.»

Sintetizzo i punti fondamentali, ma lui non sembra colpito.

«Scusi, ispettore, ma non è curioso di sapere di più sul taccuino di Viviana?»

«Tutto a suo tempo!»

Santa pace, quest'uomo è sempre più astratto.

«E quando arriverà il tempo giusto?» gli domando, io che al contrario divento sempre più concreta.

«Molto presto» replica sibillino. «La prossima settimana, a voler essere precisi.»

«D'accordo, allora aspetterò. Ora può dirmi le sue novità?»

Calligaris scrocchia a una a una le dita di entrambe le mani, prima di iniziare il racconto.

«Alice, ci sono valide motivazioni per ritenere che Ambra Negri Della Valle, per qualche tempo, sia stata a Ibla.»

Devo avere sul viso un enorme punto interrogativo al posto dei lineamenti. «Ma come? E perché?»

«Nascosta, credo.»

Mi accascio sulla sedia, allibita.

«Può essere più preciso?» domando con prudenza.

«È ovvio che una fuga di notizie la addebiterei a te e, fifona come sei, so che non vorresti mai correre il rischio delle conseguenze» fa notare, con un pizzico di perfidia.

«Mi conosce bene, ormai.»

«È il mio lavoro» precisa. «Ma non divaghiamo. Ecco ciò che posso dirti. Sembra che Ambra Negri Della Valle abbia dato un taglio alle lunghe chiome e abbia sacrificato il suo look da red carpet a favore di un abbigliamento decisamente più sobrio. In foto, non la riconosce praticamente nessuno. Eppure, Ambra è stata per dieci giorni, da sola, in un bed and breakfast di Ibla. Questo è certo. È stata registrata con il suo documento di riconoscimento, e ha pagato in contanti: ecco perché non ci sono movimenti della sua carta di credito o del suo bancomat da rintracciare. In ogni caso, la titolare del piccolo albergo mi ha parlato di una ragazza molto gentile ma altrettanto riservata.»

«Questi dieci giorni, quando? Subito dopo la sua scomparsa?»

«Esattamente a partire dal giorno dopo. Poi, se ne perdono le tracce, di nuovo.»

«Ispettore, ma che razza di inghippo è questo?» gli domando, con genuina perplessità. Calligaris fa spallucce. Ha l'aria confusa e so quanto questo lo irriti. «Forse Ambra è in fuga» propongo poi, come illuminata.

«Giusto, in fuga. Ho valutato esattamente la stessa ipotesi. Al momento, la trovo credibile.»

«Da cosa? O meglio ancora, da chi? E che connessione ha tutto questo con la morte di Viviana?»

«Voglio ben sperare che ce ne sia una!» esclama un possibilista e inquieto Calligaris, prima di liquidarmi con la scusa di dover recuperare del lavoro arretrato.

* * *

A casa, trovo Cordelia vicina alle lacrime.

«Be'?» le domando, aspettandomi tragedie.

La baby Malcomess, piena di empatia, solleva lo sguardo dalle pagine di un libro. «Il principe Andrej sta morendo» mi rivela, commossa.

Ah ecco. Sono settimane che Cordelia è alle prese con *Guerra e Pace* e che dice di aver trovato il suo uomo ideale nel principe Bolkonskij, e che mai, mai e poi mai in un libro apparirà un personaggio più monumentale.

«Sta agonizzando da trecento pagine» osservo, dato che ormai conosco anch'io tutta la storia.

«Sì, ma adesso sta morendo davvero. E ha un ultimo sussulto di attaccamento alla vita... è magnifico. E io mi sento così vicina a Nataša...»

L'animo sensibile di Cordelia – che è nata nello stesso giorno di Shakespeare e che porta il nome di una delle più straordinarie tra le sue eroine – è davvero turbato. Il risultato è che Ichi non è ancora uscito per i bisogni e temo stia per esplodergli la vescica, nonostante supporti stoicamente per amore della sua fidanzata. Inoltre non c'è niente di pronto e dovremo ordinare l'ennesima pizza.

Ma queste problematiche terrene poco crucciano la mia coinquilina, che trova la forza di distrarsi dalle sventure del principe Andrej solo per concedersi pigramente, di quando in quando, un boccone di Pringles da 4 in un colpo solo.

Anziché ordinare le pizze a domicilio, con Ichi al guinzaglio per la passeggiatina serale, vado a prenderle da me.

Ed è in questa pizzeria di quart'ordine, che frequento solo per la comoda vicinanza a casa mia, che seduto a un tavolo apparecchiato con la tovaglia di carta a quadretti rossi scorgo Carlo De Robertis.

E se la mia memoria non è vittima di una qualche allucinazione, è in compagnia di Sandra, sua ex collega ed ex fidanzata.

Non è occasione da potersi perdere. Accompagnata dal mio fido cagnetto, ancora furibondo per la deviazione da alcune untuose cartacce sul marciapiede, mi avvicino al loro tavolo e saluto con aria amichevole.

Carlo De Robertis replica con altrettanta giovialità. *Dottoressa, che sorpresa, bla, bla, bla.*

«Le presento Sandra Martelli» dice infine, le guance un po' rosse.

Sandra, ma che ci facevi con uno così? vorrei chiederle.

Sandra ha un sorriso dolce e due fossette simpatiche ai lati delle labbra. I capelli sono ricci e scuri, gli occhi brillano di una luce gentile. La presa della sua mano è ferma e asciutta e in generale ha un aspetto molto fresco e allegro.

De Robertis le spiega in maniera precisa ma non pedante come ci siamo conosciuti. Quando nomina Viviana, Sandra abbassa lo sguardo, con istintivo riguardo, come avrebbe fatto di fronte a un simulacro.

«Posso chiederle per quanto si fermerà a Roma? Nel caso in cui l'ispettore Calligaris volesse incontrarla» preciso. Spero che l'ispettore sarà fiero di questa mia mossa felina da pantera rosa.

«Appena una settimana» ribatte, con dispiacere. «Vorrei sempre potermi trattenere di più, per lui» aggiunge, rivolgendo un'occhiata piena d'amore a De Robertis. Un momento. Ma non erano ex? Vero è che spesso i confini, nei rapporti tra uomo e donna, sono labili e imprecisi – e io

ne so bene qualcosa – ma sono sorpresa di saperli insieme.
« Purtroppo però devo tornare ad Amiens. »

De Robertis è un po' a disagio. Magari poi si scopre che
ha negato di essere in rapporti con Sandra perché a casa ha
moglie e figli, come tanti altri vili uomini, e lei non ne sa
nulla.

O magari lo nega perché tutto questo ha una relazione
con Viviana.

Sono certa che l'ispettore sarà felice di trovare una risposta al mio quesito.

Ops, I did it again

Ognuno nella vita ha le proprie certezze. Misere o sontuose che siano, non esiste individuo che non ne possieda almeno una.

Per esempio, io ho la certezza che il giorno in cui abiterò in una casa con la caldaia, senza dover centellinare l'acqua del boiler, farò una doccia calda di un'ora e sarà un giorno bellissimo. Analogamente, quando potrò di nuovo trascorrere un 12 dicembre senza una sosta in obitorio, sarà di nuovo un compleanno assai piacevole, quasi come quelli dell'infanzia.

Da anni, ormai, è una ricorrenza quasi obbligata.

Il cadavere del poveretto da esaminare è sul tavolo anatomico e Claudio è pronto a iniziare l'autopsia. È presente uno stuolo di studentesse, una forza paragonabile all'esercito di Sauron, che dopo aver fiutato durante una lezione tenuta da lui l'opportunità di assistere, non ha resistito al richiamo. Lui si rivolge loro come se le guardasse tutte da un'incommensurabile altezza e beneficia della loro ammirazione come la strega di Biancaneve con lo specchio magico. Con i guanti in lattice e la classe che lo caratterizza, infila le mani nell'addome del morto. Solo chi gli è più vicino sente la sua meraviglia nell'esclamare: «È caldo!»

Ritira le mani per istinto. Il tecnico, con l'efficienza di un umpa lumpa, gli fornisce prontamente la spiegazione.

«Non era nel *friggidere*, dottore.»

Lui ha la faccia di chi ha visto un fantasma, il che è davvero un paradosso, data la situazione. «E perché?»

« Perché è morto da ventiquattro ore esatte. Non valeva la pena che ce lo mettevo ora » aggiunge, in qualità di opinione personale che Claudio non sembra gradire. Da questo punto di vista è sempre più simile alla Wally, un intollerante.

« Allevi, continua tu. »

« Io? » trasecolo, distratta dal pensiero della serata di festeggiamenti con Cordelia e Silvia, se per l'occasione sia meglio lo stivale *aggressive* o una décolleté più *bon ton*.

« Tu. »

Lo fisso con perplessità. Lui sfila il camice e prima di distanziarsi per farsi il bagno di folla tra le studentesse, mormora al mio orecchio intontito: « Posso davvero fare e vedere qualunque cosa. Ma quest'uomo mi sembra vivo. Fa troppo senso. A te il piacere ».

« Sei di una viltà inverecanda » ribatto, prendendo un paio di guanti dalla tasca del camice.

Lui fa spallucce, con noncuranza; non appare scalfito dal mio sguardo implorante e più in generale non prova un briciolo di imbarazzo per essersi comportato senza vergogna. Se non lo conoscessi, ci sarebbe da imparare.

« Ti sembra il modo di estrarre un rene? »

Maledetto. Anziché molestare una studentessa qualunque, tiene sempre gli occhi puntati sul mio lavoro.

« Siamo qui da quasi due ore. E ancora non hai nemmeno sezionato il fegato. »

Alla fine dell'esame, ho la testa che mi gira e tanta voglia di offenderlo.

Sfilo il camice di ovatta e i guanti e li getto tra i rifiuti sanitari speciali, lanciando un'occhiata di generico disprezzo all'insieme della sua persona. Torno in Istituto con le mani nelle tasche del camice, infilo il mento nel collo alto del maglione, infreddolita e insofferente al vento.

« Alice » mi sento richiamare.

È lui, il seduttore compulsivo, l'infame. « Lasciami stare. Sono stufa di farti da spalla nelle tue esibizioni. »

« Se ti metto sotto pressione è perché voglio farti migliorare. »

« Guarda caso, con Lara non lo fai. »

« Lara, pur studiando, non avrà mai certe *capacità* che invece tu hai. »

Ruffiano. Sa che questo suo blandirmi è il polo magnetico che attrae ogni mia vulnerabilità. E sappiamo entrambi che non è vero.

Non replico e apro la porta dell'Istituto lasciando che gli si chiuda in faccia.

È deserto, la sera è avanzata tetramente e sono costretta ad accendere le luci.

« Non farlo. »

« Cosa? » gli chiedo.

« Non accendere la luce » dice, più morbidamente, stringendomi la mano.

« Che ti prende? » mormoro.

Lui risponde con un bacio sul collo che mi spiazza.

« Claudio... no. Dopo quella volta, a Taormina... Sono stata male. »

« Questo non lo sapevo. »

« Quante cose che non sai... »

« Anche tu... ci sono tante cose che non sai. »

Quel suo modo di baciare, dolce ma insistente, cui non ho mai saputo resistere...

Io mi sento una sciagurata.

Promiscua.

C'è qualcosa di corrotto in tutto questo, ma provo una sorta di voluttà anche nell'abbandonarmi all'errore, come se non potessi fare a meno di seguire questo sentiero oscuro.

È strano ma in questo momento così sbagliato mi torna

in mente Viviana. E credo di non aver mai capito quello che deve aver provato per Daniel, fino a questo preciso istante.

* * *

Da oggi si cambia vita. Del resto ho anche cambiato età.

Non è mai troppo tardi per diventare quel che si vuol essere, quindi si può voltare pagina e ricominciare da capo. Mi trasformerò in un modello di purezza tale che un'Orsolina mi farà un baffo.

In questo, l'atteggiamento di Claudio e Arthur aiuta molto. Entrambi si comportano come se niente fosse, e così mi è più semplice credere alla bugia che ce la farò davvero.

Mentre mi arrovello su progetti di rivoluzione esistenziale, e in particolare sentimentale, ricevo una telefonata da Calligaris, frizzante e propositivo, e lo raggiungo nel suo ufficio.

Indossa una camicia di un bianco così sepolcrale che le sue guance sembrano ancora più giallognole, ma ha un'aria gioviale mentre mi porge il foglio con la denuncia della valigia smarrita da Viviana.

Inizio subito a leggerla e lui sembra fremere come un bambino davanti ai regali di Natale.

« Non hai ancora notato nulla? » domanda.

« Ispettore, non mi faccia fretta, lo sa che ho bisogno dei miei tempi. »

La lista degli oggetti contenuti nella valigia, compilata dalla stessa Viviana, è lunga. È stata molto meticolosa. Sul finire, l'annotazione di quel che tanto deve aver eccitato il buon Calligaris: un libro in lingua ebraica, di archeologia israelitica.

« Il libro che abbiamo trovato nella stanza di De Robertis» esclamo. «Lo sapevo! Mi riferivo proprio a questo, quando ho insistito per leggere l'elenco.»

«Potrebbe essere lui!» ribatte Calligaris.

«E come ha fatto De Robertis a entrarne in possesso? Certo non possiamo chiederglielo, direttamente. Dirgli che abbiamo frugato nella sua libreria.»

«Lascia fare a me» è la sua risposta, quella che prelude sempre attività un po' allarmanti. «Hai la foto di quel libro, vero?»

Annuisco e gli porgo il mio cellulare.

«Bisogna verificare se è lo stesso. Inutile dire che per me è un alfabeto illeggibile.»

«Si figuri per me!»

«Non è un problema, me ne occuperò io. Mandami l'immagine via mail.»

«A proposito di De Robertis... l'ho incontrato con Sandra Martelli, in pizzeria, e ho percepito dell'affetto, tra loro... forse qualcosa di più.»

«Come diavolo fai ad avere tanta fortuna, Alice?»

«Non è del tutto esatto, ispettore! Io oscillo tra la fortuna sfacciata e la sfiga più nera, che però in genere prevale. Ho disimparato la via di mezzo.»

«In ogni caso... non è strano? Stando a quanto ci ha riferito, la Martelli vive in Francia e i rapporti tra loro si sono interrotti da tempo.»

«Infatti è un incontro che mi ha lasciata perplessa. Ma come sempre, ho lavorato in incognito per lei. Sandra Martelli si fermerà a Roma per tutta la settimana. Le ho accennato che forse avrebbe gradito incontrarla...» butto lì, con fare modesto.

A Calligaris brillano gli occhi. «Ah, al primo concorso pubblico in polizia... la presento io la domanda per te! Ti piaccia o no!»

Mi sento un po' lusingata. Nel mio Istituto, se fosse possibile ed esistesse un'ipotetica graduatoria, presenterebbero una domanda per ottenere lo scopo esattamente opposto.

«Grazie, ispettore» gli dico, timidamente.

And wherever you've gone... and wherever we might go
It don't seem fair... today just disappeared

Gerico, dicembre 2005.
*Il cuore umano possiede davvero la capacità di frantumarsi.
Di disfarsi in migliaia di minuscoli pezzettini impossibili da
incollare. Viviana lo aveva appreso definitivamente, tutte le
volte in cui vedeva insieme Daniel e Jade e si rendeva conto
che erano fatti l'uno per l'altra, e che lei stessa aveva rappresen-
tato solo un piacevole diversivo. Più si allontanavano nel tempo, più i giorni a Tel Aviv sembravano irreali, come se li avesse
sognati anziché vissuti.*

*Sognava Daniel e tutto quello che lui le diceva quando era
dentro di lei – allora mi volevi, le disse la prima volta, lei non
lo riusciva a scordare – e più se lo proibiva più il desiderio as-
sumeva forza.*

*Lui era lì, con i suoi attrezzi da lavoro, scavava senza cu-
rarsi dell'afa, le rivolgeva appena la parola. Portava le cuffiette
alle orecchie e ascoltava musica da un lettore mp3 che teneva
ancorato alla cinta dei pantaloni.*

*Viviana lo guardava di sottecchi, era qualcosa che non riu-
sciva a impedirsi di fare. Se lui se ne accorgeva, lei distoglieva
goffamente lo sguardo.*

*«Ascolta» le disse Daniel a un tratto, avvicinando una cuf-
fietta al suo orecchio. I suoi occhi dorati da gatto la accarezzaro-
no e Viviana sentì un'ondata di rimpianto travolgerle il cuore.*

Era Light years *dei Pearl Jam. La stessa di quella prima sera in cui avevano mangiato hummus in King George V Street.*

Wherever we might go... It don't seem fair... today just disappeared...

Viviana avrebbe voluto dirgli che, come diceva la canzone, anche a lei tutto sembrava profondamente ingiusto.

Anita teneva gli occhi puntati su di loro, poco distante. Viviana li incrociò e scelse di non rispondere.

Abbassò lo sguardo e tornò al lavoro, un lieve giramento di testa, un profondo sospiro.

Più tardi, mentre tutti erano a pranzo, Daniel la raggiunse. La prese per mano e la portò in un punto più distante, alla periferia degli scavi. Aveva gli occhi brillanti e un'aria trionfale. «È fatta. Quello che ho trovato cambierà tutto. Vieni con me.» Le mostrò un punto ancora parzialmente sommerso dalla sabbia.

Viviana dovette concentrarsi per riconoscere quello che stava affiorando dai granelli del tempo. Erano ossa, ossa umane, apparentemente composte in una sepoltura magnificente, quella riservata a membri dell'aristocrazia. Un corpo minuto, una collana al collo.

Viviana non poteva essere certa, ma la suggestione la fece sognare e provò un'emozione fortissima quando si disse che quelle erano ossa speciali.

Le ossa di una principessa.

Ho raggiunto, da sola, l'Istituto di archeologia. Vorrei riuscire a capire come quel libro di Viviana, verosimilmente contenuto in una valigia scomparsa, sia finito su quello scaffale della libreria di Carlo De Robertis. Naturalmente, per farlo dovrei improvvisare una scusa qualunque, più o meno come al solito. Conto sulla genetica: in quest'arte mia nonna Amalia è campionessa. Di recente, per svolgere una delle sue solite indagini ai limiti leciti del pettegolezzo, lei e la comare Bertozzi si sono iscritte all'Associazione Amici del Presepe. Tanto per dare l'idea.

La fortuna, però, non è dalla mia parte. Carlo non è al lavoro. Forse ha deciso di trascorrere del tempo con Sandra, finché lei sarà qui. Sono stata poco previdente a non pensarci.

«Dottoressa! Qual buon vento?» La voce del professor Curreri, accompagnato da Anita, mi sorprende proprio mentre mi accingo ad andare via.

«Avevo alcune domande per il dottor De Robertis. Di natura tecnica, naturalmente» sottolineo.

«Be', se si tratta di aspetti tecnici, possiamo aiutarla anche noi» propone Anita, anche se ho la sensazione che dietro la sua gentile offerta si celi solo la voglia di curiosare.

Accetto l'invito e mi sento deconcentrata perché nel giro di poco devo inventare qualcosa di plausibile. Cerco di frugare nella memoria tra i cenni di archeologia presenti nelle mail di Viviana giusto per trovare un pretesto credibile, mentre Anita mi accompagna nella sua stanza. Si accomoda sulla poltroncina davanti alla sua scrivania e dopo un fugace e ombroso cenno a qualcosa, un dettaglio che mi sfugge, mi rivolge un sorriso tanto amabile quanto falso.

«Allora?» Anita sembra sulle spine. Non mi spiego un cambiamento d'umore tanto repentino, a meno che non sia bipolare.

«Sì, desideravo solo un chiarimento sulla faccenda dello scarabeo.»

Anita sembra distendersi. «Ah, sì, lo scarabeo. È stata una scoperta di quell'anno... l'anno della scomparsa di Viviana. Fornì indicazioni molto importanti. È uno di quei ritrovamenti che tutti i giovani archeologi sognano di fare.»

«Perché?»

«Perché dalle incisioni presenti sullo scarabeo si poté risalire al nome cananaico di Gerico. *Ruha*. E da questo risalire a molte informazioni indirette sulla storia e l'economia della città.»

«Chi lo scoprì?»

«Be', sa... l'archeologia è un lavoro d'équipe. Ogni membro della squadra, col proprio picconcino, contribuisce a portare alla luce pezzi di passato. Ma, mi perdoni, la scoperta dello scarabeo cosa c'entra con la scomparsa di Viviana?»

«Dettagli, solo piccoli dettagli» replico in maniera molto vaga.

Sul viso di Anita si ridipinge quel sorriso che Viviana deve aver detestato molto, e non posso darle torto. Ci rivedo il sorriso ad arpione di Ambra, che detestavo a mia volta, e mi sorprendo ancora a riflettere sui punti di vicinanza tra le mie vicende personali e quelle della povera Viviana.

«Lo scarabeo» prosegue con tono pedante «è inciso in geroglifici, in lingua egizia. Si trovava in una tomba appartenente a un membro dell'aristocrazia. *Ruha* significa profumo ed è la radice di *Ariha*, il nome arabo di Gerico. È una scoperta che ci ha riempiti di orgoglio» ribadisce.

«Bene... è tutto» le dico, non sapendo come proseguire la conversazione. Anche la mia sfacciataggine ha un limite, nonostante la maggior parte della gente che mi conosce sia convinta del contrario.

Anita si erge dalla poltroncina. Il passaggio dalla posizione seduta a quella eretta le scatena un lieve malore; poggia le dita candide sul bordo della scrivania e stringe gli occhi. La soccorro istintivamente.

«Sta bene?» Lei annuisce con determinazione, in silenzio. «Si rimetta seduta» la esorto, e lei obbedisce.

Respira lentamente e riapre gli occhi. «È tutto a posto» assicura, ma è pallida come un morto, e io so di cosa parlo.

«Posso aiutarla?»

«Soffro di diabete» confessa. «Una forma giovanile. A volte, quando sto così, mi è d'aiuto un succo di frutta.»

«Resti qui. Lo prendo al distributore.»

«Grazie» mormora flebilmente.

La raggiungo entro pochi minuti, il tempo di decidere tra il succo d'ananas e quello di pesca. Svito il tappo di metallo e le porgo la bottiglietta di vetro. Mentre lo beve come fosse un elisir, poggio lo sguardo su una foto incorniciata sulla scrivania, che la volta precedente non avevo notato.

Ritrae Anita con una bambina di circa dieci anni, vestita a festa, abbastanza somigliante a lei. Sul capo, una coroncina.

Devo mettere un freno all'istinto di afferrare la cornice e osservarla meglio. Con una lente d'ingrandimento, magari.

«Che bimba deliziosa!» esclamo, senza pudore. Anita, ancora mezza stordita dall'ipoglicemia, non reagisce. «È sua sorella?» insisto.

Anita annuisce. Sono sicura che starà pensando che sono molesta. Non è effettivamente il momento migliore per rivolgerle domande personali. Con l'ipoglicemia non si scherza, si può finire pure in coma, sono un medico, dovrei saperlo... ma non a caso, se qualcuno sta male in mia presenza, mia madre dice sempre *dobbiamo chiamare un medico* come se io non lo fossi affatto.

Quella coroncina somiglia a quella con cui è stata ritrovata Viviana. Forse è proprio lo stesso tipo, e io non riesco a resistere all'impulso di approfondire, è come una forma di cleptomania intellettuale. O di incontinenza emotiva. O entrambe.

«Era la sua festa di compleanno?»

Anita apre gli occhi che teneva chiusi e mi gela con lo sguardo. Ops. Ho esagerato.

«Sa, è un modo per distrarla. Dirottare i suoi pensieri su eventi positivi per non lasciarli focalizzare sul malessere. È una teoria medica. Scientifica.»

La buona educazione di Anita è troppa per permetterle di esternare la sua opinione sulle mie teorie.

«Be'... grazie» conclude con riluttanza.

Aspetto che si sia ripresa del tutto prima di congedarmi definitivamente. Non oso rivolgerle altre domande. Ci penserà Calligaris.

Ma allora – disse Alice – se il mondo non ha assolutamente alcun senso, chi ci impedisce di inventarne uno?
Lewis Carroll

Mi sento talmente affaticata da un'interminabile giornata necroscopica che, una volta tornata a casa, avverto ancora odore di obitorio. È un sentore pungente, secco, sanitario ma allo stesso tempo di malattia. Nauseante.

Cordelia sta preparando un'insalata vegana a base di cavolo e salsa di soia con il sottofondo di Frank Sinatra e mi chiede di occuparmi della cena di Ichi, che ci fissa entrambe con aria assai pretenziosa.

« Cordy, dovremmo metterlo a dieta. Sta diventando un barilotto. »

Il cagnolino mi rivolge uno sguardo pieno di riprovazione.

« Si capisce che no. L'ho promesso a Yukino, prima che partisse. »

« Le hai promesso di occupartene. »

« No. Le ho promesso di renderlo felice. Tu sei felice quando sei a dieta? Non mi pare. Ogni volta che dosi la pasta sembra che tu stia per soccombere a una morte lenta. Dunque, non vedo perché riservare quest'angoscia al Cagnino. »

Cagnino è il soprannome di Ichi. Si gira ormai solo se lo si chiama così.

« Hai notizie di tuo fratello? » le chiedo con finta noncuranza, mentre riempio la ciotola di Ichi con un'abbondante razione di prelibatezza canina.

« È dotato di cellulare, come ormai anche il più morto di fame tra gli individui. Puoi chiederle direttamente a lui. »

«Non è sempre piacevole inseguirlo. Sarebbe bello riceverne da parte sua, spontaneamente.»

«Sai com'è fatto. Comunque...» e sospende la frase, con fare teatrale.

Anche il Cagnino pende dalle sue labbra, in attesa di notizie. «Il mese prossimo tornerà di certo.»

«Ha accettato il lavoro di *National Geographic*?» le chiedo, con eccessivo trasporto.

«Quello non ancora. Tornerà per il matrimonio di mio padre con Ludovica.»

E così il Supremo convola a giuste nozze (per l'ennesima volta). Ignoravo il dettaglio.

«Hanno fissato la data da poco. Naturalmente sarà una cerimonia civile. Poi ci sarà un ricevimento nella villa dei genitori di lei. Una cosa in grande. Ricordi che tipo è...» conclude con aria un po' polemica. Cordelia non ha mai nutrito forti simpatie nei confronti della compagna del padre. Nemmeno Arthur, in realtà. «In ogni caso, credo che lui voglia invitare anche i membri dell'Istituto. *Quella* non è d'accordo, ma spero che papà riuscirà a imporsi, almeno in questo! Così potrai esserci. Così tu e lui vi rivedrete. E così l'indomani noi due potremo sparlare della festa.»

«E per Natale? Sarà qui?» domando con aria vaga.

«Non lo so ancora. Quell'Alicia del cavolo lo bracca. Riprenditelo, per favore, con te era tutto diverso. In ogni caso, spero di sì, che ci sia. Per me, solo se c'è anche lui il Natale significa stare in famiglia» confessa con malinconia.

«Continua la storia con lei?» riprendo, incapace di resistere alla curiosità.

«Più o meno. Per inerzia.»

«Vedi quando ti dicevo che di questo passo sarebbe diventata una relazione?»

Cordelia fa spallucce, con scarso interesse.

«Ah, senti, ti ha cercata Yukino su Skype. Pare che abbia una cosa importante da dirti.»

Controllo l'ora per capire se posso provare a raggiungerla. Otto ore di fuso non rendono facile le comunicazioni e difatti dovrò rinviare a domani, prima di andare in Istituto, quando lì, in quel luogo pieno di magia che è Kyoto, è pomeriggio.

* * *

La notizia che Yukino aveva da darmi è effettivamente fantastica: tornerà tra breve a Roma e resterà per circa due mesi, per ultimare alcuni capitoli della sua tesi di laurea. Ne ho parlato con Cordelia e anche lei ne è stata entusiasta. Io e Yuki potremo dividere la mia stanza e sarà meraviglioso, come ai vecchi tempi.

Lo so che il passato non si ripropone, che ogni tentativo di riprodurre i ricordi fallisce miseramente, ma non posso non sognare di poter rivivere per un solo istante quei giorni felici, pieni di spensieratezza. Non è vero che i bei ricordi consolano, anzi. Non sono un caldo rifugio durante le avversità, balle. I bei ricordi tormentano, perché non torneranno.

In ogni caso, la notizia che rivedrò Yuki, la mia giapponesina caffeomante, mi rinfranca molto e affrontare una giornata in Istituto con questo spirito è decisamente tutta un'altra cosa. Riesce quasi a non farmi pensare ad Arthur con Alicia Stairs.

E se la portasse con sé al matrimonio del Supremo?

Non ce la posso fare.

«Alice! Sempre nel Paese delle Meraviglie.»

La voce incatramata della Wally mi distoglie dai miei pensieri.

«Mi scusi.»

«Vorrei che qualcuno mi avesse dato un euro per tutte le volte in cui ho sentito le sue scuse, Allevi!»

Galvanizzata dal tremito che ha generato in me come solo lei sa fare, la Wally avanza come un enorme rospo sino alla mia scrivania. «È impegnata nel pomeriggio? Me lo sono immaginato o qualche tempo fa lei si è offerta di assistere alle operazioni peritali di quell'importante caso di responsabilità professionale...?»

Mentre continua a rinfacciarmi il funesto momento in cui sono stata colpita da quella malaugurata idea solo per fingere interesse nei riguardi della sua attività didattica, rifletto sul fatto che nel pomeriggio avrei voluto affiancare Calligaris, che incontrerà Sandra Martelli. Ma non ci si può sottrarre alla Wally e alla sua tipica tempestività da influenza intestinale.

Naturalmente, Prof. Grazie, Prof. Non mancherò, Prof.

Perbacco, non ci voleva. A parte il fatto che un pomeriggio con la Wally indurrebbe alla disperazione anche un monaco tibetano con tutta la sua pace interiore, oltre ad assistere all'incontro dell'ispettore con Sandra, avrei voluto proseguire con la lettura delle mail di Viviana. Quell'abietto Calligaris ultimamente filtra le informazioni per simulare scene a effetto e ingigantire il proprio ego. Per cogliere le vere sfumature delle cose devo sempre essere presente.

«Bene. Allora a più tardi» conclude la Wally, prima di voltarmi le spalle – nonché quell'enorme muro del pianto che è il suo didietro – e tornarsene nel suo regno.

* * *

Alle operazioni peritali, tra i consulenti di parte è presente anche l'immancabile prezzemolo, il dottor Conforti in persona.

Ci troviamo nello studio della Wally, un appartamentino vetusto e anche un po' fatiscente, tutto foderato di carta da parati degli anni Quaranta.

Da come stanno discutendo, sembrerebbe quasi un caso destinato a segnare la storia della medicina legale: un'addetta alle pulizie è scivolata ed è caduta per terra nella toilette aziendale di un magazzino. Si è solo slogata una caviglia, santo cielo! Ma il titolare del magazzino declina ogni responsabilità e adesso stanno qui a discutere sulla qualità dei detergenti per pavimenti utilizzati, sul tempo di asciugatura, sulla scivolosità del pavimento...

E intanto io me ne sto confinata in un angolo, seduta su una sedia scomoda di legno sfibrato che mi ha pure sfilato il collant color melanzana – abbinato allo smalto – che avevo estratto dal cellophane giusto oggi.

Madonnina, che noia. Non si può sopravvivere.

Vado in bagno a fumare una Merit, tanto non si accorgerà nessuno della mia assenza.

Chiudo a chiave la porta, do una rapida occhiata allo specchio ma la luce giallognola non mi dona. Accendo una sigaretta e me la godo più che posso. Sto cercando di smettere e infatti ho ridotto sensibilmente la quantità quotidiana. Al termine, spruzzo un po' di deodorante e apro la porta.

O almeno, ci provo.

La chiave gira fino a un certo punto, poi si blocca.

Al decimo tentativo mi rassegno al fatto di essere rimasta chiusa in questo maledetto orribile bagnetto. La chiave adesso non gira più, è incastrata.

Piano d'azione.

Chiamare Claudio e chiedergli di aiutarmi? Fuori questione.

Bussare e fare un po' di rumore affinché qualcuno mi aiuti? Ancora più fuori questione.

Aspettare che le operazioni peritali finiscano e qualcuno si chieda che fine abbia mai fatto e, nel sospetto che sia morta, provi a cercarmi qui in bagno? Opzione che sarebbe valida... Se di me si curasse qualcuno, ma per quei due sono l'equivalente di una macchia di muffa sul soffitto, devi proprio guardare in quella direzione per accorgertene.

La finestrella. Ecco. Posso provare a sguscar fuori dalla finestra. È stretta, ma io sono atletica. Più o meno. La finestrella infatti si affaccia su un balconcino che è poi collegato al corridoio.

Se ci riesco, nessuno si accorgerà dell'inconveniente. E chi se ne frega se poi la Wally si ritrova con la porta del bagno bloccata. Peggio per lei, un po' di manutenzione costa poco! Ho il sospetto che questo studio non sia nemmeno a norma – e dire che lei tutte le normative sulla sicurezza sul lavoro le dovrebbe conoscere!

Va bene, Alice. Piano piano. Sali sul wc e arrampicati sulla finestra. Poi, esci di profilo, occhio alle spalle. È come uscire dal canale del parto, l'hai già fatto una volta, puoi riuscirci anche adesso.

Maledizione quanto è stretto! A occhio mi sembrava più semplice. I collant li potrò buttare, sono irrecuperabili. Una gamba, poi l'altra.

« Ma che sta facendo? »

La Wally è allibita. Claudio, dietro di lei, se la ride di gusto.

Non è semplice spiegare cosa faccio a cavalcioni sulla soglia della finestra.

« Eravamo preoccupati per te, mancavi da mezz'ora » sottolinea Claudio, le braccia conserte, un'aria irriducibile da lupo cattivo.

« Vuole darsi alla fuga? » prosegue la Wally.

« La porta del bagno è guasta. Non volevo disturbare e ho pensato di uscire così. »

Entrambi sono un po' sconcertati. Claudio si offre di aiutarmi a scendere ed è la cosa più imbarazzante che mi sia successa in sua presenza – e l'elenco è davvero lungo.

Il Grande Rospo ha le mani sui fianchi e scuote il capo come se volesse dire *è irrecuperabile*.

Torniamo nello studio. Ma non prima di aver consentito alla Wally di aprire facilmente la porta del bagno con un *voilà!* tanto per rimarcare la pregnanza di questa mia ennesima figura di merda.

Domani, e poi domani, e poi domani... Di giorno in giorno, striscia, col suo piccolo passo, ogni domani
Macbeth, William Shakespeare

Con l'aria lasciva di sempre che oggi si esprime in tutta la sua magnificenza, Claudio solleva lo sguardo dal suo Mac e fissa le mie labbra, come ipnotizzato.

Di queste sue attenzioni è responsabile una bizzarra reazione al guazzetto di scorfano mangiato ieri con Cordelia in un ristorante vicino a Campo dei Fiori: ora la mia bocca somiglia a quella di una pornodiva all'acme della carriera. E pensare che ho voluto andare a mangiare proprio lì per riprendermi dalla figuraccia di ieri.

«Non le posso guardare. Non riesco a concentrarmi sul lavoro.»

«Depravato.»

«Vorrei morderle. Qui, in questo punto» dice indicando il labbro di sotto. «Solo una volta.»

«Torneranno normali, ti passerà.»

Una così amena conversazione meritava di essere interrotta da una telefonata di Calligaris, che preannuncia di voler fare un blitz a casa di Anita Ferrante.

«Passo a prenderti nel pomeriggio, non appena avrò terminato con queste scartoffie» conclude con il tono del bambino che deve finire i compiti prima di poter giocare alla PlayStation.

In effetti le ore sembrano non trascorrere mai ed è quasi l'imbrunire quando finalmente ci dirigiamo verso casa di Anita Ferrante, una villa sulla Cassia immersa nel verde, tra alberi e aiuole ben curati.

Lei è piuttosto perplessa nel vederci. Apre il cancello invitandoci a entrare.

Ci accomodiamo su un divano bianco, di pelle, di fronte a un camino scoppiettante, che lei riattizza sapientemente. Offre del caffè, che rifiutiamo con cortesia, e Calligaris controlla l'ora, tattica che usa sempre, a modo suo, per lasciar intendere che la visita durerà poco.

«Vorremmo solo che ci parlasse di sua sorella, e della sua festa di compleanno del 22 gennaio 2006.»

Anita capisce subito che ho riferito di quella foto e mi rivolge uno sguardo piuttosto contrariato.

«Si tratta solo di una coincidenza. Viviana è scomparsa il giorno dopo, non lo negherò, naturalmente. Ma non vedo, davvero, cosa c'entri...»

«Lo lasci decidere a me» la interrompe Calligaris. Ignoravo che a collegare gli eventi, oltre alla coroncina ci fosse anche una coincidenza cronologica così interessante. «Sua sorella, dicevamo.»

Anita emette un lungo e infastidito sospiro. «Mia sorella Matilde, sì. Quell'anno compiva dieci anni. Abbiamo organizzato una festa. Esattamente qui.»

«Abbiamo, chi?»

«I miei genitori e io, naturalmente! Chi altri?»

«E come mai in questa casa? Lei non è sposata da poco?»

«Ho vissuto in questa casa con i miei genitori. Poco prima del mio matrimonio, hanno deciso di acquistarne una nuova, qui vicino, e di lasciare questa a me e mio marito. Semplice.»

Anita reagisce in maniera un po' stizzosa. Ha le guance rosse, e non credo sia per via del bel tepore del caminetto.

«Chi ha partecipato a questa festa?»

«Bambine coetanee di Matilde. Compagne di scuola.»

«Non è che per caso, quel pomeriggio, partecipò anche

Viviana?» Anita tossicchia. «Il suo giardino è pieno di noccioli. Sotto le scarpe di Viviana sono stati trovati pollini di nocciolo. Che curiosa coincidenza.»

E bravo Calligaris. Io nemmeno so com'è fatto un albero di nocciolo.

«Non è esatto. Non è che partecipò. Passò di qui, è diverso.»

«Perché non lo ha mai detto prima?»

«Io non l'ho mai nascosto.»

«Anita, sul piano penale la condotta omissiva equivale a quella commissiva.» Anita non raccoglie e resta in silenzio, con gli occhi bassi. «E perché passò da casa sua? Il giorno della festa di compleanno di sua sorella, peraltro.»

«Doveva portarmi del materiale. Roba di lavoro.»

«Perbacco, doveva essere una cosa molto urgente!»

«Davvero, io non capisco dove voglia arrivare.»

«È stata sua l'idea di far indossare alle bambine invitate alla festa delle coroncine da principessa?»

Anita non è certa di aver capito bene. Forse non ricorda quel dettaglio.

«Coroncine? Ah, sì. No, era stata un'idea di mia madre. Sentite, capisco che avrete delle buone ragioni per rivolgermi queste domande, ma davvero non colgo il punto della faccenda.»

«Com'è finita una coroncina di quella festa di sua sorella nella fossa in cui Viviana è stata scaricata dopo essere stata uccisa? Lei ne sa qualcosa?»

Anita appare costernata. E sincera, per la prima volta.

«Non so cosa dire» replica, con un filo di voce.

«Possiede di certo foto di quel pomeriggio» insinua l'ispettore.

«Non qui. In Dipartimento ne ho una, come sa bene la

sua collaboratrice» dice indicandomi. «Le altre le possiede mia madre.»

«Bene. Domani sarà sua cura fornirmene una.»

Anita annuisce con fare disponibile, ma teso.

«Le ripeto la domanda, Anita. Perché incontrò qui Viviana, quel pomeriggio?»

«Le ho già risposto!» sbotta. «Doveva semplicemente farmi avere del materiale. E sì, era urgente. In quella fase io e lei stavamo preparando la parte conclusiva della tesi, non c'era tempo da perdere.»

Una ragazzina molto somigliante ad Anita – gli stessi capelli biondi un po' crespi e sfibrati – si affaccia al salone, scendendo le scale in muratura.

«Ah, ecco Matilde. Hai già finito i compiti, sorellina?» Anita sembra rincuorarsi istintivamente, credo per l'aver visto un viso familiare. Se potesse, la stringerebbe a sé come un cucciolo.

La ragazza si presenta ostentando le stesse leziose buone maniere della sorella.

«Hai ancora, per caso, una di quelle coroncine della festa di compleanno... di quando hai compiuto dieci anni?» le chiede Anita, fingendo un atteggiamento collaborativo che sembra celare tutt'altro.

Matilde scuote il capo e si scusa per non poterla aiutare, come se il non conservare quel cimelio fosse stato un gravissimo errore.

«Ricordi se era presente, alla festa, anche qualche amico o amica di tua sorella?» le chiede a tradimento Calligaris. La ragazzina stringe le labbra e interroga Anita con lo sguardo. Infine scuote il capo.

«Era troppo piccola, per ricordare» precisa la sorella.

Calligaris inarca le sopracciglia, una goccia di sudore imperla la fronte stempiata. «Ho due gemelli di quell'età. Pensi che non dimenticano nulla. Ma immagino dipenda dalla genetica: ho anch'io una memoria prodigiosa.»

Anita sorride per circostanza, senza riuscire a dissimulare tutto il sollievo che la anima nel momento in cui poco dopo, compitamente, ci accompagna alla porta.

* * *

«È una fifona. Mi farà avere la foto di quella coroncina prima ancora che io arrivi in ufficio, domani. Scommettiamo?»

«Se lo dice lei, ispettore» ribatto stancamente. «Io sono sempre più confusa.»

«Be', lo capisco. È una storia intricata. Ma tante e tante cose stanno assumendo contorni più definiti.»

«Cose che ignoro, devo desumere.»

«Alice, quello che mi piace di te è che in genere presumi, non desumi.»

«A me invece fa disperare quando diventa così enigmatico.»

«Puoi assentarti domani mattina dal lavoro?»

«Teoricamente, no.»

«Ti dico solo che ne vale la pena. Non te ne pentirai.»

Maledetto sia, nel cospetto del Signore, l'uomo il quale imprenderà di riedificar questa città di Gerico
Giosuè 6, 26

Gerico, dicembre 2005.

Nel buio, le strade erano piene del vento del deserto, le palme e le buganvillee si agitavano in un sordo fruscio.

Affacciata al balcone della sua stanza, Viviana apprezzava il fresco della sera. Entro poco tempo avrebbe lasciato Gerico e con lei il fuoco dei ricordi. E Daniel.

Sperava di non tornare più. Che qualunque fosse la sua strada, non la conducesse più in Palestina. Lei, che l'amava tanto. Anni e anni di studi e impegno resi vani dal dolore del suo cuore. Magari avrebbe seguito Sandra in quella sua idea di dedicarsi all'archeologia templare e avrebbero scovato chissà cosa in qualche sperduta cittadina della Francia.

Avrebbe ricominciato a viaggiare e a sognare e la delusione le sarebbe sembrata lontana, lontanissima.

Sentì un rumore di nocche alla porta.

Aprì stancamente, e trovò Daniel, poggiato allo stipite, affusolato e aggraziato. «Vai via. Jade non sarebbe contenta di saperti qui.»

Lui poggiò su di lei la lucentezza del suo sguardo dorato.

«Quello che abbiamo scoperto insieme ci renderà celebri. Una scoperta così importante non avveniva da quando Wood sputtanò la Kenyon sulla datazione della caduta delle mura di Gerico perché cercò il vasellame sbagliato nel posto sbagliato.»

Il suo solito delirio di onnipotenza. Povero Daniel, prima o poi ne avrebbe pagato tutte le conseguenze. Se solo si fosse disco-

stato appena un po' dal culto di se stesso, sarebbe stato una creatura tanto più forte.

Lei gli rivolse la dolcezza di uno sguardo comprensivo, pieno della pazienza degli innamorati.

« Non è niente di così rivoluzionario. »

Daniel prese dalla tasca la piccola pietra trovata accanto alle ossa della principessa, qualche giorno prima. Il Prof ne aveva già trovate delle altre, tempo prima. Erano delle primitive monete. Daniel aveva ipotizzato – e lei era d'accordo – che fosse assimilabile all'uso di seppellire i morti con la moneta per poter pagare il traghettatore che li avrebbe trasportati nell'Aldilà. C'è un filo sottile che collega le civiltà del bacino mediterraneo, le aveva spiegato. Quante cose le aveva insegnato, in realtà. Più di quante avrebbe mai creduto possibile quando lo aveva conosciuto e detestato.

« Sei diventato un profanatore di tombe. Non puoi tenerla con te. »

Daniel le sorrise con quel suo sorriso franco e impudente e le sfiorò dolcemente la guancia. Lei si ritrovò ad assecondare quel gesto, ripiegando il capo come un gattino.

« È un nostro segreto. Un altro. »

Quando in anticipo sul tuo stupore verranno a chiederti del nostro amore

Io e Cordelia siamo a cena fuori. A nessuna delle due andava di cucinare, ma viste le scarse finanze di entrambe abbiamo optato per una tra le più squallide pizzerie del circondario.

Un africano si avvicina al nostro tavolo tentando di venderci una specie di amuleto. « Porta gioia e felicità. »

« Mi dispiace, noi siamo per l'infelicità e la devastazione » replica Cordelia, del tutto seriamente.

Il poveretto scappa via terrorizzato.

« Devi smetterla di avere un atteggiamento così negativo. »

« Difficile averlo positivo, mentre si interpreta Lady Macbeth. »

Attualmente Cordelia recita in un laboratorio sperimentale che ha allestito una rappresentazione di *Macbeth* in lingua inglese. Sono tutti uomini, anche le Norne. Cordelia interpreta Lady Macbeth da incontrastata primadonna, ma si lamenta che il pubblico è in genere costituito da scolaresche annoiate. Io l'ho visto, in realtà, e mi è piaciuto da morire. Lei indossa un costume di scena verde smeraldo che ha un qualcosa di monacale, ma le spalle sono interamente scoperte. Nella scena madre in cui guarda le proprie mani sporche di sangue, è magnetica. Arthur sarebbe fiero di lei, se fosse a Roma e potesse vederla.

Ogni tanto mi soffermo a immaginare come potrebbe cambiare la mia vita se lui accettasse l'offerta di *National Geographic* e rimanesse in Italia. O forse non cambierebbe niente tra di noi, perché non è destino. Chissà. A proposito di Macbeth, mi piacerebbe chiederlo alle Norne.

* * *

L'indomani mattina chiamo in Istituto per avvisare che mancherò, adducendo una scusa improvvisata, e raggiungo l'ufficio di Calligaris. Lui è pimpante come una piccola mangusta della savana e si rifiuta di anticipare dettagli.

A un'ora dal mio arrivo, sono già pronta a rinfacciargli l'inutile giorno di ferie che mi ha quasi obbligata moralmente a prendere quando un assistente gli annuncia l'arrivo di Daniel Sahar.

Oh cavoli, Daniel Sahar in persona.

Non sono mai riuscita ad affibbiargli una fisionomia, né a pensare a lui come a una creatura realmente esistente. Se Calligaris cercava il *coup de théâtre*, c'è riuscito senza dubbio.

Mi ritrovo infatti a fissare il giovane israeliano con gli occhi spalancati dalla meraviglia.

È accompagnato dalla moglie, Jade Berenson Sahar. Jade è un tipo interessante, immagino che gli uomini possano trovarla anche sexy. Se gli abitanti dell'Aldilà sono davvero onniscienti, la povera Viviana avrà di certo da ridire su questa evoluzione della sorte.

Lui è avvenente e luminoso, come una bella mattina di sole. Gli occhi sono quelli di un felino feroce, quella stessa doratura, quella stessa freddezza. Se tutti avessimo un *daimon*, come in *Queste oscure materie*, quello di Daniel sarebbe una meravigliosa tigre bianca.

Non appena prende posto sulla sedia di fronte alla scrivania di Calligaris, mi accorgo di un forte tremore che scuote una delle sue gambe. Daniel è molto alto, più della media, in ogni caso. È snello, anche se probabilmente un po' di peso in più gli donerebbe. Lui e Jade formano una gran bella coppia.

Se sei qui tra noi, Viviana, chiudi gli occhi e non guardare.

«*Mister Sahar, nice to meet you*» esordisce Calligaris, esibendosi in un inglese che per pronuncia farebbe vergognare chi gli ha dato la maturità.

Daniel ha modi spicci, non è un tipo che si perde in cerimonie. Fa presente che parla in italiano, anche se non perfettamente. Calligaris gli spiega che per la natura delle domande che vuole rivolgergli, forse sarebbe meglio condurre la conversazione privatamente. Jade, alta e profumata, rivolge all'ispettore lo stesso sorriso compassionevole che riserverebbe a un poveretto.

«Ho capito. Ne approfitterò per concedermi una sigaretta e un vero cappuccino al bar» replica in inglese, dopo uno sguardo d'intesa al marito.

Daniel la saluta con un cenno della mano, un po' distratto, un po' indifferente.

«Adesso abbiamo tutta la privacy che desidera» dice a Calligaris. Quest'uomo possiede l'innata capacità di essere indisponente anche con un semplice sguardo.

L'ispettore tuttavia ne è come soggiogato. Sfoglia il bloc notes su cui ha preso qualche appunto e con l'aiuto di un interprete inizia a rivolgergli le domande che – sono certa – lo stanno arrovellando già da un po'.

«La prima questione davvero importante è cosa vi siete detti lei e Ambra Negri Della Valle quando vi siete incontrati a Tel Aviv nel febbraio del 2006, dunque poco meno di un mese dopo la scomparsa di Viviana.»

Caspita, non immaginavo una partenza tanto sprintosa. Daniel ha tutta l'aria di non capire affatto la ragione della domanda e sembra smarrito. Forse si aspettava un altro esordio, oppure non è a conoscenza della scomparsa di Ambra e quindi è confuso.

«Ambra... Un'amica di Viviana, sì.»

«Perché vi siete incontrati?»

«È stata lei a contattarmi. Era in possesso di un oggetto personale di Viviana e ha voluto darmelo.»

«Le devo chiedere di essere più dettagliato.»

Daniel sembra un adolescente indisciplinato convocato dal preside. Quanto è vicino all'immagine che Viviana restituisce di lui nelle sue lettere!

«Okay. Ero già tornato a Tel Aviv dopo essere stato per qualche tempo a Roma a casa di mia madre quando ho ricevuto una chiamata da questa ragazza. Era un'amica di Viviana e aveva necessità e urgenza di incontrarmi. Non avevo voglia di vederla.»

«Ma questo non ha scoraggiato affatto la Negri Della Valle» chiosa Calligaris, mentre con l'orlo del maglione pulisce una lente sozzissima dei suoi occhialini da miope. «Ha organizzato un viaggio in Terra Santa ed è venuta a parlarle personalmente.»

«Non ha mai detto di essere venuta di proposito. Fatto sta che me la sono ritrovata a Tel Aviv. Ci siamo incontrati in un bar vicino al mio appartamento e lì abbiamo parlato.»

«Quanto?»

«Per quanto tempo? Il necessario, direi. Un po'.»

«Che oggetto le ha dato?»

«Un taccuino» ribatte, lo sguardo istintivamente poggiato su un punto indistinto della scrivania.

«E cosa c'era in questo taccuino? Era un diario segreto? O cos'altro?» prosegue l'ispettore, un tono impercettibilmente stizzito dalle risposte poco circostanziate di Daniel.

L'israeliano raccoglie la sfida e la restituisce al mittente. «Lo possiedo ancora. Se fossi stato avvisato per tempo lo avrei portato con me e lei avrebbe potuto constatarlo di persona. »

« Per essere più precisi, mister Sahar, avrebbe dovuto consegnarlo a suo tempo, di sua spontanea volontà. »

« Ambra però non lo fece » ribatte lui prontamente.

« Questo non la giustifica. Comunque, me lo faccia avere al più presto. Intanto mi accenni al suo contenuto. »

« Appunti sul lavoro svolto a Gerico, niente di più. »

« Ambra Negri Della Valle si è presa la briga di arrivare fino a Tel Aviv per darle un semplice taccuino di appunti? Non poteva spedirglielo? »

« Cosa vuole che le dica? » replica Daniel con insolenza, facendo spallucce. « Le ripeto che non ha mai detto di essere venuta apposta per incontrarmi. »

« Mister Sahar, cosa conteneva quel taccuino? Ambra le ha detto perché lo stava custodendo lei? »

« No. O forse non lo ricordo... »

« Mi dica cosa c'era scritto. »

« Ho già risposto. »

« Non le credo. »

« Sono accusato di qualcosa? » domanda Daniel, con calma.

« Non ancora » replica Calligaris, nervosamente.

« Posso fumare? »

« È un ufficio. No. »

« Il suo portacenere contiene delle cicche. Per questo l'ho domandato. »

« Cosa c'era scritto, in quel taccuino? »

« Appunti di lavoro. E poesie, o cose simili. »

« Ah ecco. Allora c'era qualcos'altro. »

« Lo avrà, ispettore. Non appena farò rientro a Tel Aviv, sarà la prima cosa che farò. » Non capisco se è la mia immaginazione, ma Daniel Sahar sembra sfottere.

« Cos'altro le ha detto Ambra? »

« Abbiamo parlato di Viviana. Senta, io non sono un tipo socievole. Né simpatico. Se ne starà accorgendo » aggiunge, con un sorriso che sedurrebbe una pietra.

« Ambra mi ha raccontato che si erano riavvicinate da poco tempo, era una vecchia amicizia che si era persa ma erano ancora molto legate, nonostante tutto. »

Il che corrisponde al vero.

« Mister Sahar, sa dirmi se gli appunti di lavoro sul taccuino riguardassero un cranio rinvenuto a Gerico da Viviana... Lo stesso di cui scrive nel suo libro a proposito del culto dei morti nelle civiltà mediorientali? A proposito, mi complimento, un magnifico testo. »

Gli occhi dorati di Daniel ignorano il complimento, mentre le sue labbra ringraziano. « Vede, c'è una distinzione da fare. Il cranio è stato scoperto da entrambi, in un'area degli scavi. In un'altra area, a un altro livello, abbiamo trovato un intero scheletro, di tutt'altra epoca storica, appartenente a un'altra civiltà e infatti sepolto in altro modo, con la testa al suo posto e non staccata. »

« Non colgo la sostanza di questa distinzione » precisa acidamente Calligaris. In realtà anch'io sono un po' perplessa.

« L'importanza di una scoperta consiste nella ricostruzione storica delle civiltà che si sono successe nel tempo, nello stesso luogo. Ma non esiste una scoperta che Viviana abbia fatto da sola, così come non ne esiste una che *io* abbia fatto da solo. Abbiamo lavorato insieme e condiviso tutto. »

« E di questo scheletro cosa ha da dire? Ne parla anche nel suo libro? »

« Certamente. Sono le ossa di una principessa, morta in giovane età. »

« È in grado di descrivere la posizione in cui è stata ritrovata? » domanda Calligaris, tesissimo.

«Se riuscissimo a procurarci una copia subito, potrei farle vedere le immagini.»

«Mi accontento di un disegnino» replica un esaltato e precipitoso Calligaris, che sta evidentemente collegando le due sepolture, quella di Viviana e quella della principessa di Gerico. E la coroncina da principessa della sorella di Anita. È in visibilio.

Daniel accetta il foglio bianco che Calligaris gli sta porgendo e schizza l'immagine di una sagoma disposta in posizione fetale. Aggiunge una sorta di piccolo cerchio e spiega che si tratta di una moneta deposta verosimilmente allo scopo di pagare il traghettatore della defunta principessa nell'Aldilà.

Calligaris ha uno sguardo così pieno di un misto di gioia e compassione che ho il timore che non riesca a trattenersi e finisca con lo scoppiare in lacrime davanti all'israeliano. Nello sviluppo di questa indagine l'ispettore sta rivelando un'emotività incontenibile.

Daniel sembra non spiegarsi tanta eccitazione e mostra per la prima volta un atteggiamento compìto.

«Posso chiedere la ragione di questa domanda?»

Per una frazione di secondo Calligaris pare indeciso, ma poi, evidentemente, ritiene saggio sbottonarsi. «Viviana è stata sepolta come la principessa. Aveva anche una moneta in tasca. Da due euro.»

Daniel ammutolisce. Assume un'aria inebetita che non gli dona affatto e si accascia sulla sedia.

«*Shit*» mormora mentre passa una mano tra i ricci scuri.

«È indispensabile che lei mi dica chi era al corrente, all'epoca della sparizione di Viviana, del ritrovamento della principessa.»

«Tutto il team.»

«Ne è certo?»

« Assolutamente sì. Avevamo brindato alla scoperta, tutti insieme, poco prima della partenza del gruppo per l'Italia. »

« Eppure alcuni colleghi sostengono che le scoperte fossero state tenute nascoste. »

« Non quella della principessa. Solo il ritrovamento del cranio. Ma le ho già spiegato che si tratta di due piani di ricerca differenti. Il che spiega anche la ragione di una condotta diversa. »

« Chi sapeva del cranio? »

« Soltanto noi due e il professor Curreri. La scoperta della principessa in sé non costituiva una svolta, era più ovvia. Scheletri ne sono stati ritrovati molti e l'unico elemento di interesse era semmai costituito dalla piccola moneta in pietra. Indossava anche dei monili che hanno appunto indicato la sua appartenenza a un ceto sociale elevato, ma, ripeto, non è stata la scoperta più importante, sul piano archeologico. Quella del teschio lo era certamente di più. »

« Perché tanta segretezza intorno alla storia del cranio? »

« Volevamo utilizzarla per un progetto di ricerca da condurre insieme, io e Viviana. Per ottenere fondi, nel mondo universitario, è importante proporre argomenti, come dire... unici, su cui valga la pena investire. Credo che questo valga ovunque, ma specialmente in Italia. »

« Naturalmente, la natura di questo progetto avrebbe comportato anche molto tempo da trascorrere a Gerico, per Viviana. »

« Sì, anche. E lo speravamo. »

« Chi altri poteva essere interessato al progetto? »

Daniel corruga la fronte, le folte sopracciglia sottolineano un'espressione perplessa. « Visto che nessuno ne era a conoscenza, direi nessuno. »

« È proprio certo che Viviana, per esempio, non ne avesse parlato con colleghi di Dipartimento? »

Daniel scuote il capo. «Non posso averne certezza. Ma mi sembra improbabile.»

«Può dirmi esattamente per quanto tempo è rimasto a Roma, nel gennaio 2006?»

Calligaris lo sa perfettamente, ma vuol farglielo dire. «Dall'8 al 23 gennaio.»

«Viviana è scomparsa il 23.»

«Sono partito all'improvviso e non sapevo niente della sparizione di Viviana, è ovvio.»

Le cose stanno così, Calligaris me lo aveva già spiegato tempo fa: il biglietto della metro ritrovato nella tasca di Viviana lascia pensare che alle sedici lo avesse obliterato. Daniel è partito da Roma con volo diretto El Al per Tel Aviv alle tredici in punto. Questo lo escluderebbe dall'elenco dei sospettati.

«Quando l'ha incontrata l'ultima volta? E in che rapporti eravate?»

«L'ho vista qualche giorno prima della partenza. Rapporti sereni.»

«Intimi?»

«È complicato da spiegare.»

«Ci provi!»

Per la prima volta da quando è iniziato il colloquio, Daniel sembra toccato da una mano invisibile che gli stritola l'anima. «Come faccio a dirle cosa era per me Viviana? Ogni parola sembrerebbe così... scontata. Così sdolcinata. Ridicola.»

«Avanti, mister Sahar.»

«Viviana» mormora dolcemente, un po' perso, come se la stesse chiamando. «Io la amo ancora. Dopo tutti questi anni non è cambiato niente. Anzi, mi correggo... non è esatto. Ogni giorno aumenta il rimpianto di non averlo capito quando lei c'era ancora e avrei potuto dirglielo.»

Un silenzio sepolcrale sommerge la stanza. Daniel si morde il labbro inferiore, il suo viso è pallido e sembra improvvisamente più maturo. Vorrei dirgli che rimuginare è inutile. Non sappiamo come, né perché, ma a un certo punto della nostra vita perdiamo delle opportunità.

Ed è una perdita irreversibile, non c'è niente da fare.

Allahu akbar

Gerico, dicembre 2005.

Carlo si adagiò sul letto, annoiato. Si era ferito alla mano destra inciampando in una pietra e cadendo sul terreno. Il Prof gli aveva consigliato di starsene a riposo e di non picconare. Alcuni sottovalutano quanto sia faticoso, sul piano fisico, essere un archeologo, pensò. L'inattività gli era stata utile per sbirciare qui e lì – di certi affari tra la Montosi e l'israeliano si era accorto prima di tutti.

« Lascia perdere, che t'importa » gli aveva detto Sandra.

Lei, sempre così imperturbabile. Molto zen. « Certo che m'importa. Stanno nascondendo qualcosa. »

« Viviana mi piace » aveva replicato serenamente Sandra. « Piuttosto sono preoccupata per lei. Con Daniel Sahar non avrà che guai. »

Carlo aveva fatto una smorfia di insofferenza. « Io sono preoccupato per noi. Cosa faremo quando il tuo assegno di ricerca scadrà? »

« Lo sai che non amo questo settore. Mi dedicherò ad altro e sarò molto più contenta. »

« Ma dovrai andartene da Roma. »

« Non mi dispiace. Probabilmente lo farei comunque. »

Carlo sospirò, ricordando quella conversazione. Sandra era stata così chiara... il suo futuro dipendeva solo in parte dalle decisioni di Curreri o dai frutti di quelle ricerche. Lei aveva già scelto.

Prese dal comodino un ventaglio e cercò di rinfrescarsi dalla calura. Una mosca era entrata nella stanza e gli ronzava attorno fastidiosamente. Dopo il lento e lamentoso richiamo del muezzin, un vicino aveva iniziato a pregare e poteva sentire la sua voce. Allahu akbar!

Carlo si alzò di scatto dal letto e si affacciò al balcone.

Proprio in quel momento, Viviana e Daniel stavano percorrendo un tratto di strada. Avevano quella loro solita aria da perfetti sconosciuti, non si rivolgevano la parola e sembravano insieme solo per caso. Viviana alzò lo sguardo e lo vide; accennò un sorriso e lui replicò con un gesto rapido della mano infortunata. Sahar non si degnò di fare lo stesso, ma Carlo aveva capito che era fatto così, era un tipo brusco, forse anche un po' maleducato. Non c'era nulla di personale nella sua scortesia. Però quanta boria! Quante arie nel dire che una volta finito il lavoro si sarebbe dedicato a cose «davvero interessanti». Okay, nessuno lì amava particolarmente l'archeologia israelitica, a parte Curreri e Viviana. Nemmeno lui, né Anita. Subivano tutti questo trasporto del direttore e ognuno segretamente sognava altri lidi. Non per questo, però, lo si proclamava come un vanto.

Che brutto carattere, Daniel Sahar.

Sandra aveva ragione: quell'ingenua della Montosi ne sarebbe uscita con le ossa a pezzi.

C'est bien, ici il n'y a que de la pluie...

Anziché la vigilia di Natale, in obitorio oggi sembra Halloween: sono più i morti che i vivi.

Sono seduta alla scrivania in attesa che Claudio arrivi con l'umpa lumpa per iniziare un'autopsia e poi subito dopo scappare a Sacrofano per festeggiare con l'immancabile Asti Cinzano che piace tanto a mia nonna Amalia. Peraltro ho dovuto lasciare il Cagnino a Cordelia, perché ha insistito fino allo spasimo. L'ultima novità dei due innamorati è che lei gli canta serenate e ballano insieme (lui su due zampe) *Escluso il cane* di Rino Gaetano. Quando arriva il momento di *Chi mi dice ti amo, se togli il cane, escluso il cane!* lei scoppia a piangere e lui ulula.

Claudio fa il suo ingresso con il consueto splendore e subito dopo conduce l'esame incurante dell'incombente festività e della fretta che gli altri presenti emanano come un profumo pungente.

Chi prima, chi dopo, tutti lasciano la sala autoptica con una scusa. Lui non se ne cura, finché non controlla l'ora e si accorge che è tardi e che tutto sommato è la vigilia di Natale anche per lui.

« Ho finito » afferma, sfilando i guanti, i capelli impomatati che brillano sotto la luce del neon.

« Claudio, manca ancora la scheda Istat. »

« Te la firmo, compilala tu. »

« E mi lasci qui da sola? »

«Vuoi che ti tenga la manina?» domanda con un perfido bagliore.

«No, grazie. Okay, finisco io.»

«È questione di cinque minuti. E poi tu non hai bisogno di me, nemmeno per un passaggio.»

Non capisco bene a cosa alluda. Non ho proprio altri passaggi, anzi pensavo di sfidare la malasorte e scroccargliene uno; ma è un fatto di orgoglio, preferisco non chiedergli nulla, è il solito infame.

Lui appone la sua firma elegante sulla scheda che gli porgo in silenzio. Il tecnico di sala settoria sta già ricucendo il taglio sull'addome del cadavere e io mi sposto nella saletta attigua per usare la scrivania e finire il mio lavoro.

«Buon anno, Allevi» mormora, un'inflessione fredda e distante.

«A te. Che sia migliore di quello che sta finendo» gli dico e lo penso sul serio.

Mantenendo un'aria gelida si avvicina e mi concede un piccolo bacio che di per sé sarebbe innocuo, se non fosse poggiato, in maniera abbastanza sconvolgente, accanto alle mie labbra – e quando c'è lui di mezzo, io non credo più al caso fortuito. Se ne va via aggiustandosi il Fay, affinché aderisca meglio alle sue spalle. Io tengo lo sguardo basso e rimanere concentrata mi è un po' difficile, ma devo riuscirci: non vorrei mai chiamarlo indietro per firmare un'altra scheda. Non so né dove né come trascorrerà questa vigilia, men che meno con chi. È talmente strano condividere un'intimità estrema e sentire tanto trasporto verso qualcuno da riuscire a dimenticare per un attimo qualsiasi paura e poi trovarsi collocati dalle contingenze in un bacino di freddezza e incomunicabilità così prepotente da indurti a chiedere: *È successo davvero?* Ma forse, dopotutto, certe relazioni umane nascono e vivono così, di discontinuità e di momenti inquieti e

indimenticabili, di cose non dette. Così è più facile e dige-
ribile sognare e credere alla propria inevitabilmente inesatta
versione della storia.

* * *

Chiudo alle mie spalle il lugubre portone dell'obitorio, tenendo in mano un ombrellino verde pistacchio che sta per
rivoltarsi e defungere definitivamente. Sta già avanzando il
pomeriggio e con lui l'oscurità della sera.

A casa mi aspettano Marco e Alessandra con Camilla per
raggiungere al più presto Sacrofano, ma aspetteranno un altro po', c'è una valida ragione per un mio piccolo ritardo.

Seduto sul sedile anteriore di una Mini presa a noleggio,
Arthur Malcomess fa cadere la cenere della sua sigaretta fuori dal finestrino mezzo abbassato.

Ecco, forse, a cosa alludeva Claudio. Provo un sottile bri-
vido di piacere nel riconoscerlo e vorrei tanto avere il dono
di saper leggere la mente per conoscere i pensieri dell'uno e
dell'altro nel momento in cui si sono incrociati qui davanti.

Apro lo sportello dell'auto e prendo posto accanto a lui,
esclamando un « Ciao! » fin troppo entusiasta. Lui sorride in
maniera asimmetrica, facendomi segno con la mano di
aspettare. È al telefono, parla in francese.

« *C'est bien, ici il n'y a que de la pluie...* » sta dicendo al suo
interlocutore.

Qui non c'è che pioggia, è la traduzione. Una constatazione così banale, eppure mi sembra suonare come una malinconica poesia. Le piccole e deboli gocce punteggiano il
finestrino, le fronde degli alberi sono scosse dal vento, mentre a un livello uditivo quasi impercettibile la radio accesa
trasmette *You take my breath away* dei Queen. Non è proprio come immaginavo di trascorrere questa vigilia, così

anomala tra cadaveri e riflessioni di stampo amoroso e filosofico.

Lui chiude finalmente la conversazione e mi saluta con un buffetto sulla mia guancia pallida per il freddo.

« Cordelia mi ha detto che eri qui. Volevo farti gli auguri di persona. »

« Come due buoni amici » gli dico, con tono un po' provocatorio che lui ignora.

« Torni a casa dai tuoi? » domanda, con voce incolore che vanifica la bellezza di quest'inattesa apparizione.

« Mio fratello mi sta aspettando per partire. »

« Non ti faccio perdere altro tempo. Del resto era solo per un saluto » mormora, del tutto sereno. Vorrei dirgli: *No, okay, non sono poi così di fretta, una volta che sei arrivato fin qui...* Invece non riesco a contraddirlo.

« Sarai con tuo padre e Cordelia stasera? » gli domando.

Lui annuisce. « Non credevo di riuscire a esserci; ho fatto il biglietto all'ultimo momento... *So... Merry Christmas, Elis.* »

Prima che io possa replicare vedo il Supremo emergere dai lugubri effluvi dell'obitorio, lui, il Boss che non molla e che potrebbe benissimo essere già in panciolle su qualche divano in attesa di zampone e lenticchie, vista l'ora. Cerco conferme nello sguardo di Arthur, che non arrivano.

Ci salutiamo goffamente e mentre torno a casa in metro sono tormentata dal dubbio che fosse lì per il padre e non per me. Che io al più rappresentassi soltanto una coincidenza del tipo: *Già che sono qui ne approfitto per salutarti.*

E più ci penso, più mi accorgo di provare una piccola patetica sensazione di delusione.

Io non compro più speranza, che l'è falsa mercanzia

«Bella di nonna, l'altro giorno sul Due parlavano della tua collega che è scomparsa.»

Nonna Amalia si avvicina poggiandosi al suo bastone e prendendo posto accanto a me sul divano. Manca poco alla mezzanotte e in tv c'è una di quelle terribili trasmissioni in cui ragazze mezze nude al freddo e al gelo sgambettano sorridenti mentre il cantante di turno si esibisce tristemente. Il Natale è già passato e in un soffio siamo arrivati alla vigilia di Capodanno.

I termosifoni sono accesi al massimo, sul tavolo i resti di una quantità enorme di piatti preparati da mia madre, c'è un'aria di euforia mista a sonnolenza mentre io sono sprofondata tra i cuscini, in attesa del countdown e del calice di spumante che mi tocca di diritto. Ah, che specie di strana malinconia.

«E che dicevano?» le domando pigramente.

«Che non si sa che fine ha fatto.»

«In questi programmi si parla davvero del nulla. Che senso ha occupare palinsesti su Ambra, quando di fatto non c'è niente da dire?»

«Abbi pazienza, bella di nonna, io telescài non lo so usare, mi devo accontentare.»

«Non è colpa tua, infatti.»

«Sei nervosa, amore mio?»

Nonnina mia, come te lo spiego il pensiero che in questo momento mi passa per la testa?

È meglio un amore non corrisposto che un amore corrisposto a metà. Chi ci ama poco ci fa soffrire decisamente di più di chi non ci ama affatto.

«Un po'.»

«Fattela passare che poi cominci l'anno male.»

«Giustissimo» le rispondo con un sorriso che si sforza di essere convincente.

«Susanna, un poco di spumante per la bimba, che così si ripiglia. Mentre ci sei portane un poco pure per me» dice a mia madre, che si muove tra il salone e la cucina come un'equilibrista.

«Ma ancora non è mezzanotte» osserva la mamma.

«Tu non ti preoccupare, non è per brindare. Poi brindiamo pure a mezzanotte.»

«Mamma» dice alla suocera, piena di tatto, «poi devi andare dalla signora Bertozzi per giocare a carte. Forse non è il caso...» conclude alludendo significativamente a una volta in cui la nonna e la comare Luisa hanno esagerato col Martini Rosa mischiato al succo di frutta, sostenendo poi di non essersene accorte.

La nonna rivolge alla mamma uno sguardo indignato, come se avesse negato l'ultimo desiderio a un condannato a morte. «Hai ragione tu» dice, ma con tono che esprime tutto il contrario. «Parlando con gentilezza, Dio solo sa i giorni che mi restano. Scusatemi se ogni tanto ho una richiesta.»

Mi alzo e prendo un po' di vino dal frigo per entrambe, senza che la mamma se ne accorga.

La nonna accetta il suo bicchiere con nonchalance. «Brava amore di nonna, che sei uguale a me! Non c'è nessun cattivo pensiero che non si possa cancellare con una carezza e un poco di alcol. Ma senza esagerare però!» precisa poi, tutta composta.

Quanto vorrei che avesse ragione!

« Senti, alla televisione poi dicevano un'altra cosa sulla tua collega, che mi è sembrata interessante. »

« Cosa? » domando, senza crederci più di tanto.

« Che forse c'entra un suo compagno di classe, che ha aggredito un'altra ragazza, ora, da poco. »

« Paolo Malversini? » domando, naturalmente più a me stessa che a lei.

« Amore mio che ne so, per la prìvasi mica fanno i nomi! Altrimenti poi la gente fa causa. »

Devo chiedere immediata conferma a Calligaris di questa cosa, anche se il mio sentore è che si tratti di un episodio che non ha nulla a che vedere con l'intera vicenda della sparizione di Ambra e Viviana, sempre ammesso che esista un collegamento tra gli eventi. Non fosse Capodanno lo chiamerei subito, almeno per pensare a qualcosa e a qualcuno che non sia Arthur. O Claudio. O entrambi.

Madonnina, che confusione.

* * *

Finite le ferie, resta sempre quella sorta di stordimento da ozio protratto che impedisce il reinserimento nella vita di tutti i giorni nei tempi e nei modi che si auspicherebbero. In compenso, sono attivissima sul fronte investigativo.

Il povero Calligaris è ancora proiettato nelle vacanze quando lo chiamo per parlare del nuovo exploit di Malversini. Lo raggiungo nel suo ufficio e lo trovo nervosissimo perché si è rotta la caldaia e i termosifoni non funzionano.

« Ah, sì. Quella è stata davvero una deplorevole fuga di notizie. »

« Cos'è successo? »

« Ispirato dalle recenti vicende, Malversini ha teso un agguato a un'altra ex compagna di classe di Ambra e Viviana. Si chiama Anna Filippi ed è una furia incontenibile. È convinta, a questo punto, che lui abbia ucciso entrambe e che lei fosse la prossima vittima designata.»

«E lei cosa ne pensa?» domando all'ispettore, un po' perplessa.

«Sono molto confuso da Malversini. Da un lato ci sono tanti, troppi elementi che ci inducono a ritenere che l'omicidio di Viviana sia avvenuto a causa di dinamiche nate in seno al Dipartimento di archeologia. Dall'altro lato, la connessione con la sparizione di Ambra scombina ogni logica. Tra l'altro, al momento, l'accertamento della sua permanenza in Sicilia fa sembrare le due storie sempre più lontane e mi fa propendere verso una sua fuga. E ritengo, sinceramente, che la tua collega sia ancora viva. Certo non si può negare che la faccenda Malversini sia un'odiosa coincidenza, e il fatto che abbia assalito un'altra loro compagna di classe deve quanto meno allarmarci.»

«Cos'ha fatto esattamente alla Filippi?»

«L'ha aggredita in maniera molto simile a come aveva fatto con Ambra. L'ha attesa sotto casa e l'ha picchiata. Al contrario di Ambra, però, Anna Filippi ha sporto regolare denuncia e Paolo Malversini è attualmente in stato di fermo.»

«Ispettore, io credo che sia un soggetto estremamente pericoloso.»

«Ah, non vi è dubbio su questo» conferma Calligaris, con genuina apprensione. «Il punto è capire quale sia il suo rapporto con le circostanze su cui stiamo indagando.»

«Ha detto qualcosa di particolare ad Anna Filippi? Nella foga delle percosse, intendo, le ha fatto qualche poetica dichiarazione delle sue?»

Calligaris prende da un fascicolo un foglio, una sorta di

rapporto che qualcuno deve aver scritto sui fatti, dando una rapida lettura. «Pare le abbia riversato addosso tutta una serie di recriminazioni risalenti all'epoca del liceo. Naturalmente ha fatto riferimento anche ad Ambra, dicendo che le avrebbe fatto fare la sua stessa fine.»

«Con i pazzi non si sa mai cosa pensare» osservo, un po' incupita.

«Purtroppo, no. In ogni caso, la Filippi è stata giudicata guaribile in dieci giorni. Una lesione personale lieve, insomma. Poteva andarle peggio.»

«Vede però... Malversini potrebbe uccidere, ma non lo fa. Ha malmenato sia Ambra sia la Filippi, ma in maniera lieve, senza provocare danni gravi. Come una missione punitiva e nulla di più.»

«Sì, ma Ambra è scomparsa e si sa poco delle eventuali motivazioni che potrebbero averla indotta a sparire dalla circolazione. Non possiamo escludere, in linea di principio, che Malversini l'abbia molestata ulteriormente.»

«Ispettore, Ambra non è assolutamente il tipo da fuggire in Sicilia, nel totale anonimato, a causa di un pazzo sfigato come Malversini. Avrebbe piuttosto sporto denuncia e basta. Devono esserci delle ragioni, alla base, molto più profonde e gravi. Ammesso sempre che si tratti di un allontanamento volontario.»

Calligaris ripone il foglio nel fascicolo e intreccia le lunghe dita delle mani. «Ah, poveri noi! Che mestiere difficile» dice, prendendo poi una brioscina preconfezionata dal cassetto della scrivania, come a volersi dare conforto. Declino cortesemente la proposta di smezzarla e torno a leggere le mail di Viviana. Chissà che non esca fuori, casualmente, qualche nuovo elemento, ma purtroppo inizio a perdere la speranza.

Why is Jericho so attractive for archeologists? Actually, it is a most enigmatic Middle East settlement

Anton Yevseev

Gerico, dicembre 2005.

Nella pianura nordorientale, all'ombra del Monte delle Tentazioni in un pomeriggio di dicembre insolitamente ventoso, da strati di terra e di sassi emerse un teschio, uno di quelli di cui Viviana aveva letto e studiato a lungo. Era sconcertata dall'enormità delle scoperte che quelle ultime settimane a Gerico le stavano regalando.

Il teschio era interamente coperto di stucco di creta, modellato come un volto umano. Le conchiglie al posto degli occhi erano dei cauri, così con la sezione verticale e centrale si otteneva l'effetto di una specie di pupilla. Viviana osservò per un istante, da sola, quel teschio tanto inquietante e al contempo meraviglioso. Il tipo di trattamento riservatogli suggeriva che quell'individuo fosse un guerriero. Averlo portato alla luce le dava l'impressione di averlo condotto a una rinascita. Sarebbe finito in un laboratorio e poi in un museo. Gli estimatori lo avrebbero ammirato e lei non l'avrebbe mai dimenticato. Allora sì, in casi del genere, che trasformarsi in ossa ha un senso!

Daniel la raggiunse, portandole un'arancia che aveva già diviso a spicchi per lei.

Lei sfilò i guanti e la accettò, ringraziando compostamente. Il succo era dolce come un miele. In nessun'altra parte al mondo gli agrumi sono dolci come in Medioriente, pensò.

I ricci scuri freschi di doccia di Daniel erano ancora in parte bagnati. Le ricordò i giorni a Tel Aviv, quella strana e frettolosa intimità che si era creata tra loro.

Viviana fremeva all'idea di mostrargli il teschio. Era stato lui a indicarle quel punto trascurato dagli altri, prima ancora di partire per la capitale, prima ancora che ogni cosa tra loro cambiasse. Nonostante tutto, gli era grata. Ma prima preferì godersi lo spuntino e la sua compagnia ancora un po'... poi quel ritrovamento avrebbe monopolizzato la sua attenzione e lei ne voleva ancora un po' per sé. Quanto si diventa ridicoli e accondiscendenti quando si è innamorati, pensò. Si è disposti ad accettare anche le briciole o, come in questo caso, gli spicchi d'arancia.

Gli prese la mano, lunga e salda. Scesero i gradini ripidissimi, le sue scarpe da ginnastica si riempirono di sabbia. E poi ecco la cista e dentro il teschio. Daniel sgranò gli occhi e prima che potesse parlare, una voce richiamò la loro attenzione.

« Qualcosa di interessante, laggiù? »

La voce era di Anita, che era in compagnia di Sandra. Viviana negò istintivamente.

Anita tenne le braccia conserte e indugiò nell'osservarli per un tempo che a Viviana parve un po' eccessivo, prima di andare via. Qualunque cosa notasse, Anita era solita andarla a riferire di filato al Prof, come una spia di bassa lega. Viviana iniziava a sospettare della pulizia dei rapporti tra loro, ma quando questo accadeva finiva col detestarsi per essere diventata di quelle persone che malignano con poco, per poco.

« Ti stai abituando ai segreti? » le chiese Daniel.

« No. Credo che questo teschio non lo potremo nascondere. Ma non volevo caos, ora. »

Daniel assentì. « Teschi così ne sono stati ritrovati una gran quantità. Non è una grossa scoperta. La cosa più importante è la principessa. Ed è tutta nostra. Sahar e Montosi, 2005 » concluse con fare teatrale, ispirato da una fiammata di ambizione.

There's something inside you... it's hard to explain

Daniel Sahar tiene tra le mani il taccuino di Viviana senza ostentare particolare attaccamento, ma nel momento in cui questo transita dalle sue a quelle di Calligaris, le sue dita sono percorse da una sorta di debole tremito.

È venuto senza Jade, cogliendo l'occasione di un seminario che terrà all'università sul culto dei morti nelle antiche popolazioni israelitiche. Ha portato con sé il taccuino e la voglia di collaborare: stavolta il suo atteggiamento è decisamente più conciliante e assai meno nervoso.

Calligaris inizia a sfogliarlo come fosse una reliquia, e di fatto lo è.

Nel frattempo, mi chiede di mostrare a Daniel la foto che ho scattato al libro di Viviana scovato sulla mensola dello studio di De Robertis.

Lui sembra privo di dubbi. «Era di Viviana, certo. L'abbiamo acquistato insieme, a Tel Aviv. Ma c'è qualcosa che non quadra. Era in una valigia che è andata smarrita nel volo di ritorno a Roma. So che Viviana non l'ha mai più ritrovato. Anzi, fra tutti gli oggetti contenuti nella valigia, il rammarico più profondo era proprio di aver smarrito questo libro; era un volume fuori catalogo, ne esistevano poche copie già allora; lo avevamo trovato in una libreria dell'usato. Ce lo eravamo pure conteso» conclude con quello che potrebbe sembrare un sorriso e in cui io, dopo aver letto le parole di Viviana, scorgo la nostalgia per quei pomeriggi fatti di falafel e di totale abbandono ai sensi incandescenti.

« Ne è sicuro? »

« Sì, lo sono. »

Calligaris sta certamente riflettendo sulla necessità di chiedere un confronto con De Robertis su questo piccolo particolare, apparentemente sciocco, eppure suggestivo di qualcosa di indefinito che meriterebbe maggiore approfondimento. E se non lo sta ancora facendo, ci penserò io a sollecitarlo.

« Qui manca una pagina » osserva l'ispettore, una lieve inflessione interrogativa.

Sahar fa spallucce. « È sempre stato così. Per quanto ne so potrebbe averla staccata Viviana. O la sua amica Ambra. »

Calligaris non commenta e torna a sfogliare il taccuino. Aspetto che Sahar ci lasci per potergli dare un'occhiata a mia volta. Nel frattempo, tuttavia, l'israeliano se ne esce con un ricordo interessante.

« Ambra Negri Della Valle, era questo il suo nome, vero? »

« Lo è tuttora, fino a prova contraria » ribatte glacialmente Calligaris.

« Mi è sembrato che avesse qualcosa da farsi perdonare da Viviana. »

« Ci racconti tutto con più precisione. »

Daniel annuisce. « *Everything, but first a cigarette, please.* » Calligaris gli offre una Pall Mall e gli consente di fumarla in ufficio, indice che dopotutto l'israeliano sta segnando qualche punto a suo favore. « Okay. C'era qualcosa di profondo che le univa e le accomunava. Un raro esempio di amicizia, questo l'ho percepito chiaramente. »

« Cosa glielo ha fatto pensare? »

« La cura con cui custodiva il taccuino. E quanto le stava a cuore che io lo avessi al più presto. Gli appunti di Viviana contenevano tutto il materiale su cui avevamo lavorato entrambi, ma Viviana era un tipo ordinato, mentre io no. Il lavoro di quei mesi ha gettato le basi della mia carriera e sarebbe stato così anche per lei. Posso affermare che senza i suoi appunti, così precisi e ordinati, io non avrei mai scritto quelle pubblicazioni che mi hanno portato al livello in cui mi trovo oggi. E poi Ambra me l'aveva raccontato... che lei e Viviana erano state a lungo lontane e si erano ritrovate poco prima della scomparsa di Viviana. Mi ha raccontato anche di una brutta esperienza che avevano condiviso, un pazzo che le aveva perseguitate.»

Calligaris sbotta d'indignazione, e capisco a cosa si riferisce. Ambra non aveva fatto menzione di nulla, ai tempi della scomparsa dell'amica. Tuttavia sopprime l'istinto di inveire di fronte a Daniel Sahar e prosegue con le sue domande.

«Di questo 'pazzo', cosa ricorda esattamente? Viviana gliene aveva mai parlato?»

«Forse un giorno l'avrebbe fatto, ma come già sapete il tempo che ci è stato concesso è stato troppo poco. Ambra mi aveva riferito che era un ragazzo molto disturbato, un loro ex compagno di classe.»

«Altro?»

«È tutto, davvero. Ho dovuto fare uno sforzo di memoria notevole per ricordare questi dettagli. Spero che siano utili. Posso fare una domanda?»

«Mi dica. Vediamo se io posso darle una risposta.»

«Di Viviana erano rimaste solo le ossa?» domanda con un po' di timidezza. Calligaris annuisce sorpreso. Gli occhi tigrati di Sahar si incupiscono mentre mormora qualcosa in inglese, tra sé, come dimentico di non essere da solo. Lo colgo soltanto in parte, ma è qualcosa che coincide con un sentimento che ho sempre provato anch'io.

Se è vero che il corpo non è che un contenitore e nulla più, allora perché provo tanto dolore al pensiero di lei, laggiù, nella terra?

Un ornamento per un giorno d'estate

« C'è una cosa che non quadra, ispettore, nelle parole di Daniel. »

Calligaris mi osserva con curiosità. Sto leggendo a una a una le pagine del taccuino di Viviana, tutte le sue descrizioni, i suoi schizzi.

« Daniel ha detto che il ritrovamento del teschio aveva reale valore archeologico, mentre al contrario, quello della principessa era stata una scoperta quasi banale. Dagli appunti di Viviana emerge tutto il contrario. »

Lui ha l'aria di chi ha avvertito una vertigine improvvisa. « Anche Sandra Martelli me lo ha confermato. »

« Cosa? »

« Che la scoperta della principessa era importante, altroché. »

« E non mi ha detto niente? »

« L'ho incontrata quando tu mi hai segnalato la sua presenza a Roma, poi sono successe altre cose... e ho dimenticato di dirtelo » ribatte, senza l'ombra di un dispiacere.

« Cos'altro le ha detto? » gli chiedo, cercando di non fargli capire che detesto le sue omissioni e le sue dimenticanze, vere o presunte.

« Che del teschio, in effetti, nessuno sapeva nulla. Della principessa al contrario, si era saputo, ma in maniera del tutto casuale, e non certo perché Daniel e Viviana avevano deciso di condividere la scoperta. »

« Eppure Daniel ci ha raccontato tutt'altro. »

«Ah, sì. Per qualche ragione che ancora ignoro e che intendo verificare già domani, quando tornerà. Nel frattempo avevo intenzione di esaminare ogni parola del taccuino di Viviana. Hai scovato qualcos'altro di interessante?»

«Tra un'annotazione e l'altra, sporadicamente, ci sono stralci di libri o poesie. Non composte da Viviana, ho controllato su internet. Sono tutti brani che parlano di amori delusi. Cosa le ha detto Sandra? Come hanno scoperto della principessa?»

«Mi ha detto che se ne sono accorti Carlo e Anita, ma che i due innamorati hanno sempre negato di voler tenere nascosta la cosa. In altri termini, secondo Sandra, la principessa sarebbe stata tenuta nascosta tanto quanto il cranio. Lei, per conto suo, non ha una buona opinione di Sahar, il che la induceva a ritenere che avesse una pessima influenza su Viviana, e quindi addebitava l'omissione di quella informazione sostanzialmente a lui. Per Sandra, Viviana era un tipo troppo trasparente per giocare così sporco.»

Vorrei dirgli che per l'idea che mi sono fatta di Viviana, stento a riconoscere in lei il temperamento della vittima.

Ma Viviana, di fatto, *è* una vittima.

È morta ed è stata nascosta per anni. E ancora nessuno sa cosa le sia successo. Quindi, forse, mi sbaglio.

«E una volta scoperta la principessa? Come hanno reagito gli altri del gruppo?» insisto.

«Apparentemente in maniera serena. Hanno finto tutti di credere alle loro motivazioni. Pare che Curreri in questo sia stato determinante, poiché ha ampiamente appoggiato quei due. Insomma, Alice, all'apparenza era un team collaborativo e motivato. In realtà, era un covo di serpi. Non ce n'è uno che mi sembri sincero.»

«Ispettore... molti ambienti professionali, in definitiva,

sono covi di serpi.» Lo inviterei a trascorrere ventiquattro ore in Istituto con Claudio e la Wally. Non ne uscirebbe vivo.

«Parliamo di quei brani trascritti da Viviana. Amori delusi, dicevi?» soggiunge distrattamente.

«Sì. Ecco qualche esempio...» dico prendendo il taccuino e leggendo ad alta voce. «'Non amo che le rose che non colsi... non amo che le cose che potevano essere e non sono state.' È Gozzano. E poi pezzi interi dal *Ritratto di Dorian Gray* di Wilde. 'Ho la sensazione di aver dato tutta la mia anima a qualcuno che la usa come se fosse un fiore da mettere all'occhiello, una piccola decorazione per gratificare la sua vanità, un ornamento per un giorno d'estate.' È come se Viviana sentisse di essere stata solo un passatempo, per Daniel, mentre lei gli aveva consegnato la sua anima.»

«Baggianate» mormora un pratico Calligaris. «Oggi diamo un piccolo party per il compleanno dei gemelli. Ti va di aggiungerti? Mia moglie ne sarebbe felicissima.»

* * *

Mi presento alla festa con un libro fantasy in dono per ciascuno dei gemelli. Loro li accettano con aria compìta, ma subito dopo sembrano pronti a farne uso improprio.

La signora Calligaris ha preparato delle lasagne a dir poco sensazionali e io ne mangio una porzione così grossa (con tanto di bis) da sentirmi come un supplì ripieno di una bomba atomica. Addebito a questo – e alla generosa quantità di Crodino corretto che ho bevuto – la strana sensazione di confusione che avverto nel momento in cui saluto i coniugi Calligaris e sogno già la deliziosa morbidezza del mio piumone.

Finita la festa, prendo un taxi per tornare a casa. Alla radio, il susseguirsi di orrende hit italiane aumenta il mio senso di nausea e disagio. Mi ci vuole una tisana al finocchietto selvatico.

Scesa dall'auto, infilo la chiave nella toppa del portone.

Per via dello stato d'animo generale, mentre mi dico che devo darmi un contegno quando si tratta di alcolici, mi convinco che quell'ombra che ho visto alle mie spalle è stata frutto della mia immaginazione, un momento di suggestione e sbandamento e niente di più.

O almeno, lo spero.

Viviana, i rimorsi e i rimpianti

Gerico, dicembre 2005.

Si erano fatti scoprire come due stupidi. Il Prof aveva un diavolo per capello e ne aveva tutte le ragioni. In ogni istante della giornata, le parole di Curreri rimbombavano nella mente di Viviana ed era come se ogni volta riecheggiassero con maggiore gravità.

« Mi vergogno di voi due. La mia allieva prediletta e mio figlio. Le uniche due persone in cui riponevo la massima fiducia. Una scoperta del genere... devo venire a saperla dai vostri colleghi? Irritati, per di più, dal fatto che abbiate tenuto tutto nascosto? Hanno ragione, eccome se ne hanno. »

Di fronte al proprio mentore, Viviana aveva chinato il capo, piena di costernazione.

Senza l'intervento di Daniel, non le sarebbe mai passato per la testa di tenergli nascosta una simile scoperta. E a tutte le ragioni che già aveva per credere che lui le avesse fatto del male, Viviana aggiunse il rimorso di aver tradito il gruppo, e il Prof in particolare.

« Non avremmo dovuto farlo » disse a Daniel.

Erano appena usciti dalla stanza di Curreri, che li aveva convocati con urgenza. Lei mal tollerava anche il solo sentirlo vicino. Non vedeva l'ora di chiudere la porta al resto del mondo e di scrivere a Bex per sfogarsi.

« Tutte le volte che mi fido di te... sbaglio » aggiunse. E c'era talmente tanto rimpianto nella sua voce che Daniel si sentì offeso.

Per Daniel i rapporti umani, e universitari in particolare, erano semplici. O sei con me, o sei contro di me. I rimorsi di Viviana equivalevano a uno schieramento opposto e lui non li accettava.

Con gli altri, il Prof li aveva giustificati. Aveva promosso una specie di brainstorming e aveva convinto tutti che il gruppo era in salute, il lavoro procedeva e bene.

Aveva comperato una bottiglia di champagne – peraltro non era stato affatto semplice trovarla – e tutti avevano brindato ai progressi della squadra.

Viviana sentiva l'inquietudine di chi non è a posto con la propria coscienza. Sperava che le nuvole andassero a piovere altrove, e che per lei tornasse a splendere il sole.

Osservava i suoi compagni e leggeva nei loro occhi la diffidenza nei suoi confronti. Anita, Carlo e Sandra avevano scritta sul volto, a caratteri cubitali, la parola « delusione ».

Ella era malinconica.

Trattava il figlio come se si fosse resa conto che aveva portato lo scompiglio nel gruppo di lavoro del marito. Forse si sentiva in bilico tra loro, dispiaciuta per le difficoltà che stava incontrando Curreri e al contempo conscia che Daniel era fatto così, la sua natura lo obbligava a essere traviante, che lottare contro gli effetti della sua personalità era tutta fatica sprecata.

Viviana avrebbe tanto voluto ascoltare quella vocina interiore, forse troppo debole, che l'aveva messa in guardia.

Un dato statistico inquietante

Alla fine il Supremo si è fatto valere con quell'antipaticona di Ludovica, la sua compagna nonché promessa sposa, e così, oggi, mi ritrovo invitata mio malgrado al pranzo dell'anno.

« Stavo riflettendo sul fatto che su una media di circa cento uomini presenti, solo una ventina è compreso entro il range d'età tra i trenta e i quarant'anni. Di questi venti, solo una decina è libero. Di questi dieci solo cinque sono accettabili. E su questi cinque, sono andata a letto con due. È quasi la metà » ragiono ad alta voce.

« E non sei contenta? » domanda Cordelia.

« Non so, trovo il dato statistico inquietante. »

« Che dovrei fare io? Se intendiamo lo stesso campione d'indagine – e non si trascuri che uno è mio fratello – e includiamo pure gli individui accompagnati, supero abbondantemente la metà. Se la fortuna mi assiste stasera potrei arrivare all'ottanta per cento. E sono più piccola di te, oltre che più zoccola » conclude saggiamente, strizzando l'occhio a un ragazzo sotto i trenta che non avevo incluso nel campione. « Cielo. È venuta! » esclama a un certo punto, inorridita.

« Chi? »

« Alicia! »

Il mio povero cuore sobbalza come se qualcuno gli avesse inflitto un potente scossone.

« Non ci posso credere che Arthur l'abbia portata con sé »

mormoro, come a volermi convincere che la persona che vedo in lontananza al suo fianco sia una sorta di allucinazione.

« Infatti, non l'ha portata con sé » precisa sua sorella. « Lei è qui in Italia per un reportage fotografico commissionato da non so chi. Si è praticamente autoinvitata, posso giurartelo su Ichi. »

Okay. Posso e voglio crederle, non giurerebbe mai il falso sul Cagnino. « Lo sta braccando ignominiosamente, davvero. È la vergogna del genere femminile » osserva con indignazione, lei che sotto sotto cova sempre una sorta di gelosia amorosa nei riguardi del fratello. Il fatto che non ne provi nei miei confronti dovrebbe indurmi a riflettere profondamente.

Alicia Stair è molto alta, molto bionda e molto stronza. Non sembra affatto imbarazzata dall'idea di trovarsi qui senza alcuna ragione, senza che nessuno lo desideri –, almeno a quanto dice Cordelia.

Arthur è sulle sue. Mi saluta con gentile cordialità, ma niente di più. Lei è appesa al suo braccio come una borsa a tracolla, e la visione mi suscita una sofferenza acuta che nemmeno il prosecco riesce ad attutire. Mentre li osservo con sottile rancore, Claudio si avvicina e punta i suoi occhi imperfetti su di loro.

« Tutto ciò è assai triste » commenta, sorseggiando champagne da una flûte.

« Non dirlo a me. »

« Non prendertela. Lo sai che Malcomess junior è un po' un baccalà. Con questa storia dell'aplomb britannico... »

« Non voglio parlarne con te. »

Lui si volta, scuro come uno zingaro, i capelli così ingellati che se li toccassi forse mi ferirei i polpastrelli, e mi sibila all'orecchio un secco: « *Ingrata* ». Poi, dopo un istante di silenzio, aggiunge: « Allevi. Ti ho osservata attentamente. Ti struggi e ti abbandoni solo quando il sentimento è proibito o doloroso ».

Non replico, ma rifletto attentamente. E se avesse ragione? E se in effetti mi crogiolassi negli amori non corrisposti come l'eroina di uno shōjo manga?

« Al termine del rinfresco ce ne andiamo in Istituto? » domanda poi, come se fosse una proposta allettantissima.

« Per far cosa? »

« Ho un incarico. Devo visitare un tale Paolo Malversini, un compagno di classe di Ambra dei tempi del liceo. »

Sgrano gli occhi. La cosa si fa interessantissima. « Claudio, Malversini è molto probabilmente il pazzo che l'ha aggredita un anno fa, quando tu l'hai accompagnata in pronto soccorso. »

Lui annuisce imperscrutabile. « Lo so. Mi hanno spiegato per sommi capi tutta la faccenda. »

« Perché devi visitarlo? »

« Ha aggredito un'altra loro ex compagna di classe. »

« Anna Filippi? »

« Forse. O forse no. Non me lo ricordo. Lui nega, ma ha delle lesioni che potrebbe avergli procurato la ragazza nel corso dell'aggressione. Devo verificarlo. »

« Ci sto, vengo con te » ribatto senza esitazione, un ultimo sguardo pieno di antipatia diretto a quei due, che in lontananza si godono il sole invernale di questa angosciante giornata.

Un uomo è feroce se vuole qualcosa che non è suo

La ragazza aggredita è un'altra compagna, non la Filippi. Ho chiamato Calligaris, che mi ha fornito un esauriente ragguaglio degli ultimi eventi. « Lei lo accusa, lui nega e stavolta ha anche un alibi, ma il *modus operandi* è sempre lo stesso, il che mi insospettisce parecchio. In viso peraltro ha un graffio che mi fa tanto pensare a unghie di donna, per questo ho richiesto un accertamento al pm, che lo ha autorizzato. »

Raramente sono stata più elegante in Istituto, che oggi è vuoto come se fosse domenica.

Malversini è accompagnato da un avvocato d'ufficio che non è in grado di spiccicare una parola e sono presenti alcuni sottoposti di Calligaris. Ha la solita aria da soggetto con cui non vorresti mai trovarti da sola in nessun luogo e fissa quegli occhi spiritati e smarriti su di me. Mi sento in imbarazzo e mi rendo conto che preferisco non analizzare il graffio sul suo viso, dopotutto.

« Te ne vai? » domanda Claudio, sorpreso.

« Non mi va di assistere » mormoro. « Mi racconterai tu. »

Gli occhi di Malversini mi stanno lacerando la carne, sotto l'abito di raso blu che indosso.

Devo necessariamente andare via.

Mi chiudo nella mia stanza e ho istanti di pura compassione per Ambra, pensando a cosa deve aver provato quando si è ritrovata malmenata. Qualche tempo dopo, Claudio bussa alla porta della stanza e mi trova mezza addormentata sulla sedia, con le braccia poggiate sulla scrivania a mo' di cuscino per la testa.

«Che ti è preso?» domanda, una carezza distratta ai miei capelli.

«Non mi piaceva come mi guardava. Quel tizio, intendo.»

«Ah, ti sei suggestionata!»

«Che idea ti sei fatto? Di che graffio si tratta?»

«È una lesione compatibile con una ferita da difesa, sì.»

«Quindi potrebbe essere stato lui ad aggredire quella donna» osservo, dopo uno sbadiglio.

«Chissà. In teoria, sì, ma pare che abbia un alibi abbastanza credibile, stavolta. Non mi capacito, comunque, di come sia in libertà. Cioè, dev'esserci qualcosa di sbagliato nel nostro sistema se questo soggetto circola indisturbato per la città ad aggredire chi gli pare.»

«È in libertà? Ma se prima di Capodanno aveva aggredito un'altra compagna di classe di Ambra e Viviana?»

«Lesione personale lievissima, Allevi. Come con Ambra. È un furbo, contiene i danni. È come se si levasse semplicemente il piacere di una piccola lezione. Attualmente è in libertà, la faccenda sarà gestita da un giudice di pace e vedrai che tutt'al più si farà un mesetto di domiciliari.»

Mi alzo in piedi, di pessimo umore. «Mi porti a casa?» gli chiedo.

Lui inarca un sopracciglio con un po' di scetticismo. «Povera la mia auto. Quale danno, stavolta?»

Gli sorrido stancamente. «Vuoi qualcosa per cena?» chiede, mentre sfila il camice.

«No... preferisco tornare a casa. Stasera in tv c'è *Downton Abbey*.»

Lo seguo fino alla sua auto, un po' caracollante sui tacchi, le caviglie gonfie quanto due cotechini. In auto parliamo poco e di sciocchezze. Ci congediamo dandoci appuntamento all'indomani in Istituto come al solito e io sto già sognando di togliere finalmente le scarpe e finire la serata sotto una lunga doccia quando, nell'oscurità del pianerottolo, scorgo due occhi puntati su di me.

Metto istintivamente la mano in tasca per arpionare il cellulare. Sento il cuore battere fortissimo, come non faceva dall'epoca del concorso per entrare in scuola di specializzazione. O forse di più. Certamente di più.

Provo ad accendere la luce della scala, ma una mano mi blocca.

È una presa che mi ferisce la carne perché la sorprende e la stride, e non è affatto piacevole. Mi scappa un urlo, ma l'altra mano mi tappa la bocca e nonostante il grido nessuno sembra affacciarsi.

Resto calma più che posso. Le mie dita sono ancora strette sul cellulare. L'ultimo numero che ho composto è quello di Claudio. Provo a farlo partire automaticamente, ma per quanto ne so, data la concitazione del momento, potrei aver pigiato un tasto qualunque. È più una speranza, ma non è detto che lui capisca che deve tornare immediatamente indietro.

Il viso di chi mi sta aggredendo è ancora nascosto dall'oscurità, ma io sono sicura che è di Malversini. Sicura. Provo a mordere, sentendo un istintivo disgusto per il contatto così intimo con lui. Mi dibatto e mi dimeno con energia, e questo lo irrita. Emette un gemito di disappunto o forse di dolore – spero davvero di avergli fatto male.

In genere questo pianerottolo è piuttosto frequentato: oggi sembra deserto. Tra me e la mia pace, il mio cane, la mia sicurezza, solo un portoncino. Vorrei gridare aiuto e inizio a piangere per la frustrazione e la paura, ma è un pianto soffocato dalla violenza di qualcun altro. Se mi sta dicendo qualcosa, non la riesco nemmeno a sentire, ogni mio senso converge sulle strategie di salvezza.

Poi li sento.

Sono passi veloci sulle scale.

Oh Dio, allora esisti e mi stai dando prova della tua grandezza.

È il rumore di tacchi. Scarpe da uomo eleganti.

Nel buio oso sperare che sia Claudio, che l'idea del cellulare abbia funzionato. Chiunque sia, accende la luce. E finalmente, allontana Malversini da me.

Vedo una sagoma che si avventa su Malversini e lo atterra.

Io sono ancora scossa, e anche se tutto è illuminato, vedo una gran confusione davanti ai miei occhi.

Mi ci vuole un po' per riconoscere il mio salvatore.

Non è Claudio. Arthur tiene fermo Malversini sul pavimento, che si dimena come un lombrico. Nei suoi occhi blu leggo il totale sgomento.

« Stai bene? » mi chiede, e io annuisco stancamente.

« Chiama il tuo amico ispettore » aggiunge Arthur. E io eseguo, senza nemmeno capire che cosa dico a Calligaris. So solo che lui capisce perché impiega poco tempo a mandare una volante e poi a raggiungermi di persona.

* * *

Poco più tardi, dopo l'espletamento di tutta una serie di sgradevolissime faccende, posso finalmente entrare a casa.

Nonostante l'ispettore abbia insistito affinché andassi in ospedale, mi sono rifiutata.

Intendo rimuovere immediatamente questa cosa orribile che mi è successa oggi. Quanto capisco Ambra!

Arthur si leva la giacca e la cravatta e si serve del Martini.

« Non sono mai stata così felice di vederti » gli confesso.

« *My poor Elis.* »

« Perché eri venuto? » gli chiedo, sprofondata sul divano, un mal di testa fatale.

Mi mostra le chiavi. « A prendere la roba di Cordelia. Ha deciso di rimanere a dormire nella villa di Ludovica. *Such a lucky decision.* »

« E la tua accompagnatrice? »

Arthur si rabbuia in volto. « *Elis*, sono sicuro che Cordelia ti ha già spiegato come stanno realmente le cose, e che lo sai, quindi... Alicia non mi ha accompagnato, oggi. È così poco importante... poteva succederti qualcosa di molto brutto. » Il suo tono esprime sincera preoccupazione, e c'è uno scatto, come un sussulto in lui, quando posa il bicchiere di Martini sul tavolo e mi raggiunge sul divano, dove mi abbraccia come se fossi morta e improvvisamente risorta.

« Ho avuto così tanta paura » mormoro.

« *I know. I'm here.* »

« Resta » gli chiedo in un sussurro, gli occhi chiusi, ancora stretta nell'abbraccio più caldo che abbia mai ricevuto. Il Cagnino si avvicina al divano e strofina il muso umido sulle mie gambe. Fissa Arthur e gli rivolge la stessa domanda.

« Certo » ribatte lui, come se fosse del tutto scontato. « Hai fame? Ti preparo qualcosa? »

Scuoto il capo. Non potrei ingerire altro se non acqua.

« Una tazza di latte caldo? » propone poi, premuroso quanto mai. « Con un cucchiaino di miele e uno di cioccolato? » insiste, mentre continuo a rifiutare.

« Okay, vada per il cioccolato. »

Accende la tv e sento *Jezebel* di Sade. Le sue note tristi mi avvolgono come una leggera coperta.

Sì, ho bisogno soltanto di un po' di latte caldo. Di cioccolato. Di dormire e dimenticare.

E di Arthur, naturalmente.

* * *

« Ti ha salvata! Come un eroe della Marvel! »

Cordelia è tremendamente eccitata dal mio racconto. Il fatto che io sia stata vittima di un'aggressione le appare marginale. Ha le manine intrecciate, gli occhi a forma di cuore, un'espressione un po' inebetita ma del tutto beata. È rientrata a casa questa mattina ed è rimasta abbastanza perplessa nel trovarmi seduta al tavolo della cucina con suo fratello, intenti a mangiare croissant.

Davanti al suo entusiasmo, il fratello gongola un po'. « *Well*, tutti gli uomini sognano di essere Spiderman, almeno una volta nella vita. »

« E tutte le donne sognano di essere salvate. Da qualcosa, da qualcuno » conclude Cordelia, smezzando un cornetto che erutta crema pasticciera come fosse lava, e le imbratta il viso appuntito.

Io mi sento ancora talmente sottosopra da non riuscire a prendere parte alla loro conversazione. Sono certa che stiano cercando di sdrammatizzare la vicenda, ma a me è proprio impossibile farlo. In questi incerti frangenti l'unica sicurezza che ho è che mi viene da vomitare.

Arthur controlla l'ora sul suo Daytona. « Devo tornare a casa di papà e preparare il borsone. Riparto oggi. »

Come sempre, vorrei chiedergli di restare ancora un po'. Le cose tra noi sono sempre andate così: lui che se ne va, io che vorrei rappresentare una ragione valida per restare.

« Torni in quel posto orribile e impronunciabile? » gli chiede la sorella, riferendosi alla capitale della Costa d'Avorio.

Lui scuote il capo. Le labbra rosee e piene sono impolverate dallo zucchero a velo, come quelle di un bambino goloso.

« Mi trasferisco a Damasco per un po'. »

« Ma in Siria c'è l'inferno, adesso! » esclama la sorella che, a dispetto dell'aria svampita, a spizzichi e bocconi capta ogni tanto qualche frammento di notiziario.

« Appunto » risponde lui con semplicità, la bocca piena dell'ultimo boccone di cornetto.

« L'hai chiesto tu di farti mandare lì? E *National Geographic*? » gli chiedo, con voce flebile da eroina tisica di romanzo d'appendice dell'Ottocento.

Lui annuisce, e poi aggiunge: « *National Geographic* non fa per me ». L'Italia non fa per lui. *Io* non faccio per lui.

Più tardi, dopo che Arthur mi ha lasciata con un saluto pericolosamente neutrale, assai simile a quello che rivolge alla sorella, è proprio quest'ultima a espormi una sua teoria, che definisce altamente fondata.

« Te lo dico io. Se ne va dalla Costa d'Avorio per Alicia. »

« Addirittura. »

« *Elis*, che diamine, non hai lungimiranza. Alicia lo bracca come un segugio con la volpe. Lui lascia il campo per prendere le distanze. È talmente ovvio. »

« O magari, più probabilmente, lui vuole soltanto cambiare aria per via della sua solita incapacità di rimanere nello stesso posto per più di tre mesi. Chi ci dice che Alicia non andrà con lui? »

Cordelia corruga la fronte. « Come non lo conosci... »

Su questo ha ragione. Più tempo passa più mi accorgo di conoscerlo appena. Che ciò vada di pari passo con il desiderarlo sempre più è tutta un'altra questione.

Mi torna in mente Viviana e la verità di quella poesia di Gozzano che ha trascritto sul suo taccuino.

Non amo che le rose che non colsi.

Non amo che le cose che potevano essere e non sono state.

The show must go on

La vita ricomincia. Anche se ci accadono fatti che ci turbano nel profondo e ci diciamo che nulla tornerà come prima. Non è mai così e dopo un terremoto, i fiori tornano a crescere tra le faglie.

Di quello che è successo non ho fatto parola con nessuno. I miei si sarebbero preoccupati inutilmente, mentre in Istituto preferisco evitare pettegolezzi.

Nel pomeriggio sono tornata da Calligaris, che mi ha accolta come una profuga.

«Malversini è un recidivo ed è un pericolo pubblico. Sta' tranquilla, stavolta è già dentro.»

Annuisco. Non voglio nemmeno sentirlo nominare.

«Ispettore, col suo permesso prendo il faldone con le lettere di Viviana e torno al lavoro.»

«No, aspetta. Accompagnami al Dipartimento di archeologia, voglio parlare con Carlo De Robertis.» Probabilmente, vuol chiedergli in che modo sia entrato in possesso del libro di Viviana. È evidente che, proprio come me, ci vede qualcosa di anomalo. «E poi, mia moglie ti vorrebbe a cena, stasera. Non è tranquilla a saperti da sola. E neanch'io.»

«Vi ringrazio profondamente, ma preferisco rilassarmi a casa.»

«Capisco. Ma s'intende che ti riaccompagno io, non appena finiamo. E non me ne andrò finché non sarai chiusa a chiave dentro il tuo appartamento.»

Quando ero al liceo, e uscivo con un ragazzo, mia madre si raccomandava sempre che il malcapitato mi riaccompagnasse fin dentro casa. Mi imbarazzava molto chiederlo esplicitamente, e nessuno ha mai proposto di propria iniziativa di farlo. Il desiderio di mia madre non è mai stato realizzato. Solo adesso capisco le sue parole e le sue paure e solo ora vedo come, dietro la facciata anonima e poco avvenente, in Calligaris si celi un grande galantuomo.

* * *

Il Dipartimento di archeologia è quasi deserto, ma le fonti dell'ispettore funzionano alla grande: Carlo De Robertis è ancora qui, nonostante l'avvicinarsi della sera.

Calligaris bussa alla porta poggiando seccamente le nocche sul laminato. Dopo pochi istanti, lo smilzo De Robertis in persona apre la porta. Era forse accanto all'attaccapanni, visto che tiene la giacca tra le mani. Al vederci assume un'aria sgomenta.

« Prego? » chiede, e sospetto che in questo momento avrebbe bisogno di un pannolone igienico.

« Vorrei qualche rapidissimo chiarimento » esordisce Calligaris, asciutto.

De Robertis ripone la giacca all'appendiabiti e mima un gesto di ospitalità guardando le sedie di fronte alla sua scrivania.

L'ispettore prende dalla tasca l'immagine stampata del volume che io ho fotografato. « Possiede una copia di questo libro? »

Carlo riflette su cosa sia meglio rispondere. Sceglie la verità. « Sì, certamente. È un testo importante per chiunque si interessi di archeologia mediorientale. »

« Lei conosce l'ebraico? »

«No.»

«Allora che se ne fa di questo libro? È scritto in lingua ebraica e non è ancora stato tradotto in italiano. In ogni caso, lo conserva qui?»

De Robertis non risponde all'osservazione dell'ispettore. «No. È prezioso e lo tengo a casa mia.»

«Guardi che dovrà mostrarmelo. Non serve a niente dire che non lo ha qui. Verrò a vederlo a casa. Oggi stesso. Io le consiglio di mostrarmelo adesso. Ma per carità, dei miei consigli faccia l'uso che crede.»

Hai capito il mite Calligaris. Più passa il tempo più sembra uscito da un episodio di *Law & Order*.

«Forse è in questa libreria, e lei non se ne ricorda. Diciamo così.»

«Forse» balbetta De Robertis, alzandosi e prendendo il volume che conosco bene.

È tutto rosso in viso: come ogni persona non abituata a mentire, sa farlo molto male.

Porge il libro all'ispettore che lo sfoglia distrattamente. Poi lo chiude e, con un tono che terrorizzerebbe i gemelli e gente loro pari per QI e coraggio – dunque anche De Robertis –, afferma: «Questo libro apparteneva a Viviana Montosi. Può spiegarmi perché è in suo possesso?»

Il silenzio in cui ci immergiamo è fastidioso. L'ispettore, che non brilla per pazienza, incalza. «Allora? Può fornire una spiegazione, o vuole che sia io a dargliela?»

«Qual è la sua spiegazione» mormora De Robertis, omettendo l'inflessione interrogativa.

«Io dico che lei le ha rubato la valigia, dopo l'atterraggio del vostro volo a Fiumicino.»

Carlo sgrana gli occhi. «E come avrei fatto, davanti a tutti i presenti?»

«Più semplice a farsi che a dirsi. La sua valigia era dello

stesso modello di quella di Viviana, è bastato sottrargliela e dileguarsi approfittando della confusione generale. »

« Ma in questo modo avrei avuto due valigie. Non avrei dato nell'occhio, forse? »

« Sandra Martelli mi ha confermato che lei aveva due valigie, al ritorno. E che la cosa l'aveva colpita, infatti. Le chiese come mai avesse un doppio bagaglio, e lei le rispose: *Ma come, non te ne sei accorta? Ho sempre avuto due valigie.* L'ingenuità della sua fidanzata l'ha tradita. Allora, adesso può spiegarmi la ragione di questo furto? E non mi dica che è affetto da cleptomania. »

La bocca di De Robertis trema quando cerca le parole, e il rossore sul suo volto è un chiaro segnale di imbarazzo. È strano che Sandra non gli abbia dato un'imbeccata sulle domande di Calligaris. Oppure, l'ispettore è stato così bravo da fargliele sembrare del tutto innocue.

« No, infatti. È stata la prima e ultima volta che ho rubato qualcosa a qualcuno. »

« Avrà avuto una motivazione molto valida. Sono curioso di conoscerla. »

« Ero sicuro che in quella valigia Viviana avesse conservato dei reperti molto importanti e degli appunti che le sarebbero serviti per ottenere il dottorato. »

« E a lei cosa importava? Voleva fare giustizia? E soprattutto, ha trovato quello che stava cercando? »

« Mi importava perché era ingiusto che Viviana ottenesse risultati in maniera tanto scorretta. E che al contrario, gente come Sandra avesse il contratto in scadenza senza alcuna prospettiva di rinnovo, e che fosse costretta a lasciare il Dipartimento. Volevo toglierle i mezzi per ottenere qualcosa che non meritava. In questo mondo, ispettore, ognuno di noi cerca il modo per portare acqua al proprio mulino. Io volevo che Sandra restasse. Mi è sembrato l'unico modo possibile. E anche il più giusto, in un certo senso. »

« Non ha risposto alla mia domanda. Ha trovato quello che cercava? »

« No » ribatte, indispettito.

« Dunque Viviana non aveva rubato nulla? Cosa si aspettava di trovare? »

« Uno scarabeo. »

Mi intrometto, perché come al solito non so tenere a bada l'istinto. « Quello con su inciso *Ruha*? »

De Robertis mi fulmina con lo sguardo. « Quello non c'entra niente. Pensavo che avrei trovato uno scarabeo del cuore. Gli scarabei del cuore erano un'usanza egizia. Si apponeva tra le bende della mummia, all'altezza del cuore. Per loro, il cuore era la sede della coscienza ed era pesato dal Tribunale di Osiride per giudicare il defunto. Sullo scarabeo si incideva una preghiera tratta dal Libro dei Morti affinché il cuore non accusasse il suo padrone. »

« Viviana ne aveva trovato uno simile a Gerico? » domanda Calligaris, che prende rapidamente appunti sul suo taccuino.

« No. È stato tutto un malinteso. Una volta... ho colto una conversazione tra Viviana e Daniel Sahar. Parlavano di scarabei del cuore e io mi sono convinto che ne avessero trovato uno. In realtà era una metafora per qualcosa che riguardava loro due, il loro rapporto, ma sono stato così stupido e ottuso da non capirlo. »

Calligaris è basito. « Deve riferirmi per filo e per segno la conversazione che diede adito al malinteso. »

« Ispettore, sono trascorsi troppi anni... e poi io ero accecato dalla volontà di trovare un modo per far rimanere Sandra a Roma... accanto alla principessa erano già stati ritrovati due scarabei... insomma, credevo che Viviana e Sahar ne avessero trovato un altro e l'idea che si trattasse della stessa simbologia egizia poteva essere una scoperta davvero importante. Mi ero sbagliato. E considerato quanto quei due stessero già giocando sporco, era un'ipotesi del tutto verosimile.»

«Accecato» riprende Calligaris, pensoso. «Al punto da togliere di mezzo Viviana?»

De Robertis coglie il punto e impallidisce. «Senta. Sono un ladro di valigie. Una persona meschina. Un povero stupido che ha preso fischi per fiaschi. Niente di più, deve credermi. Non sono un assassino.» Emette un lungo e rumoroso sospiro prima di proseguire, pieno di rabbia. «Perché devo essere anche solo sospettato di un simile orrore? Perché perdete tempo con me? Ho cercato in tutti i modi – forse anche i più balordi – di far restare Sandra a Roma. Anche Daniel Sahar faceva lo stesso.»

Calligaris drizza le antenne. «Cosa intende dire?»

Carlo sembra come pentito di aver nominato Daniel. Tuttavia, risponde con precisione. «Tra Viviana e Daniel le cose si erano messe male, per una qualche ragione che io ignoro. Fatto sta che Viviana, negli ultimi tempi prima della partenza, si teneva a distanza da Sahar. Ma lui non si rassegnava e ritengo che avrebbe fatto qualunque cosa pur di trattenerla a Gerico. E se dico qualunque, intendo proprio *qualunque.*»

«Sia più preciso» lo esorta l'ispettore, molto teso.

«È mia opinione che Sahar volesse fare in modo di attribuire a Viviana meriti importanti in modo tale da assicurarle un futuro nell'archeologia israelitica. E, nell'immediato, una scusa per farla rimanere a Gerico, che le piacesse o no.»

«Contro la volontà di Viviana?»

«Sahar non era tipo da fermarsi davanti a un rifiuto. Specie se debole, come quello di Viviana. Anche se negli ultimi

tempi prima di sparire lei si manteneva distante, era evidente che i suoi sentimenti erano molto diversi. E molto forti.
Lui... era un prevaricatore. Almeno, era così quando io l'ho
conosciuto... adesso potrebbe essere cambiato. »

Calligaris ha una smorfia di disapprovazione.

Come se ritenesse, giustamente, che in questa vita non
esiste nessuno che cambi.

Quando il cuore accusa il proprio padrone

L'incontro con De Robertis si è rivelato molto interessante. Innanzitutto ha fornito indicazioni sulla realtà dei più recenti rapporti tra Daniel e Viviana, confermando l'impressione che mi ero fatta leggendo le sue ultime lettere. I due si ignoravano reciprocamente, ma era chiaro a tutti come tra loro covasse quel tipo di rancore tipico delle storie d'amore finite male. Che Viviana si struggesse ancora per l'israeliano l'avevo intuito. Quanto ai sentimenti di Daniel, mi appaiono sempre più insondabili e lui è l'unico a poterli chiarire. Infine, Calligaris alla buon'ora mi ha illuminata sulle dichiarazioni rese da Sandra Martelli: a parte lo scoop della valigia rubata – santo cielo, che gesto meschino – la giovane archeologa ha fatto luce su altri interessanti dettagli di quella missione in Palestina del 2005.

Ha raccontato, per esempio, del *rumor* che girava in certi ambienti sull'ambiguità dei rapporti tra Anita Ferrante e il professor Curreri. Pettegolezzo al quale lei, tuttavia, non ha mai creduto. Ancora, ha espresso la sua personale opinione sulla scoperta più interessante di quell'anno, che a suo giudizio era stata quella della principessa.

Ho in mente un po' di confusione su questa storia. Ognuno sembra avere un'idea diversa sull'importanza dei ritrovamenti in Palestina: il teschio? Lo scarabeo? La principessa? Non capisco come non possa esserci una versione univoca. Nelle questioni scientifiche può infiltrarsi tanta soggettività?

O forse, questa soggettività cela l'interesse a stabilire verità e realtà differenti a seconda della posta in palio?

Con questi interrogativi io e l'ispettore impieghiamo tutto il tempo in auto fino al mio ritorno a casa. Lui, come promesso, non va via fino a quando non sono sigillata dentro casa con tutte le mandate della serratura. Nemmeno il tempo di sciacquarmi il viso che il cellulare inizia a trillare furiosamente.

È nonna Amalia, che adesso ha un telefonino tutto suo. In realtà era mio e gliel'ho regalato: è stato amore a prima vista, ma ne fa un uso sconsiderato.

« Nonna » esordisco.

« Amore mio! Ho chiamato per dirti due cose. La prima è che ora sono su *Faisbuc*, mi ha aiutata tua madre. Tu ci sei? »

« No... »

« E infatti io ti ho cercata e non ti ho trovata. Tuo fratello c'è, e pure Alessandra, ma tu no. »

La nonna che naviga su internet già mi fa specie, ma saperla attiva su un social network è un abominio.

« E la seconda? »

« Che ieri a *Chi l'ha visto?* parlavano di nuovo della tua collega e io ho fatto una pensata. »

Attenzione: le pensate di nonna Amalia sono spesso sorprendenti. « C'era sua madre. Ma era calma calma... non come prima, che povera anima sembrava disperata. »

« Nonna, forse ha iniziato a rassegnarsi... »

« Ti dico di no, era diversa. Era come se fosse in televisione per forza, e non gliene importasse niente. Come se avesse buone ragioni per essere tranquilla. »

« Non so che dirti... »

« E tu niente devi dire. Basta che ascolti. »

Al termine della conversazione mi sento confusa. Il Bailey's che mi concedo certo non mi schiarisce le idee.

Accendo il computer e cerco la replica della puntata di ieri. Eccola, Isabella Negri Della Valle.

Devo rivederla due volte prima di cogliere i dettagli che hanno ispirato la nonna. C'è una luce diversa nei suoi occhi; la sua voce è pacata, il suo appello sembra privo di quella disperazione accorata di chi vuole davvero ritrovare una persona cara sparita nel nulla.

Qualcosa è cambiato, la nonna ha ragione. Cosa abbia determinato questo sfumato ma significativo cambiamento, naturalmente, è tutto da scoprire.

* * *

« Ispettore, di recente ha visto la madre di Ambra? »

« A che scopo? Non ci sono novità. »

« Era una semplice curiosità. Proprio nessuna novità? Nessun nuovo avvistamento? »

« Alice, più il tempo passa più mi convinco che la tua collega sia viva da qualche parte, al sicuro. Che qualcosa – o qualcuno – l'abbia indotta ad allontanarsi. »

« Condivido la sua speranza. »

« No, no. Non è una speranza, è un'ipotesi verosimile. »

« Bene. Se è così, perché non dire niente alla madre? Rifletta: Ambra è costretta a lasciare Roma in incognito per una qualche gravissima ragione. Per come la conosco io, deve essere qualcosa di incredibile per spingerla a un gesto del genere. Lasciare il suo mondo, il suo lavoro... così, senza una parola, svanire nel nulla. Per forza, qualcosa di molto grave. Perché non dire niente alla madre? Lasciarla soffrire enormemente senza sapere cosa le sia successo? Specie se, come pare sia vero, il rapporto tra le due era tanto simbiotico. »

« Dove vuoi arrivare? » domanda Calligaris, mordicchiando il cappuccio della Bic.

«Delle due è l'una» gli dico mimando con le dita i due numeri. «O Ambra aveva una motivazione valida per tenere all'oscuro dei suoi spostamenti anche la madre, oppure, come io credo sia molto più plausibile, la madre sa perfettamente dove si trova, ma non lo ammette.»

Calligaris riflette succhiando la coda di una matita.

«La convoco qui con una scusa. Ti faccio sapere. Ma che diavolo di fine ha fatto Daniel Sahar?» sbotta infine, uno sguardo allo Swatch.

«Avrà capito che è un tipo indisciplinato... è fatto così» mormoro, difendendolo senza saper bene perché.

«Doveva essere qui mezz'ora fa. Stavolta è necessario spremerlo fino in fondo; domani tornerà a Tel Aviv.» Infatti noto nell'ispettore una certa ansia da prestazione, che tuttavia riesce a mascherare quando, poco dopo, si ritrova davanti l'israeliano e la sua solita aria pungente da canaglia impunita.

«Cos'è lo scarabeo del cuore, signor Sahar?»

Lui, imperturbabile, ci fornisce la stessa spiegazione di Carlo De Robertis: «È un monile che contiene preghiere affinché il cuore non accusi il proprio padrone di fronte agli dei».

«Ne sono stati ritrovati, a Gerico, scarabei di questo tipo?»

«Sono stati ritrovati molti scarabei, ma nessuno scarabeo del cuore. È un'usanza egizia, strettamente dipendente dal culto degli dei – di Osiride in particolare – e dalla pratica della mummificazione. Non ci si aspetta di trovarli in Palestina. È vero che le culture mediorientali possiedono parecchie affinità, specie nel culto dei morti, ed è vero che gli scarabei ricorrono in molte civiltà, ma quella degli scarabei del cuore è una particolarità piuttosto esclusiva.»

«Mi hanno colpito le sue parole, signor Sahar. Il cuore

che accusa il proprio padrone di fronte agli dei... Che romanticheria. Di cosa potrebbe accusarla il suo cuore, signor Sahar? »

Daniel non sembra turbato. « Di aver fatto carte false per convincere Viviana a restare con me in Israele, per esempio. Qualche piccola scorrettezza. Ma lo sfido ad accusarmi di qualcos'altro. »

Che furbacchione che è questo ragazzo. Precede sempre l'ispettore. Mai una volta che sembri sorpreso o che faccia la mossa sbagliata.

« Scorrettezze di tipo lavorativo? »

« Non solo. Non posso dire di essermi comportato in maniera impeccabile, a quei tempi, nei confronti di Viviana e di Jade, che all'epoca era la mia fidanzata. Poi, per fortuna, si cresce e si acquista buon senso. »

« Vuol dire che cambierebbe qualcosa di quel 2005? »

Sul bel viso di Daniel si dipinge un'espressione gelida. « Lei cosa pensa? »

« Penso di sì. »

« E ha ragione. Vorrei non avere nascosto i ritrovamenti del teschio e della principessa. Non avrei dovuto convincere Viviana che era giusto farlo. Lei deplorava i segreti. Vorrei non essermi innamorato di Viviana. Vorrei che lei non si fosse innamorata di me. »

« A quest'ora Viviana sarebbe viva? È questo che vuol dire? »

« Senta, io non ho idea di cosa le sia successo. Se vuol farmi dire qualcosa che non so, questo giro di parole è del tutto inutile. Al contrario, sarò lieto di rispondere a qualunque domanda di cui conosca la risposta, come ho sempre fatto e come sto facendo ancora. »

« Bene. Allora sarò esplicito. Perché si ostina a mentire sulla scoperta della principessa, definendola una scoperta quasi secondaria rispetto a quella del teschio? Tutti gli archeologi che ho consultato non fanno che smentirla.»

«Tutti gli archeologi che ha consultato non sono *me*.»

«Signor Sahar, sono stufo di questo suo atteggiamento. La prego di rispondere in maniera obiettiva.»

«Cosa vuole che cambi... è così importante? E poi, chi può dire se è l'una o l'altra, la scoperta più rilevante? Comunque, le confermo che è quella del teschio, dopo di che, lei pensi quel che vuole.»

«Ah, certamente lo farò! Può spiegarmi, infine, perché negli ultimi tempi prima del rientro in Italia i rapporti tra lei e Viviana si erano interrotti? Scaramucce tra innamorati?» azzarda l'ispettore, con un sarcasmo che Daniel ignora.

«No, qualcosa di più. C'erano state discussioni abbastanza aspre. Lei non voleva più avere niente a che fare con me, e questo – oltre a farmi soffrire dannatamente – aveva ripercussioni sui progetti di lavoro comuni.»

«E dunque?»

«Non le ho mai chiesto nemmeno una volta di ripensarci. E se vuole saperlo, me lo sono rimproverato tante, tante volte.»

«Non ha fatto proprio nulla?»

Daniel riflette. Nei suoi occhi c'è tutta un'immensità di tempeste e ombre. «Ho fatto qualunque cosa pur di ottenere un pretesto per farla rimanere a Gerico. Ho mentito, ho spergiurato, ho sottratto reperti, ho condizionato la carriera di altri ragazzi validi quanto Viviana, ma nulla di quello che ho fatto me l'ha restituita.»

«Forse perché lei non lo sapeva. Forse sarebbe bastato dirle la verità: parlarle a cuore aperto.»

La mia voce spiazza il concentratissimo Calligaris senza sorprendere Daniel, che mi rivolge lo sguardo di chi è intimamente convinto che gli altri non possano capire nulla.

« Forse. »

La sua lapidaria risposta prelude un successivo mutismo che spinge l'ispettore, suo malgrado, a concludere l'incontro.

« Daniel Sahar ha la capacità di confondermi. Non ho ancora capito quale sia la sua vera natura. È solo un ragazzaccio un po' discolo, o è un uomo crudele? » commenta poi.

« Parlando con gentilezza – come dice sempre mia nonna –, tutti gli uomini sono un po' crudeli. »

Calligaris storce il naso e con lui una distesa di punti neri. « Non tutti. »

Il suo tono rassicurante mi instilla un minimo di fiducia, ma, appena qualche ora dopo, nel corso di un'autopsia fissata democraticamente alle otto di sera, Claudio spruzza abbondante pesticida sui germogli della mia speranza.

« Allevi, hai una moneta da un euro? » domanda, cogliendomi di sorpresa perché ero un po' distratta.

« Ho lasciato il portafoglio in Istituto, perché? »

« Stavo cercando un modo per renderti utile e avevo pensato di spedirti a prendermi un caffè. »

Se fosse ancora vivo, sono sicura che anche questo povero cadavere sarebbe indignato per come mi tratta.

« Stavo solo tenendo un profilo basso per evitare di essere insultata. »

« A quanto pare non ti è servito a granché. Tornatene a casa. Tanto è come se non ci fossi e qui in mezzo ai piedi fai solo ingombro sterico. »

Non me lo faccio ripetere due volte. Prendo il giubbotto e lo infilo sopra il camice, prima di rivolgere un saluto collettivo agli altri specializzandi che restano in obitorio a subire le sue edificanti umiliazioni.

Ne sono sicura, davanti a Osiride il mio cuore mi accuserà senza pietà per quei sogni lontani, totalmente sciocchi e inutili, che lo vedevano protagonista.

I mirtilli, le fragole di bosco e l'uva selvatica
Perché continuano a maturare
Ancora e ancora
In questo mondo senza te?

Il coperchio del mare, Hara Masumi

Da quando la delegazione romana aveva lasciato Gerico, Daniel Sahar odiava la Palestina più di prima.

Si chiedeva come fosse possibile: credeva di aver già toccato l'apice dell'intolleranza. La risposta era semplice. Adesso aveva un motivo in più: Gerico gli aveva regalato l'amore e con fine crudeltà gliel'aveva tolto senza concedergli la possibilità di emendare i danni.

Sovrintendeva gli scavi privo di entusiasmo, gli arabi ricambiavano l'antipatia ed esprimevano malcontento, lui sognava di tornarsene a Tel Aviv e bere birra fino a morire.

Non si faceva trovare da Jade, non la sentiva almeno da un mese. Scriveva mail a Viviana che però non inviava mai.

Nella sua stanza, solo, serrò le ante delle finestre e accese il ventilatore, che iniziò a ronzare lentamente, portando poca aria fresca. Sciacquò il volto scuro con abbondante acqua gelida, che continuò a gocciolare anche dopo che ebbe chiuso il rubinetto. Tolse la maglietta impregnata di sudore e si mise al computer per l'ennesima volta. Aprì la schermata per comporre un nuovo messaggio per Viviana. Gli era tornato alla mente cosa gli aveva detto sua madre tanto tempo prima. Se ami qualcuno è bene che quel qualcuno lo sappia.

Lei doveva saperlo: così sarebbe tornata sui suoi passi. Lo avrebbe chiamato dicendogli di essersi lasciata alle spalle tutti i malintesi. Non se ne sarebbe più andata, non senza il suo consenso. Grazie alla scoperta della principessa sarebbe riuscito a *farle ottenere un dottorato e la sua carriera sarebbe decollata e niente l'avrebbe più allontanata da Israele. Da lui.*

Viviana. Come back. I beg you.

Cancellò ogni parola, gli parve stucchevole. L'impotenza inceneriva ogni sua fibra.

Passò una mano tra i ricci ancora umidi.

Yesterday's gone. *Così aveva detto Viviana, l'ultima volta, lontana, in cui gli aveva parlato.*

Il mal d'amore era un'esperienza inedita per lui. Non credeva che l'avrebbe mai sperimentata.

Il segnale acustico di nuova mail nella posta in arrivo lo destò da quel torpore malinconico e contemplativo. Era di Curreri. Daniel la lesse rapidamente, mentre sentiva la rabbia sommergerlo come un'onda dell'oceano. Rivoltosa e distruttiva.

Pochi minuti dopo il biglietto per Roma era già stato acquistato con i dati della carta di credito di Ella.

Un biglietto di sola andata.

One by one, only the good die young

Vedere tutti i giorni Calligaris inizia a sembrarmi un po' strano. Mi sento come quei bambini che parlano con l'amico immaginario.

L'ispettore sventola un foglio stampato con aria trionfale. «Guarda! Guarda cos'ho trovato.»

È un biglietto aereo a nome di Isabella Negri Della Valle. La tratta è Roma-Catania. Risale a venti giorni fa, circa.

«Ispettore, magari si è lanciata in alcune indagini private.»

«O forse è andata a trovare la figlia.» Ammetto che le due ipotesi sono ugualmente valide. Di certo qualcosa è andata a fare in Sicilia... qualcosa che ha a che vedere con Ambra. «Ha noleggiato un'auto. Naturalmente dove sia andata nessuno può saperlo. L'ha riconsegnata una settimana dopo, prima di rientrare a Roma. Il tuo intuito ha visto giusto: parlarle è obbligatorio, adesso.»

Un po' gongolante, mi riprometto di chiamare nonna Amalia per sapere se ha avuto un'altra idea delle sue. Certamente Isabella è stata in Sicilia per questioni strettamente connesse ad Ambra e fremo dalla voglia di sapere quale sia stato l'esito del suo pellegrinaggio.

Calligaris prende la giacca dall'attaccapanni e la indossa rapidamente. «Andiamo.»

«Adesso?»

«Adesso.»

Saliamo a bordo della sua Panda color oro e grazie alla

sua guida sprint raggiungiamo casa di Ambra in poco tempo, nonostante il traffico di Roma.

Isabella Negri Della Valle apre la porta e sgrana gli occhi.

«Ci sono novità?» domanda subito dopo aver detto *buongiorno.*

«Questo potrebbe dircelo lei, signora» ribatte il segaligno Calligaris.

«Non capisco.»

«Signora, su! Non giochiamo al gatto con il topo. Cos'è andata a fare in Sicilia?»

Se sorpresa, Isabella evita di ostentarlo. «Quello che è andato a far lei. Ma temo che entrambi non abbiamo portato a casa grandi risultati.»

«Dipende da cosa si intende con *grandi risultati*. Prego, mi esponga i suoi.»

Isabella mordicchia il labbro inferiore.

«Niente degno di attenzione, altrimenti gliene avrei parlato.»

È una donna sincera, è evidente che mentire ha per lei un costo esorbitante.

«Facciamo così. Le dico io cosa credo che abbia scoperto.»

La madre di Ambra impallidisce appena. «Dubito che possa saperne più di me...»

«Io credo che lei abbia trovato sua figlia. Che le abbia parlato e che sappia che è tutto a posto e che Ambra sta bene. Che è scappata per qualche motivo che lei non vuole dirci e io vorrei tanto conoscere. Vorrei tanto capire la ragione di questo mistero, signora. O sarò costretto ad accusarla di ostacolo alle indagini.»

Isabella mi guarda. Non è uno sguardo diffidente, né di antipatia, ma chiede di rimanere da sola con l'ispettore.

Posso capirla, dopotutto. Mi scuso istintivamente per esserle parsa invadente e lascio l'appartamento. Nessun accordo è preso tra me e Calligaris; me ne torno a casa con una curiosità che mi divora l'anima.

* * *

In casa, aspetto che si faccia un'ora consona per chiamare Calligaris con un pretesto e farmi raccontare cos'ha saputo dalla madre di Ambra. Io e Ichi stiamo mangiando delle Pringles – credo che il veterinario disapproverebbe – distesi sul divano come Paolina Borghese, intenti a un pigro zapping.

Un'edizione flash del telegiornale ferisce la mia vista.

Mentre l'anchorman spiega i fatti, sul monitor appaiono quattro volti.

Uno è quello di Arthur.

Uccisi a Homs, nel quartiere a maggioranza alawita di Akrama al-Jadida, mentre seguivano un corteo lealista. Ancora non è chiaro se siano stati colpiti da un mortaio o da un razzo.

Tutte le patatine rovinano al suolo e io inizio a tremare come una foglia, e a piangere, e forse anche a singhiozzare. Prendo il cellulare e chiamo Cordelia a raffica, finché non mi risponde.

«Calmati! Che succede?»

Farfuglio qualcosa di impreciso: telegiornale. Arthur. Siria. Razzo. Morto.

«Io non so nulla!» esclama lei, e inizia a strillare ancora più forte di me.

Il panico che mi assale è peggiore, molto peggiore di quando Arthur prese la malaria in Sudan e per un po' non ho saputo nulla di che fine avesse fatto. Mi sento come se ogni parte di me, ogni organo, fosse diventato di ghiaccio e subito dopo si fosse frantumato. Vorrei buttarmi in strada e correre, correre senza destinazione. Correre finché lo sfinimento non mi uccida.

Non concepisco un mondo senza di lui. Non concepisco di non avergli detto tutto ciò che ho provato e che provo e non concepisco tutti quei silenzi.

Vorrei aver trovato il coraggio di dirgli: *Accetta quel lavoro per* National Geographic. *Torna da me.*

Su internet cerco notizie sull'attentato. Cerco il suo nome, cerco lui, ma tutte sembrano confermare quanto ho sentito al telegiornale.

Un piccolo gruppo di reporter e fotografi francesi morti in un attentato.

Il suo sorriso. Così aperto e dolce. Arricciava un po' il naso e gli occhi brillavano. Non lo vedrò più.

È un incubo, non può che essere un brutto sogno. Non può essere finito tutto così. La sua bellezza e la sua intelligenza non possono essere state dilaniate da una bomba.

Cordelia apre la porta di casa. Il rimmel è sciolto sulle sue guance. Ci abbracciamo come se l'una nell'altra cercassimo soltanto lui. I singhiozzi rimbombano tra le pareti, i nostri lamenti come guaiti.

«Mio padre ha chiamato l'AFP e l'ambasciata sudafricana. Credo che adesso sia lì, per cercare di capire cosa sia successo» spiega con un filo di voce.

Restiamo al buio. È scesa la sera e nessuna delle due ha il coraggio di accendere la luce. Ichi piagnucola e resta ignorato. È come se il tempo si fosse fermato ed entrambe fossimo transitate in una dimensione parallela, oscura e paralizzante.

«Perché non chiama...» mormora, accasciata sulla poltrona, le gambe attraversate da un tremito nervoso, gli occhi puntati sul cellulare che di quando in quando si illumina per segnalare messaggi di qualcuno che vuole avere notizie.

Poi, il campanello della porta suona, il trillo spezza il silenzio e ci fa trasalire.

È il Supremo, in persona.

Everytime we say goodbye I die a little

Lasciato il sole di Gerico, Viviana trovò a Roma una pioggia che tempestò il suo cuore.

Daniel le mancava da impazzire. Nonostante negli ultimi tempi non ci fosse più alcun dialogo tra loro, Viviana si accorse che a mancarle era anche solo il poter posare lo sguardo su di lui, quando più ne aveva voglia.

Cercò di mettere un po' d'ordine tra i suoi appunti: gli studi condotti da lei e Daniel erano un disastro. Non aveva mai lavorato così male, senza metodo. Poco importava, dopotutto. Non avrebbe mai dato un seguito a quelle ricerche: avrebbe comportato un riavvicinamento a Daniel e lei non la considerava un'alternativa possibile. Il giorno in cui si fosse sentita pronta gli avrebbe fatto avere la sua parte di relazione. L'avrebbe scritta nei prossimi giorni, e la parentesi degli studi in Medioriente si sarebbe definitivamente conclusa.

Quegli studi le avevano lasciato nell'anima un'amarezza difficile da addolcire. E tutto il suo futuro professionale non avrebbe potuto proseguire con quel pessimo sapore. Lasciava ad Anita ogni velleità israelitica. Lei aveva scelto di seguire Sandra in Francia, e di aprire le porte a una nuova avventura.

Avrebbe lasciato Roma e si sarebbe dedicata a un settore tutto nuovo. Era giovane, capace e piena di passione. Quell'amore sfortunato e doloroso l'aveva segnata, come tutte le delusioni e le battute d'arresto segnano i tipi sensibili e romantici. Era stata usata e si era fatta usare per l'ennesima volta. Daniel non era stato il primo e continuando di questo passo non sarebbe stato *l'ultimo. Ambra era stata la prima, lo scettro non glielo avrebbe tolto nessuno. Quello, tra tutti, era stato il dolore più pungente.*

Perché diavolo le veniva in mente ora, Ambra? Di certo sarebbe tornata a fare la principessa del castello, in qualunque ambito si fosse cimentata.

Viviana rimaneva l'ombra delle primedonne in cui si imbatteva. Daniel non aveva fatto eccezione: anche lui, a suo modo, era una primadonna.

Si era gustato la sua avventura e il suo diversivo, e ora avrebbe avuto la scoperta in grado di dare una svolta alla sua carriera. Viviana sentiva invece che a lei, come al solito, non era rimasto nulla.

Mise da parte gli appunti, confusa dalla fuga di idee che l'aveva fatta divagare. Si alzò dalla sua sedia e raggiunse il Prof. Un ritratto di Ella la rimandò a giorni ancora così recenti eppure già così offuscati. Il rospo che aveva iniziato ad abitare nella sua gola già da un po' si liberò e iniziò a salterellare nella stanza del suo capo.

Fu qualcosa di molto simile a quando si rassegnano le dimissioni, anche se formalmente Viviana non aveva nessun vero lavoro lì. Era una studentessa destinata a lottare contro la precarietà, a meno di non seguire quell'opportunità che Daniel le aveva dato.

E lei non lo avrebbe fatto.

No regrets, they don't work

«Alice, tu che di certe cose ne capisci, possiamo chiedere i danni al telegiornale? Per poco non ci restavamo secche noi!»

Cordelia non ha tutti i torti.

Si è scoperto che Arthur è illeso. Non era con i giornalisti uccisi, la notizia non era corretta.

Lui è sconvolto dall'accaduto, mi hanno detto. Io non gli ho ancora parlato ma il mio obiettivo è farlo al più presto.

Sono state solo due ore di dolore agghiacciante, ma sufficienti a rivoluzionare il mio approccio verso di lui, o quanto meno i miei intenti.

Non lascerò che non sappia cosa provo davvero per lui. Non ha importanza se il mio orgoglio ne risentirà, se dovrò vederlo fare spallucce e sentirmi rispondere che non sa cosa dire, né cosa fare. Non intendo più percepire la pesantezza petulante dei rimpianti.

Quando il Supremo si è materializzato di fronte a noi, foriero della bella notizia, per poco non ho fatto come Cordelia gettandogli le braccia al collo.

Nel frattempo anche la mia intrepida nonnina ha pensato bene di chiamarmi allarmatissima per la prematura dipartita dell'inverosimile nipote acquisito. Anche se però, precisa, lei continua a preferire quel dottorino tanto bello ma un po' burbero che fece l'autopsia alla sua badante russa. Allude ovviamente a Claudio e a nulla sono valsi i tentativi di farle capire che se volesse – e potesse – il dottor Conforti mi ridurrebbe in polpettine e che non è proprio persona di cui fidarsi. Di Arthur apprezza l'idealismo, però le è sempre sembrato troppo lontano da me e dal mio mondo e non ho mai potuto darle torto.

È tarda sera quando – appartata nella mia stanza, con Ichi che mi gironzola attorno sperando che gli tocchi uno degli Oro Saiwa sulla mia scrivania – riesco a trovare il coraggio di chiamarlo.

« È la seconda volta che piango la tua morte » esordisco, un po' incerta sul tono da adottare. Mi sento tesa come se lui fosse uno sconosciuto.

« Al terzo falso allarme forse non piangerai più » ribatte, un po' sinistramente.

« Dove sei? Cosa fai? » gli chiedo, ignorando volutamente il pessimo umore che rende spinosa la sua voce morbida.

« In albergo. Rispondo alle chiamate della gente che mi credeva morto. In queste circostanze si prova la strana esperienza di assistere al proprio funerale. »

« Arthur. Quello che è già successo... potrebbe accadere di nuovo. E tu lo sai. Accetta la proposta di *National Geographic*. Torna in Italia. Per quanto tu possa odiarla... almeno non rischi la vita. »

« Ci penserò. Domani, come Scarlett O'Hara. Oggi sono esausto. »

« Crederti morto ha ucciso anche una piccola parte di me. Volevo che tu lo sapessi. »

« *Elis...* »

« *Come back* » gli dico nella sua lingua. Lui resta in silenzio per un breve istante.

« Ci penserò » ripete. « Anch'io, a volte, sogno una vita normale. Un giorno tranquillo. Suonare la chitarra sulla spiaggia. Andare al cinema, o a un concerto. Mangiare un piatto caldo seduto a un vero tavolo, in buona compagnia, e parlare di cose sciocche, di quello che mi piaceva – di rugby, di viaggi, di gente che ho visto, di esperienze che ho fatto. Andare a vedere Cordelia a teatro. Accarezzare il tuo cane e portarlo a spasso. Riuscire a dormire di nuovo. Sai che sono così abituato alle bombe che se non le sento non riesco più a prendere sonno?» Gli scappa una sorta di sorriso che riesco a percepire nonostante la distanza. Un sorriso pieno di amarezza e paradosso.

«Puoi riavere indietro tutto questo, e molto di più.»

«Non tentarmi» mormora. La sua voce è piena di una tensione nuova. «Oggi è il giorno sbagliato per prendere qualunque decisione. Le persone che sono morte oggi... le conoscevo. Eravamo insieme fino a stamattina. Attorno a me c'è sempre più solitudine. Ma la cosa più terribile di tutte è che quello che faccio per vivere mi piace sempre di più. *Plants have roots, people have legs. I will use mine to go around the world.*» Non cambierà mai, c'è poco da fare. «*Elis*, adesso devo andare. Ci sentiamo dopo? O domani?»

«Sì, certo!» ribatto squillante.

Non ti mollo, Arthur. Non ti mollo più.

So long, lonesome

Clementina Calligaris serve in tavola una teglia di pasta al forno che risveglierebbe dal sonno eterno tutte le mummie d'Egitto. L'ispettore la guarda con occhi pieni d'amore; anche i gemelli hanno lo stesso sguardo languido, ma indirizzato verso la pasta.

Sono a pranzo da loro, questa domenica, perché Calligaris ha espresso l'intenzione di parlarmi di cose importanti lontano dal suo ufficio. « Non si sa mai » ha sussurrato. Ultimamente è terrorizzato dalle microspie.

Tra le proprie rassicuranti quattro mura, l'ispettore è gioviale e aperto come un cucciolo di labrador.

« Innanzitutto, una notizia che – ritengo – possa farti piacere. Ambra Negri Della Valle sta bene ed è al sicuro. »

È vero, in parte lo sospettavo e soprattutto lo speravo, ma sentirglielo dire mi infonde un'improvvisa e calda sensazione di benessere, di attaccamento alla vita e fiducia. Mi ritrovo a sorridere e a essere felice, di una felicità vera, quella che solo il lieto fine sa regalare.

« Che meraviglia, ispettore! Non credevo che sarebbe mai stato possibile, eppure gioisco per qualcosa che riguarda Ambra! »

« Frena l'entusiasmo. Isabella Negri Della Valle è stata parca di dettagli. Non sono riuscito a estorcerle molto. »

« Be', ispettore, mi dica tutto quello che sa! Dov'è? Perché è scappata? »

« Ti anticipo che la signora non ha fornito alcun dettaglio

sulle ragioni che hanno spinto Ambra a dissolversi nel nulla. Mi ha detto soltanto che proprio prima di partire l'ha contattata, chiedendole assoluta segretezza. Isabella l'ha raggiunta e ha verificato con mano che Ambra sta bene. Non so, a questo punto, se credere o meno al fatto che la madre non sappia niente di quel che è successo veramente alla figlia. »

« Proprio niente? E Isabella non ha insistito per avere una spiegazione? »

« Questo è quanto. »

« È una vicenda paradossale! Ambra contatta la madre, si incontrano, e non le dice altro sulle ragioni di una cosa talmente grave? »

« Non è corretto: questa è la versione di Isabella, che potrebbe aver omesso dei dettagli per le ragioni più disparate. Sbagli se pensi che io le creda ciecamente. »

« Ambra è ancora in Sicilia? Tornerà? »

L'ispettore prende un pernigotto da una ciotola d'argento tirata a lucido poggiata accanto al divano. Non risponde subito. Forse perché pregusta l'effetto che la rivelazione avrà su di me.

« Ambra è a Tel Aviv. »

Sgrano gli occhi. « Tel Aviv? In Israele? » Sono sbalordita. Calligaris annuisce solennemente.

« Peraltro è stata furba e ha cercato in tutti i modi di far perdere le sue tracce. Dalla Sicilia, si è spostata a Bari; da lì ha preso un traghetto per la Grecia e da lì, sempre in nave, è arrivata a Tel Aviv. »

« Ispettore, se Ambra è andata in Israele e per di più in così grande segretezza, il mio sentore è che ci sia una connessione con la storia di Viviana. »

« Be', la coincidenza è parecchio sospetta! Perché proprio Tel Aviv? »

« Ispettore, se Isabella non fornisce dettagli, resta una sola cosa da fare. Parlare con Ambra e farsi dire tutta la verità su questa storia. Cominciando dalle origini: perché era in possesso del taccuino di Viviana e perché è andata fino in Israele per darlo a Daniel. E infine, naturalmente, perché è scappata ed è tornata proprio là. Ambra non è tipo da colpi di testa, ispettore. Dobbiamo capire che cosa sta nascondendo, dev'essere qualcosa di importante. »

« Esatto » mormora Calligaris, appallottolando la cartina dorata del cioccolatino. « È proprio quello che ho intenzione di fare. »

« Bene! E la prima mossa? Un mandato di comparizione? »

Calligaris replica con un'espressione schifata, come se avessi detto un'eresia. E forse l'ho detta.

« No... qualcosa di molto più soft. E divertente! »

Corrugo la fronte, perplessa. « Ispettore, non sono io a doverle dire che c'è proprio poco da divertirsi! Che Ambra stia bene è un'ottima notizia, ma la vicenda resta comunque molto complicata. »

« È vero. Ed è proprio per questo che entri in gioco tu. »

Riduco gli occhi a due fessure, guardandolo un po' trucemente. « Cosa intende dire? »

L'ispettore, tutto un giubilo, risponde a bassa voce. « Che ce ne andiamo insieme in Terra Santa. »

* * *

« Sul serio? Te ne vai in Israele? » Cordelia rimesta i noodles nella pentola sul fuoco. « A far cosa? »

« Una sorta di missione. Chiamiamola così. »

« Seee. Ora vuoi farmi credere che sei nei servizi segreti? »

« Macché. Al mio ritorno ti spiegherò tutto. »

Non voglio dire la verità a Cordelia. Non perché desideri mentirle o mi faccia piacere farlo. Anzi, qualunque bugia, in genere, mi infastidisce, specie tra di noi. Ma non posso rischiare che racconti di questa svolta al Supremo e che in qualche modo queste notizie – così riservate! – siano divulgate in Istituto. Preferisco che creda che la partenza sia legata alla storia di Viviana, e basta.

In realtà, vado a riprendermi Ambra, la mia nemica di sempre.

Come la protagonista di *Labyrinth* che attraversò il labirinto per salvare il fratellino di cui proprio lei aveva desiderato la scomparsa.

Sono stata gelosa di lei. L'ho detestata.

Quando la vedevo insieme a Claudio provavo un dolore così odioso da sentire il sangue che si trasformava in veleno. Era una studentessa brillante, anche se un po' lecchina. Un *bel* po'. Ero invidiosa di lei, dei suoi successi, del suo essere capace di cadere sempre in piedi, del fatto che a lei andasse sempre tutto bene. Del modo in cui Claudio era evidentemente attratto da lei, almeno agli inizi. E del fatto che fosse riuscita – anche se solo per un po' di tempo – a farlo capitolare sulla via dell'impegno sentimentale.

Quell'invidia mi nutriva ogni giorno: alimentava la parte peggiore di me, e rimpiccioliva la migliore.

Però ho imparato una lezione da quelle ore impiegate a spiare il suo orto, anziché coltivare il mio: che uno dei pochi modi per sfiorare la felicità è proprio smettere di desiderare i risultati altrui.

Il borsone è pronto: ci fermeremo soltanto un weekend.

Isabella Negri Della Valle ha detto a Calligaris che la figlia non vuole essere rintracciata, e di non conoscere il suo indirizzo a Tel Aviv. Tuttavia, con manovre di intelligence da telefilm americano, Calligaris è riuscito a scovarlo e Ambra – Dio, com'è strano chiamarla con il suo nome e non con qualche epiteto un po' dispregiativo come ero abituata a fare – si troverà di fronte una bella sorpresa, proprio quando meno se lo aspetta.

Abita in un monolocale in Bilu Street, a un passo dalla Ibn Gabirol Street dove vivevano Ella e Daniel.

L'idea di visitare gli stessi luoghi, di parlarle, e di chiarire finalmente cosa la lega alla scomparsa di Viviana, mi riempie l'anima di eccitazione.

Oltre la notte, oltre la morte

Riconobbe il suo profumo prima ancora di sentire la sua voce.

Viviana drizzò il capo come un insetto drizza le antenne. Per un attimo pensò a qualcuno con i suoi stessi gusti, semplicemente. Poi lo sentì parlare in inglese con Anita, e il cuore si scardinò dal suo posticino nel petto per fare largo a una corrente di felicità e preoccupazione.

Daniel non portava che guai con sé. La minima tranquillità che ricostruiva con fatica, mattone dopo mattone, lui la radeva al suolo con il solo potere dello sguardo.

Fece finta di niente, continuò a sottolineare alla sua maniera, precisa e senza inclinazioni, il libro che stava studiando per finire la tesi. Anziché incamerare nozioni, pensava alle cose da dirgli.

Perché era ovvio che si sarebbero parlati, quel silenzio durava da troppo tempo.

Lui entrò nella stanza in cui lei stava studiando – o meglio, facendo finta di studiare – senza annunciarsi. La fissò a lungo ed era uno sguardo privo di affetto. Glaciale.

« Mi è giunta voce che andrai in Francia con Sandra » esordì.

Viviana soffiò sulle proprie mani gelide. Si era rotto l'impianto di riscaldamento e per la prima volta non c'era il torrido sole del Medioriente a scaldarli. « È così. »

« E del nostro lavoro che ne sarà? »

« Lo lascio a te, naturalmente. Saprai farlo fruttare. » Lui avrebbe voluto dirle che non gli importava di quel lavoro.

Che la principessa, il teschio e tutti gli scarabei del mondo potevano andare a farsi fottere. « Sto mettendo in ordine tutto il materiale che abbiamo raccolto, così potrai lavorarci. Io voglio lasciarmelo alle spalle. Non voglio nemmeno che il mio nome figuri negli articoli. Del resto, tutto quello che ho scoperto sulla principessa è merito tuo. E il dottorato lo vincerà Anita. »

« Sei un'ingrata. Ho fatto di tutto… Di tutto » ripeté « per metterti in luce a discapito degli altri. E stai buttando via tutto. »

« Così è la vita. È fatta di opportunità e delusioni. Questa è la strada di Anita, non la nostra. »

Il cellulare di Viviana squillò. Daniel lesse il nome che lampeggiò sul display.

Ambra.

« Non rispondi? »

Viviana si disse che dopotutto lui non meritava che lei mettesse da parte proprio niente. Nemmeno Ambra.

Ambra, l'amica che era tornata nella sua vita portando i ricordi di giorni felici.

Viviana rispose alla chiamata. Daniel non le tolse gli occhi di dosso nemmeno per un momento.

Quando ebbe finito la telefonata, lui restò in silenzio.

Avrebbe voluto che Daniel la portasse oltre le apparenze. Che ci fosse dell'altro, dietro la spietata indifferenza che le aveva mostrato. Senza che potesse controllarsi, gli occhi di Viviana si riempirono di lacrime. Daniel le vide, ma il suo viso restò immobile. Non una smorfia tradì un briciolo di compassione.

La lasciò in compagnia della certezza di aver fatto bene a cacciare via dalla sua vita la speranza che lui fosse una persona migliore di quel che credeva.

Il fatidico incontro

Ambra.

I suoi lunghi capelli del colore del miele, gli orecchini con i pendenti che non mancavano mai ai suoi lobi, il suo seno procace sotto il camice.

Tutto questo è quanto mai distante dalla ragazza che mi sta di fronte e che mi fissa incredula.

Ambra ha tagliato i suoi lunghi capelli, e la folta chioma ha lasciato spazio a una capigliatura sbarazzina da monello di periferia. È struccata, ed è di gran lunga più bella senza tutto quel cerone che spalmava sul viso e quell'abuso di rimmel che le faceva gli occhi alla Betty Boop.

Sembra un'adolescente triste.

È ferma davanti alla porta e fissa prima me, poi Calligaris, come se fosse in una specie di trance.

In una tempesta di sentimenti contrastanti – l'emozione, la paura, il sollievo – l'abbraccio istintivamente. Lei è sempre più sciocca, come la vittima di un agguato.

«Sono felice che tu stia bene...» le mormoro all'orecchio.

Lei mi scruta sospettosa. Finora non ha proferito parola.

«Dottoressa Negri Della Valle, può farci entrare? Abbiamo fatto un lungo, lungo viaggio per trovarla.»

Calligaris sorride amichevole. Lei fa largo davanti alla soglia e continua a guardarmi senza capire.

Finalmente, parla. Quasi.

«Alice! Proprio tu. Lo specchio del mio fallimento.»

Non capisco subito il senso delle parole che mi ha rivolto.

Come posso essere, proprio io, lo specchio del suo fallimento? Io, che ho sempre vissuto nella sua ombra? Decido di soprassedere, per il momento.

«È una lunga storia. Forse mi giudicherai invadente...»

Lei scuote il capo. «Sono solo perplessa. Anzi, sarò sincera. Mi sento un po' persa.»

Ci invita a sederci. L'appartamento è anonimo: si vede che ne ha preso possesso solo di recente, o forse, è sua intenzione fermarsi per poco tempo. Chi lo sa. Mi chiedo se ci racconterà la verità.

L'ispettore non ha bisogno di presentarsi: Ambra se lo ricorda bene. Meno chiara è la connessione tra noi, ma Calligaris esce allo scoperto e le spiega che da tempo ormai lo affianco in qualità di collaboratrice informale. E che insieme ci stiamo occupando di un caso molto difficile.

Quello della scomparsa di Viviana Montosi.

Al sentire pronunciare il nome della vecchia amica scomparsa, Ambra ha un sussulto.

«Il cadavere di Viviana è stato ritrovato poco dopo la sua scomparsa, Ambra. Una coincidenza che ci ha dato molto da lavorare.»

Ambra s'incupisce. «Me lo aspettavo. Che fosse morta, intendo. Comunque, le due cose non hanno nulla a che vedere» conclude, con un piglio più pallido di quello di un tempo.

«Ne è sicura? Ci sono tante cose che vi legano...»

«Certo, moltissime. Ma non la scomparsa.»

«Perché te ne sei andata?» le chiedo, istintivamente. È la domanda che scotta le mie papille da quando ho capito che Ambra ha scelto di allontanarsi volontariamente.

«Sono libera di non dirlo?» domanda, titubante.

Calligaris risponde con un rumoroso sospiro. «Procediamo con calma, dottoressa. Non sono qui solo per sapere se lei stia bene – questo mi rallegra, è ovvio – ma anche perché lei ha un ruolo insospettabilmente centrale nella sparizione di Viviana Montosi. Sono venuto fino a qui per chiarire molti punti e non me ne andrò senza averlo fatto.»

Ambra si rassegna. Lo capisco dal fatto che assume la stessa aria un po' contrita e un po' servile che prendeva quando la Wally la sgridava; avveniva di rado, ma di tanto in tanto, per salvare le apparenze e non farla passare per la gran raccomandata che era, la professoressa Boschi si limava gli artigli anche su di lei.

«Io e Viviana... Ecco, Viviana è quanto di più simile a un'amica io abbia mai avuto. Anzi, sarò più precisa. Viviana mi ha insegnato cosa significhi la parola *amicizia*. Io, però, non ho saputo onorarla. L'ho delusa, col tempo. Per superficialità, non per cattiveria. Non avrei mai voluto farle del male, ma è successo. Di certe cose me ne sono accorta solo molto tempo dopo, la nostra amicizia risaliva agli anni del ginnasio. Per questo, quando l'ho rivista nel 2005, del tutto casualmente, non ho voluto che quell'incontro speciale finisse nel vuoto.»

«Si spieghi meglio» la esorta Calligaris.

«L'ho incontrata subito prima di Natale, nei pressi della sua facoltà. Lei era la stessa di sempre, non sembrava che fossero trascorsi anni dall'ultima volta in cui l'avevo vista, credo il giorno del mio esame di maturità! Viviana era buona: non era capace di provare sentimenti negativi. Ha portato solo bei ricordi nella mia vita e io non ho saputo capirlo al momento opportuno. Ho provato una nostalgia così forte verso quell'amicizia... così pulita, pura. Le ho detto: *Perché non ci rivediamo?* Lei ha accettato, sembrava entusiasta. E così ci siamo riviste un paio di volte... prima che lei sparisse.»

«Devono essere stati incontri molto significativi, dato

che Viviana le ha lasciato un taccuino per lei molto importante. »

Ambra abbassa lo sguardo. « È una storia... complicata. Immagino che dovrò raccontarla. »

« Sagace! » esclama Calligaris con un sorriso ironico.

« C'è stata una festa, subito dopo Capodanno. Non ricordo la data esatta. »

« Che festa? » domanda Calligaris, prendendo appunti.

« Una festa all'università; c'erano studenti di tutte le facoltà. Io e Viviana abbiamo partecipato insieme. Come ai vecchi tempi » osserva con un fremito di commozione.

« Cosa accadde in quella festa? »

« Ho conosciuto un ragazzo. Me lo presentò proprio Viviana; era un suo collega di studi. Due giorni dopo quella festa l'ho rivisto. Gli avevo dato il mio numero di telefono e lui non aveva perso tempo a chiamarmi. Era un flirt innocente, almeno per me. »

« Prosegua » la esorta Calligaris, sospettoso. Io ho uno strano presentimento: come se mi aspettassi qualcosa di molto brutto dal racconto di Ambra. Brutto per Viviana, ovviamente.

« Un giorno – era il 20 gennaio, lo ricordo bene – Viviana ci ha visti insieme. È letteralmente impazzita. »

« Ambra, quel ragazzo era... »

« Daniel » mi precede lei. « Daniel Sahar. »

Quanto è vile. Quanto è bugiardo.

« Mi sono resa conto subito di essere stata usata – da lui, è ovvio. Per dare un dispiacere a Viviana, forse per farla ingelosire. A nulla è servito dirle che non avevo capito niente, che non potevo sapere. Mi ha accusata di essere una traditrice. Ha detto che aveva sbagliato a darmi una seconda possibilità. Che non sono persona di cui potersi fidare. Aveva ragione, immagino. »

Sospiro e le stringo una mano. È addolorata come se i fatti risalissero a ieri. «Ambra, ti sei soltanto trovata in mezzo. Non hai nessuna colpa. Daniel Sahar è molto bello e interessante. È comprensibile che tu ti sia lasciata andare.»

Ambra non sembra apprezzare la mia solidarietà. Ritrae la sua mano – le unghie corte e prive di smalto – e prosegue stancamente il suo racconto. «L'ho cercata e le ho chiesto scusa per tutto il giorno. Le ho mandato messaggi, persino un mazzo di fiori. Non mi ha mai più risposto.»

«E allora, perché le ha dato il taccuino, che doveva essere molto prezioso per lei?» domanda l'ispettore, sollevando gli occhietti dai suoi appunti.

Ambra inarca le sopracciglia, l'espressione di una bimba smarrita. «Non me lo ha dato lei!»

Calligaris e io ci fissiamo con aria interrogativa. «E allora?»

Ambra sembra perplessa. Come se avessimo preso un abbaglio e lei ne fosse molto stupita.

«Quel taccuino non me lo ha dato Viviana. Ce l'aveva Daniel! L'ha dimenticato a casa mia.»

Se lembra quando a gente chegou um dia a acreditar
Que tudo era pra sempre
Sem saber, que o pra sempre, sempre acaba

Si disse che era destinata al tradimento. Non poteva esserci altra spiegazione.

La zia Anastasia l'aveva detto tante volte, leggendo le sue carte: avrebbe sempre sofferto per le persone cui donava il proprio cuore. Bella prospettiva! Ma realistica: gli ultimi fatti lo confermavano.

Tornò a lavorare pigramente ai suoi appunti; avrebbe dovuto trascriverli al computer, una volta finito.

Con la Bic impugnata dalla mano sinistra e il mento poggiato sul dorso della mano destra, fissò il suo taccuino. L'ordine con cui aveva raccolto tutto il materiale. Quanta fatica sprecata. Una lacrima bagnò la pagina su cui aveva appuntato una frase di Oscar Wilde che aveva appena letto in un libro.

Non le importava più niente di quel lavoro. Le veniva l'orticaria se solo pensava a Gerico. E a Daniel, ovviamente.

Si chiese perché continuare a perdere tempo ed energie su qualcosa che non le interessava affatto.

Presto avrebbe lasciato Roma, l'università, i brutti ricordi.

Sì, il Dipartimento le sarebbe mancato. Il Prof le aveva insegnato tanto, tutto. Lasciarlo era un piccolo grande dolore. Sandra le aveva assicurato che si sarebbero trovate bene ad Amiens e non avrebbero rimpianto Roma.

Maledetto Daniel. Nel profondo del cuore, Viviana credeva ad Ambra: Daniel era un manipolatore. Usava gli altri per il proprio personale piacere.

Non era davvero risentita nei suoi riguardi, ma era gelosa, nonostante tutto, di quanto successo tra loro, indipendentemente dalle finalità di Daniel.

Chiuse il taccuino nel bel mezzo del lavoro. Stava descrivendo lo scarabeo e la moneta accanto alla principessa e postulando alcune teorie sulla civiltà cui lei doveva appartenere.

Addio, principessa. Ti consegno alla storia. Non odiarmi, ma di te me ne lavo le mani.

Ripose il piccolo quaderno nella sua borsa Eastpak a tracolla, piena di pin pacifiste ed ecologiste.

Sapeva cosa farne, finalmente. Liberarsene avrebbe significato chiudere con Daniel, Gerico, e tutto il resto.

Prima di uscire, andò in cucina. Si versò dell'acqua in un bicchiere che trovò sullo sgocciolatoio. Mentre beveva, fissò come ipnotizzata il calendario colorato che la zia Anastasia aveva appeso accanto al tavolo.

Era il 22 di gennaio.

Avanti il prossimo, gli lascio il posto mio

Calligaris appare costernato. Io lo sono più di lui.

«Ambra... Già nel 2006 eri stata qui a Tel Aviv. Eri venuta per restituire il taccuino a Daniel? Non potevi più semplicemente spedirlo? Anche se sarebbe stato meglio darlo agli inquirenti...» osservo, lasciando la frase in sospeso perché mi rendo conto di essere stata forse un po' troppo severa e invadente.

«Non ho avuto modo di rivedere Daniel e di potergli dare il taccuino. È partito all'improvviso. Provavo a chiamarlo, ma non mi rispondeva. Non avevo nemmeno capito che apparteneva a Viviana. La sua scrittura era cambiata dall'epoca del ginnasio, e io non l'ho riconosciuta. Chi avrebbe potuto dirmi che era suo? L'ho saputo soltanto dopo, ed è stato Daniel a dirmelo. A quel punto il quaderno non era più nelle mie mani.»

«Dottoressa, ho bisogno di una precisazione. È venuta fin qui con questo scopo, nel 2006? Vedere Daniel e dargli il taccuino?»

«Il taccuino, per me, non era così importante. L'ho portato con me e mi sono detta: *Se vorrà vedermi, glielo darò.* Considerato come si era comportato sia con me sia con Viviana... era più di quanto si meritasse.»

«Perché allora desideravi rivederlo?» le domando, cercando di mantenere un tono gentile.

Puoi sforzarti di cambiare e di dare una svolta alla tua vita, ma quello che sei stata per ventotto anni non si cancella.

Così, Ambra assume il suo piglio più ostile e mi fissa con antipatia.

«È davvero così importante saperlo?»

«Sì» interviene Calligaris, i baffetti bruciacchiati dalle fiamme che i nostri occhi si sono lanciati.

Lei sospira. «Volevo che mi chiarisse i fatti di quel mese di gennaio. Volevo che ammettesse che mi aveva solo usata per fare ingelosire Viviana. Volevo parlare di lei. E capire se lui c'entrava qualcosa con la sua scomparsa.»

«E che idea si è fatta? Questo mi interessa molto» osserva Calligaris, solleticando la sua vanità.

«Che... sì, lui c'entrava qualcosa.»

Lo dice con scarsa convinzione, eppure quelle semplici parole evocano il gelo nella stanza e in ognuno di noi.

Mi rifiuto di credere che Daniel sia arrivato a tanto. Non può essere andata così.

«Cosa ti ha detto?» le domando, incupita.

«È stata soltanto una mia sensazione.»

«Perché adesso è tornata qui?» le domanda Calligaris, con tono comprensivo e paziente.

Lei si volta verso di me. Ha uno sguardo disteso, adesso. «Perché le scelte che ho fatto non hanno portato che delusioni. La mia vita era un disastro. Ero una persona sostanzialmente sola. Non riuscivo a costruire rapporti sinceri con nessuno. Claudio... be', Alice, tu di Claudio ne sai qualcosa» aggiunge infine. La sua voce non esprime rancore, ma neppure è amichevole.

«Ambra...»

«Shhh» sibila, con l'indice sul naso. «Non ci prendiamo in giro.» Segue un silenzio che mi mortifica.

«In ogni caso, lui non era la persona giusta per me. Non eravamo bene assortiti.» Ambra china il viso, come se quella constatazione, ancora oggi, la ferisse. «Tutto quello che è

successo con Claudio non è stata che la ciliegina sulla torta.
Non sono certo scappata perché mi ha piantata. Ma una serie di eventi... di circostanze... mi hanno fatto capire che dovevo trovare il coraggio di cambiare. Ti sorprenderà saperlo,
Alice. Ma io odio. Odio. Odio. Odio con tutta me stessa la
medicina legale. Come tutta la medicina, del resto. Ho sbagliato tutto.»

Questa rivelazione è più sciocante di quando ho scoperto che mio fratello non era gay come avevo sempre creduto.
È il sovvertimento dell'universo, più o meno.

«Come, odi la medicina legale? Ma se non ho mai conosciuto una studentessa più vincente?»

«Questa è tutt'altra cosa. Mettevo molto impegno in
quello che facevo. Ma senza alcun amore. Sono stata costretta a studiare medicina. Mia madre ci teneva talmente! Era
sempre stato il suo sogno. Poi, a vent'anni restò incinta di
me, e lasciò l'università. Quando avevo cinque anni mi ha
regalato uno stetoscopio per visitare le mie bambole. Io...
desideravo tutt'altro. Non ho mai provato alcun interesse
verso le malattie. Tant'è che ho ripiegato sulla medicina legale. Ma è stato anche peggio.»

Ambra distoglie lo sguardo da me, come se sembrasse imbarazzata e proseguire il racconto le costasse fatica.

«Finalmente, a ventotto anni compiuti, ho trovato il coraggio di cambiare radicalmente la mia vita. Ma, purtroppo,
quello di confessare a tutti la mia scelta non l'ho trovato. Ho
pensato che sparire sarebbe stato più semplice, molto più
che ammettere di aver fallito per tutto questo tempo. E soprattutto, ero sicura che se avessi detto la verità a mia madre,
o a chiunque altro, ma a lei in particolare, mia madre avrebbe fatto di tutto per indurmi a cambiare idea. Avevo bisogno di fare una scelta tutta mia, senza subire condiziona-
menti di alcun tipo. E non mi pento di quel che ho fatto.

Certo, sono dispiaciuta, perché l'ho fatta stare in pensiero. E infatti, quando sono stata abbastanza stabile, l'ho contattata per dirle la verità. E soprattutto, per rassicurarla. Ma solo quando ero certa che una sua qualunque parola non mi avrebbe riportata indietro sui miei passi. »

Sono allibita. Avevo immaginato che dietro la sua scomparsa ci fossero motivazioni più gravi... più pericolose, insomma. Qualcosa tipo Malversini che la perseguitava, o eventi legati alla morte di Viviana. Tant'è che ero certa che Ambra ci avrebbe fornito tutte le risposte. Invece mi sento più confusa e turbata di prima. Sia per il riferimento a Daniel – che frantuma il mio ideale di romanticismo – sia per aver scoperto che Ambra, l'Ape Regina per eccellenza, la più rampante e stronza delle colleghe, nascondeva un tormento tale da indurla a una scelta di vita tanto radicale.

« Negli ultimi tempi, in Istituto, ero così priva di slancio e di buona volontà che nessuno mi riconosceva più » prosegue. Non posso darle torto. Ricordo bene che nei mesi prima di sparire, Ambra aveva collezionato una tale quantità di insuccessi da non sembrare più lei. « Al punto che il professor Malcomess in persona è intervenuto per riprendermi e per cercare di raddrizzarmi. Mi ha detto che certi errori poteva aspettarseli da te. Ma non da me. È stato uno dei momenti più terribili della mia vita. »

Dovrei sentirmi come minimo un po' offesa, ma non intendo darle questa soddisfazione.

« L'aver perso credito in Istituto... l'aver perso Claudio... » Si interrompe, e sembra prossima al pianto. Immagino che stia pensando al suo bambino mai nato. Ma non oso aggiungere alcun riferimento. « ... L'assenza di affetti sinceri, la sensazione di vivere una vita vuota e spenta. Tutto questo mi ha portata via da Roma. »

« Perché Israele? »

«Perché Israele è la nuova America» ribatte con un sorriso spento. «Ci sono infinite possibilità, qui. Adoro Tel Aviv. Adoro correre sul lungomare, tutti i pomeriggi. Adoro questo sole, adoro la confusione di gente che viene da tutto il mondo e qui trova casa propria. È una città piena di stimoli. Ed era proprio quello che mi mancava. E poi, credevo che fosse il posto più insospettabile in cui rifugiarmi. Nessuno avrebbe pensato a Israele... se il corpo di Viviana non fosse stato ritrovato proprio adesso. Ma dopotutto, è stata lei a spingermi qui, in qualche modo. Sia la prima volta, sia adesso. Ho amato poche persone al mondo quanto Viviana. Solo che l'ho capito troppo tardi. Gli affetti di quell'età senza mezze misure, l'età in cui tutto è nuovo e ci si affaccia alla vita, sono irripetibili. Non si riesce più ad abbandonarsi al prossimo con tanta fiducia. Dopo Viviana, non ho avuto che delusioni. Qui in Israele, un luogo in cui lei è stata così felice, e di cui mi parlava con tanto entusiasmo e trasporto... sentivo che avrei potuto trovare la mia strada. E lo credo ancora» conclude con una fermezza che mi sorprende.

La ammiro per il suo coraggio. Tante volte ho pensato che la mia vita non mi stava bene. Eppure, non ho mai fatto niente per cambiarla.

«Quando sarà il momento, tornerò a Roma – in vacanza! – e darò spiegazioni. Non ora» aggiunge squadrandomi con un lieve astio. È una sorta di ingiunzione a mantenere il segreto. E non c'è dubbio che lo farò, anche se sarei tentata di dare un po' di sollievo a Claudio.

«So che la mia borsa di specializzazione è stata sospesa. È giusto così. Dopotutto di quel titolo non mi importa più niente. Qui ho trovato un lavoro e sto imparando la lingua e l'alfabeto ebraici. In parte è anche un ritorno alle origini: mia nonna era ebrea tedesca; diceva sempre che le sarebbe piaciuto visitare Israele, ma non c'è mai riuscita.

«Sono stata assunta alla caffetteria del Museo d'arte moderna. È un luogo splendido. È un lavoro che mi gratifica quanto la medicina non ha mai fatto. Non nasciamo tutti per studiare, né per sfondare. Finalmente, mi sento libera. Libera dal peso della responsabilità e della competizione continua. Una vera e propria malattia da cui non sarei mai guarita se non avessi deciso di tagliare con la mia vecchia vita.

«Non considero questo nuovo lavoro definitivo. È solo un passaggio, in attesa di imparare a esprimermi meglio e di trovare qualcosa di ancora più congeniale. Ho imparato che la vita è piena di sorprese e di opportunità. Bisogna solo non avere paura di accettare il cambiamento.»

Questa versione guru di Ambra ha un effetto ipnotizzante. Né io né Calligaris riusciamo a interromperla. In realtà non ho dubbi che sfonderà anche qui. Ce l'ha nel DNA. Servirà caffè come nessun altro al mondo. È il suo karma.

Poco prima di andarcene, Ambra mi dà un bacio sulla guancia. «La vita mette sempre tutto a posto» mormora. E poi, con un sorriso giusto un tantino malizioso, aggiunge: «Perfino i disastri che fai tu possono essere aggiustati».

È lei eppure *non* è lei.

E io sono estremamente confusa.

Quale delle foglie, tale è la stirpe degli umani. Il vento brumal le sparge a terra, e le ricrea la germogliante selva a primavera

Omero

Il giorno dopo, io e Calligaris ci regaliamo una gita a Gerusalemme.

Nella zona araba della porta di Damasco penso ad Arthur. Mi sento finalmente un po' sulla sua stessa frequenza: ho come la sensazione di trovarmi in un luogo vicino al suo mondo.

In un bugigattolo sporchissimo mangiamo un dolce che sa di formaggio di cui dimentico il nome dopo cinque minuti. Attraversiamo il suk, un salto al muro del Pianto – non mi ci posso neppure avvicinare, e quello riservato alle donne è molto meno affascinante – e poi, la basilica del Santo Sepolcro.

È lì che a Calligaris viene un'idea che avrebbe solo un italiano in un film straniero, tanto è classica nella sua arraffoneria.

«C'è un gruppo di italiani con la guida. Scrocchiamogli la spiegazione.»

«Ispettore... mi imbarazza.»

«È semplice. Io e Clementina lo facciamo sempre. Ci fingiamo stranieri, così nessuno può prenderci per scrocconi. E poi, Alice... in questa ressa... chi vuoi che se ne accorga!»

Non ho voglia di deluderlo. Mi aggrego alla comitiva della parrocchia di Sant'Ilario d'Enza con gli occhi chini sulla mia guida in italiano.

«Ti raccomando, Alice. Fingiti straniera. Francese, magari: ne hai tutta l'aria.»

« Ispettore io non parlo una parola di francese...»

« Meglio! Una francese muta.»

In qualche modo le sue parole devono avermi condizionata. Non c'è altra spiegazione. Una ragazza dall'espressione simpatica si avvicina e mi chiede se sono italiana. «No» ribatto istintivamente.

La ragazza guarda la mia guida in italiano. «Ah. Capisci l'italiano?»

Ormai sono in ballo... mica mi posso rimangiare il *no*. «Un po'...»

« Mi presti la guida?»

Annuisco. Che figura di merda. L'ispettore si avvicina per indicarmi un decoro in una vetrata. «Alice, *s'il vous plaît*...» e prosegue in un francese inverosimile, portandomi via dalla fila che stavo facendo per contemplare non so quale reliquia. La ragazza mi restituisce la mia guida e io mi sento stremata dalla mortificazione.

« Ispettore, non me lo chieda mai più! Che brutta figura.»

« Esagerata, tanto non la rivedrai mai più... e poi che c'è di poco credibile?»

Non ho la forza di rispondergli.

In serata siamo di nuovo a Tel Aviv. Mangiamo nello stesso localino malfamato di cui ho letto nelle lettere di Viviana, in cui lei cenò la prima sera con Daniel. Passeggiamo su Allenby Street per cercare un negozietto vintage, ma resto molto delusa e risaliamo sulla Sheinkin fino al nostro hotel. L'ispettore ha un contegno da guardia del corpo piuttosto ridicola, perché mingherlino com'è non saprebbe mai davvero difenderci in caso d'aggressione.

Mentre lui guarda con sospetto ogni potenziale delinquente, io, un po' malinconica perché domani è già l'ultimo giorno in Israele, mi godo l'aria calda della sera.

* * *

Sto rimettendo a posto il mio frugale bagaglio; tra mezz'ora il pullman ci condurrà in aeroporto e il diretto Alitalia mi riporterà a Roma, dove mi aspettano il Cagnino e Cordelia. Quando sento bussare alla porta sono convinta che sia Calligaris, e invece trovo Ambra col fiatone.

«Che fortuna! Ero convinta che foste già partiti.»

«Vieni, entra» le dico, incurante del disordine che ho lasciato in stanza.

«Ho pensato a un dettaglio che mi aveva riferito Daniel, quando l'ho rivisto nel 2006. L'ultima volta che l'ho rivisto, in realtà» precisa a scanso di equivoci.

«Aspetta, chiamo l'ispettore, è meglio che ascolti anche lui.»

Calligaris ci raggiunge talmente di corsa che ha la cerniera della patta dei pantaloni abbassata, ma nessuno osa farglielo presente.

Ci mettiamo a sedere davanti a un tavolino rotondo, in un angolo della mia stanza.

Ambra riesce a mantenere un'aria femminile e conturbante anche senza gli orpelli di cui faceva sfoggio nella sua vecchia vita; anzi, è possibile che sia ancora più attraente così. Indossa un abitino semplice e fresco, di gusto squisito. Alle braccia porta due semplici bracciali alla schiava da bancarella e ai piedi delle calzature di ottima fattura. Il taglio corto addolcisce il suo viso e valorizza i suoi occhi verdi.

È molto bella. *Se Claudio ti vedesse ora...*

«Prego, dottoressa. Mi dica tutto.»

Ambra giocherella con un anello che porta al mignolo, mentre racconta un dettaglio che si rivela di vitale importanza.

«Riguarda il taccuino.»

« Ottimo! Crediamo che quel piccolo quaderno abbia un significato speciale. »

« Be', questo non saprei dirlo... L'ho sfogliato e sembrava un lavoro di tipo scientifico, o meglio, archeologico. Poi, qui e lì, frasi, citazioni... Tipico di Viviana, a ben pensarci. Era una che annotava tutto, al ginnasio annotava stralci dell'*Iliade* che a me non dicevano assolutamente nulla... Ma questo non c'entra. Era un quaderno che non sembrava avere chissà quale valore. Eppure era evidente che per Daniel era molto importante. »

« Bene, e il dettaglio che è venuta a raccontarci? » domanda l'ispettore, terrorizzato all'idea di perdere l'aereo.

« Daniel mi ha riferito che prima di sparire, Viviana aveva dato il taccuino a qualcuno del gruppo di studio. »

« Chi? » chiede Calligaris, un guizzo di allarme nei suoi occhi.

« Non so se lui me l'aveva detto ma, se anche fosse, certamente io l'ho dimenticato. »

All'ispettore non può sfuggire un particolare. Non può.

« Ambra, sforzati. Non riesci proprio a ricordare? È importante. »

« Non ho dubbi che lo sia. Ma purtroppo non ricordo altro. »

Fa spallucce e si alza. « Spero di esservi stata utile, in qualche modo. »

« Certamente, e molto » replica Calligaris pieno di convinzione.

Accompagno entrambi alla porta. L'ispettore picchietta il quadrante dell'orologio per rammentarmi che il tempo stringe, prima di lasciarci sole per qualche istante.

« Ti ammiro per la tua scelta. Volevo dirtelo » sussurro ad Ambra.

Lei s'inorgoglisce. « Grazie. »

«Ti auguro buona fortuna. Ci rivedremo più?»

«Chissà... se tornerai qui, perché no?» Mi stringe la mano e mi guarda con quel distacco tutto suo, lo stesso di sempre. Certe cose non si dimenticano. «Buona fortuna a te, Alice.»

Finché vita avrai, non mollare mai

« Non ci credo che non ha capito. »

« Cosa, mia cara? »

Siamo seduti fianco a fianco sull'aereo, intenti a consumare l'appetitoso pasto che la hostess ci ha appena fornito.

« Viviana diede il taccuino ad Anita. Non c'è dubbio. »

Calligaris ripulisce col cucchiaino di plastica la mia vaschetta di formaggio spalmabile. Ha spazzolato anche gli avanzi del mio pasto, oltre al suo. Dovrò consigliargli di farsi dosare gli ormoni tiroidei. Per quanto mangia dovrebbe essere obeso come i gemelli XL, e invece è un'acciuga. Sembra più interessato al dolcino che alle mie osservazioni.

« Ispettore, mi sente? »

« Alice, sei intuitiva e forse sei la mia migliore allieva, ma non esageriamo. È ovvio che ci avevo già pensato. Il 22 gennaio, il giorno prima di sparire, Viviana si è recata a casa di Anita Ferrante, nel bel mezzo della festa di compleanno della sua sorellina. Il materiale che le diede e a cui alludeva Anita è proprio il famoso taccuino. A questo punto, però, mi aspetterei da te un'altra osservazione. »

« Come e perché il taccuino è finito nelle mani di Daniel. »

« Giusto. E non solo perché il taccuino possa essere importante – l'abbiamo capito tutti che conteneva solo qualche appunto sulla principessa, e abbiamo capito che Sahar si stava prodigando, anche illecitamente, per trovare un pretesto per farla rimanere in Palestina. Il taccuino ha solo questo significato. Ma è la chiave che ci conduce a un'altra risposta. La morte di Viviana consegue a questo passaggio di mano del taccuino. In che modo, è tutto da scoprire. »

« Cosa farà adesso? »

« Credo proprio che riconvocherò Daniel Sahar. E dovremo farci una chiacchierata con Anita Ferrante. »

Annuisco placidamente, prima di alzarmi per prendere dalla cappelliera la mia borsa, al cui interno ho messo un libro di Amos Oz, *Michael mio*. Appena la apro, la borsa di qualcun altro mi cade sulla testa, strappandomi un'istintiva imprecazione. In italiano, ovviamente.

Ed è proprio in quel momento che la vedo, la ragazza con la faccia simpatica che mi crede francese e che mi fissa perplessa, seduta un sedile dopo il mio.

Che indicibile figura di merda.

* * *

« Ebbene, Allevi? Sei tornata purificata nel corpo e nello spirito dal tuo viaggio in Terra Santa? » domanda Claudio non appena mi vede in Istituto, il lunedì mattina successivo al mio ritorno.

« Anche tu hai molto da purificare, dottor Conforti. »

« Per me ci vorrebbe il Creatore in persona. Con chi sei andata in Terra Santa, mia bella Alice? Una nuova fiamma? Aspetta, lasciami indovinare. Questi luoghi sono tipici di Malcomess Junior. »

« Per tua informazione, con i visti che ha lui sul passaporto, in Israele non lo lascerebbero entrare. »

« Uh-uh. Una nuova fiamma. »

Glielo lascio credere. Non gli farà male. Lui, infatti, non replica: torna ai documenti che gli sottopongo per firmarli con la sua grafia nitida.

Ha quell'aria un po' indifferente che lo contraddistingue. Poi solleva lo sguardo e me lo rivolge con insistenza. Mi porge i documenti, ma quando cerco di prenderli li trattiene. Restiamo così, legati da quei fogli che portano la sua firma e che autorizzano la sepoltura di qualche povero sventurato.

« Con chi sei partita. » Omette l'inflessione interrogativa, come se in qualche modo mi ordinasse di rispondere.

« Non so niente di te, Claudio. Niente. Cosa ti autorizza, al contrario, a voler sapere tutto di me? »

La Wally entra nella stanza senza nemmeno bussare: con lui può permettersi questo e altro.

« Ci lasci soli, Allevi » gracchia con la sua brutta voce.

Claudio molla immediatamente i documenti e lascia scivolare come una carezza il suo sguardo imperfetto da me a lei.

« Va' » mormora, e devo accontentarmi di questo anziché di una risposta o più semplicemente di un saluto.

Nel pomeriggio, ho appuntamento con Calligaris per un confronto a sorpresa con Anita Ferrante.

La raggiungiamo nella sua villa con i noccioli. Lei ha sempre quell'aria un po' fasulla di chi camuffa l'insicurezza con la boria. È sola, stavolta.

« Saremo brevi » premette l'ispettore, dopo aver rifiutato un caffè.

« Io non ho fretta » ribatte lei, fingendosi come sempre ansiosa di collaborare.

« Che materiale le ha consegnato Viviana, prima di scomparire, il giorno della festa di sua sorella? »

« Non posso ricordarlo, ispettore... »

« E che fine ha fatto tutta quella roba? »

« Ispettore, se fosse stato importante, lo ricorderei... »

Calligaris estrae dalla borsa da lavoro il piccolo taccuino di Viviana. «Le ha dato questo?» chiede, porgendoglielo.

Anita scuote il capo, toccando il quaderno con timore. Per un istante, piomba il silenzio.

«Dottoressa Ferrante, sappiamo per certo che Viviana lo ha dato a lei. Viviana voleva liberarsi del peso delle scoperte fatte a Gerico. Voleva lasciare Roma. Ma voleva che il suo lavoro potesse aiutarla. L'ha chiamata, le ha spiegato a grandi linee le sue intenzioni e lei, Anita, non se lo è fatto ripetere due volte. L'ha invitata a mangiare una fetta di torta, dato che quel giorno c'era la festa di compleanno di sua sorella. Viviana è venuta qui. Dopo, cosa è successo, Anita?»

Lei sfoglia il taccuino, concentrata sulle pagine, come se non avesse ascoltato le parole di Calligaris.

«Anita, cos'è successo a Viviana? Lei lo sa, lo ha sempre saputo.»

«Io ho dato il quaderno a Daniel Sahar. La sera stessa.»

«Perché?»

«Lo avrà letto, immagino. È un lavoro meraviglioso. Naturalmente Viviana da sola non avrebbe mai trovato la principessa e senza Daniel non avrebbe elaborato i parallelismi tra le civiltà mediorientali e i ritrovamenti a Gerico.»

«Vuol farci credere che ha restituito il materiale a Daniel per spirito di giustizia?»

Anita risponde con un sorriso amaro. «No, no. Io l'ho fatto perché è stato il professor Curreri a dirmi di farlo. L'ho chiamato per raccontargli che Viviana era intenzionata a lasciare Roma entro qualche giorno, e che voleva che io portassi a termine il lavoro. Il pomeriggio in cui è venuta qui... prima di sparire, mi ha detto esattamente questo.»

Ma lui lo sapeva già! esclamo, ma solo nella mia mente. Ho imparato, ormai, che quando sono indecisa tra parlare e tacere, è sempre meglio che io resti in silenzio. Viviana lo ha

scritto a Rebecca. Troppi brutti ricordi la legavano a Gerico.
Voleva cambiare area di interesse e voltare pagina. Era andata a parlarne con Curreri, che si era mostrato dispiaciuto,
ma le aveva dato la sua benedizione per qualunque progetto
futuro.

«Curreri le ha detto per quale ragione era meglio che il
taccuino andasse in mano a Daniel?»

«Mi ha detto che Viviana stava dando un peso eccessivo
a certe faccende private, e che il lavoro sulla principessa era
merito di Daniel.»

«Non sarebbe stato più saggio – nonché infinitamente
più corretto – restituire il taccuino a Viviana? Del resto,
Anita, lei non poteva sapere che il giorno dopo la sua collega
sarebbe sparita.» Ecco. L'ho detto. Tra parlare e tacere, nel
dubbio, stavolta ho parlato. Spero che l'ispettore non si
adombri.

In realtà sembra abbastanza soddisfatto dalla mia osservazione.

«Daniel è partito l'indomani. In ogni caso, non ci sarebbe stato il tempo.»

«I servizi postali esistono proprio per questo» osservo,
pedante e acida e ben contenta di esserlo.

«Torniamo a quel pomeriggio» interviene placidamente
Calligaris. «Ha chiamato Daniel Sahar subito dopo aver
sentito il professor Curreri?»

«No. È stato il professore a parlare con lui e a mandarlo
qui da me. Ha suonato alla porta, ha preso il taccuino, ha
girato i tacchi e se n'è andato.»

«Non vi siete rivolti la parola?» domanda l'ispettore, con
sarcasmo.

«Appena. Giusto i convenevoli.»

Vorrei chiederle come ha fatto ad andare a dormire tranquilla, quella notte, dopo aver tradito Viviana. Ma sento che

c'è dell'altro. Non è un caso se quella coroncina è finita nella fossa assieme a Viviana. Anita deve essere a conoscenza di qualcosa che non ha ancora rivelato.

« Ascolti. Quando Daniel Sahar è arrivato, la festa di sua sorella era già finita? »

« Sì. Era sera. Le feste dei bambini non si protraggono oltre il tardo pomeriggio. »

« E delle coroncine cosa ne era stato? »

Anita deve aver capito il senso della domanda, e il riferimento alla sepoltura di Viviana. Sembra quindi scegliere le parole con cura, quando risponde, lentamente: « Immagino che ogni bambina avesse portato con sé a casa la propria. Ma come posso escludere che qualcuna non fosse rimasta qui, da noi, in casa? »

« E Daniel è entrato in casa? »

« Sì. Ma solo per un attimo » aggiunge, intuendo che questa ammissione contraddice quanto ha detto poco fa. « Ha chiesto un bicchiere d'acqua. »

« Ritiene possibile, in linea di principio, che Daniel Sahar possa aver preso una delle coroncine? Intendo dire: avrebbe avuto il tempo e il modo di farlo? È una risposta importante, Anita. Faccia attenzione. »

Anita sembra non farne troppa. Risponde senza alcuna esitazione. « Sì. »

« Lei lo crede possibile? »

Adesso sembra molto più prudente. « Sono due cose ben diverse. È possibile, in linea di principio, come ha detto lei. Ma non so dirle se è verosimile. Non riesco a immaginare per quale motivo avrebbe dovuto farlo. Certo, Daniel era... è un tipo strano. Un ragazzo molto antipatico. E molto rancoroso. Ma... più di questo... credete che Daniel possa aver fatto del male a Viviana? »

C'è qualcosa di così sottilmente velenoso nel suo modo

di esprimersi, nella falsità con cui sembra preoccuparsi per Viviana... Quando invece mi sembra esattamente il tipo in grado di esultare per la scomparsa di una rivale.

«Siamo in piena indagine, dottoressa Ferrante, ci sono ancora tante ipotesi...» Lei annuisce con la stessa laida comprensione che certe conduttrici riservano ai casi umani in tv. «Lei ci è stata estremamente utile. Non sa quanto.»

Il tono di Calligaris è talmente ambiguo che non riesco a capire con certezza cosa voglia intendere. Forse, in definitiva, non sottintende nulla.

Stavo solo pensando che non so stare senza di te
Lovely Complex

Mi sento come un topo in un labirinto. Sarà perché Curreri è impegnato in un congresso all'estero, e Calligaris non può interrogarlo. O forse perché nonostante abbia convocato formalmente Daniel Sahar per parlargli, lui ancora non si è visto.

Oppure, è perché Arthur aveva promesso che sarebbe tornato per un weekend a Roma, e invece ha rimandato.

Sono schiava degli arrivi e delle partenze altrui, insomma.

Una volta tanto, però, giocano a mio vantaggio: domani, con un glorioso intercontinentale di poco meno di quattordici ore, da Osaka con furore, farà ritorno Yukino.

Io e Cordelia andiamo a prenderla; ci siamo fatte prestare l'auto di mio fratello.

La vediamo agli arrivi con la sua solita valigia gigante, la lunga frangetta autogestita, un paio di collant a pois e delle ballerine di vernice rossa. Sembra sempre un po' una cosplay.

Tanto più che – mi accorgo con rammarico – ha dimenticato un po' d'italiano: Yukino ama le lingue straniere, ma non è aiutata da una buona memoria.

« Bella tua borsa di palle! »

« Di *pelle*, Yukino, di pelle. »

« Oh! Grande guaio, sto dimenticando tante cose. »

« Ma non dimentichi quanto ti piace la pizza » osservo, guardandola mentre ne trangugia una fetta nemmeno particolarmente buona. Ne aveva talmente tanta voglia che ci siamo fermate in un bugigattolo.

Arrivate a casa, come fosse insaziabile, chiede del gelato al gusto gianduia, con tanta, tanta panna. Peraltro come sempre ha difficoltà ad adeguarsi al fuso, e dopo un'altra passeggiata – aveva nostalgia di Campo dei Fiori – mentre noi siamo stanche e non vediamo l'ora di andare a letto, lei è desiderosa di uno dei party dei vecchi tempi, a base di maratone tv e Pringles.

Alle due sono stremata come se facessi da baby sitter a una ragazzina prepubere da quarantotto ore senza sosta.

Dividerà la stanza con me, perché casa di Cordelia non dispone di alternative. Abbiamo comprato una brandina che le ho allestito con delle lenzuola nuove. Quando è aperta, nella stanza non riusciamo a muoverci.

« Forse io disturba... »

« Che dici! »

« Non riesco ad addormirmi. »

« È il fuso... »

« Posso leggere? Con lampadina? »

« Certo, Yuki. »

Sfodera dalla borsa un libro di Moravia. « Vorrei rivedere Arthur. »

« A chi lo dici. »

« Quanta paura! » dice riferendosi alla falsa notizia del suo incidente.

« Pare che tornerà la prossima settimana. Con un po' di fortuna lo incontreremo. »

« Gli parlerai? »

« Prima ne ero più convinta. Adesso non lo so più. Ero spinta dalla paura di perderlo per sempre. Ora che so che è vivo e vegeto, mi sento in imbarazzo al pensiero di dirgli... qualunque cosa. »

«In Giappone diciamo: domandare non costa che un istante di imbarazzo, non domandare è essere imbarazzati per tutta la vita.»

Si accovaccia meglio sotto il piumone, gli occhi oblunghi che brillano. Un piccolo e dolce sorriso e due fossette ai lati della bocca.

Ha la capacità di portare con sé la luce, ovunque vada. Quanto mi era mancata.

Mi riconosci, ho le scarpe piene di passi

«Ah! Vi ha detto così?»

Il professor Curreri ci ha ricevuto in Dipartimento, nel pomeriggio. Non c'è nessun altro, oltre a noi. Gli abbiamo appena riferito quanto raccontato da Anita. «Che io le avrei detto di dare a Daniel gli appunti di Viviana?» Non sembra nervoso, quasi divertito. «Che situazione spiacevole e incresciosa.»

«Professore, quindi nega di aver parlato con Anita Ferrante, la sera del 22 gennaio?»

«Il 22 gennaio?»

«Sì. Il giorno prima della scomparsa di Viviana» rimarca l'ispettore.

«Potrei averle parlato, è possibile. Ma non le ho dato nessuna indicazione» si schermisce, ma pacatamente.

«Perché Anita avrebbe raccontato una bugia? Sapeva che le avremmo parlato. Lo immaginava, perlomeno.»

«Ispettore, ho molte qualità, ma non so ancora leggere nella mente delle donne!» esclama con fare piacione, con un sarcasmo che mi sembra fuori luogo.

«È pur vero che Daniel era in possesso di quegli appunti» ribatte Calligaris, serio.

«Ma io non ho avuto nessun ruolo in questo passaggio.»

«Sarà necessario chiarire questo punto. È disponibile per un confronto tra lei e Anita?»

«Se non può farne a meno...»

«Professore. Mi rendo conto che si tratta di una domanda... spiacevole, come ha detto lei. In che rapporti è con Anita Ferrante? »

Curreri diventa scuro in volto. « Rapporti che non dovrebbero esserci tra docente e discente. Lo ammetto, perché so che lo scoprirebbe comunque. E per dimostrarle che non è mia intenzione nascondere nulla. »

Allora le voci erano fondate. Ne sono sorpresa, lo ammetto. « È ancora così? Può essere più dettagliato? »

« In realtà non più, da poco tempo. Andava avanti dal 2005, prima della partenza per Gerico. Ma non ho mai agevolato Anita » ci tiene a precisare, come se la gravità della cosa avesse ripercussioni esclusivamente sulla sua figura di docente equo e retto. « Mi si può accusare di qualunque cosa, ma non di questo! Dirò di più: Anita era molto insofferente al pensiero che sul piano professionale prediligessi Viviana. Ne era gelosissima. Ma io ho sempre tenuto le cose ben distinte. »

« Buon per lei » commenta Calligaris, cupamente.

« Ispettore, colgo una nota di polemica nel suo tono. Non sono fiero di questa storia, mi creda. È stato difficilissimo, per me, accettarla. Ma è andata così. È una relazione che mi ha sempre comportato molto dolore, dall'inizio alla fine e lavorare insieme, adesso, non è d'aiuto. »

Calligaris mi sembra spazientito. Finisce col salutare frettolosamente il professore, omettendo alcune domande che io avrei ritenuto sensate. Su Daniel, per esempio, e sulla partenza che Anita ha definito improvvisa e repentina.

« Poche cose sono squallide quanto due ex amanti che cercano di gettare ombre l'uno sull'altro » dice.

« In che senso? »

« Non lo hai colto? Anita ha tirato in ballo Curreri solo ora che è stata scaricata. E Curreri, adesso, ci fornisce il perfetto movente per cui Anita avrebbe fatto fuori Viviana. »

« E ancora non è chiaro che ruolo abbia Daniel Sahar in tutta la faccenda » aggiungo.

« Quel Sahar continua a rimanere un mistero, per me. »

« Notizie del suo arrivo? »

« Domani, pare. »

Accompagno l'ispettore nel suo ufficio e sto quasi per andare via quando un suo assistente ci annuncia l'arrivo di un ragazzo che vuole parlare con lui, a proposito del caso Montosi.

Naturalmente non mi schiodo di un millimetro. Il ragazzo fa il suo ingresso e io sono pronta ad ascoltare, in disparte, ma con le antenne ben sintonizzate.

Il ragazzo si presenta. Ha più o meno la mia età. Indossa una polo felpata e jeans; ha l'aria molto rispettabile.

« Ieri, in tv, per puro caso ho visto la foto di Viviana Montosi » spiega, mentre l'ispettore lo ascolta speranzoso. « E ho riconosciuto in lei la ragazza che ho visto esattamente il 23 gennaio del 2006. »

Calligaris sgrana gli occhi. Sembra sfiduciato. « Signor Roversi, come può ricordare così bene un volto visto anni fa? »

« È una curiosità legittima, lo ammetto! Vede, ispettore, quel giorno – era pomeriggio, più o meno – stavo andando a casa di un compagno di studi, per prepararci in vista di un esame. Ho visto quella ragazza – Viviana – sulla metro. »

Un momento. La faccenda della metro mi intriga: nella tasca di Viviana c'era proprio un biglietto, obliterato alle sedici del 23 gennaio. Ma è un dettaglio che non è mai stato reso noto.

« Abbiamo percorso un lungo tragitto insieme: dalla Valle Aurelia a Re di Roma. Vede, io studiavo alla Regina Apostolorum, ero appena sceso dall'autobus. Lei è salita alla fermata Lepanto, mi pare. »

«Che ora del pomeriggio? » domanda Calligaris, scrupolosamente.

«Difficile essere preciso... però, posso dirle che all'epoca finivo le lezioni alle quindici. Il tempo di prendere l'autobus e della strada, immagino fossero più o meno le quattro, ma davvero non me la sento di giurarlo. »

Fin qui tutto quadra, perché la fermata Lepanto è la più vicina a casa di Viviana. Anche questo dato, come potrebbe conoscerlo? Sento che fin qui non mente. È un po' inquietante che ricordi tutto così bene, ma ci sarà una ragione. E difatti, poco dopo, come se mi avesse letto nel pensiero, Roversi spiega la ragione per cui ricorda così bene Viviana.

«Era una ragazza molto graziosa. Aveva un'aria esotica. Ispettore, in poche parole, io c'ho provato con lei, un po'. »

«Ah! Bravo » ribatte Calligaris con fare accondiscendente.

Roversi abbozza un sorriso timido. «Mi sono avvicinato e le ho parlato con una scusa. Lei è stata socievole, gentile. Quindi, abbiamo chiacchierato fino a quando non siamo scesi insieme alla fermata Re di Roma. Sorprendentemente, abbiamo scoperto di essere diretti allo stesso indirizzo. Abbiamo quindi fatto a piedi la via Aosta, fino in via Fidenza. »

Calligaris aggrotta le folte sopracciglia scure. «Bene. Poi? »

«Poi abbiamo fatto la stessa strada. E sa com'è... le ho chiesto il numero di telefono. Lei me lo ha dato. Io le ho sorriso. Lei mi ha sorriso. E ci siamo salutati. »

«Dove, esattamente? »

«Sull'ascensore. Io sono sceso al secondo piano, per raggiungere casa del mio compagno. Lei andava a un piano più alto... »

«È già molto » esclama Calligaris, ipereccitato. «Ha altro da aggiungere? »

«Sì: io ho provato a chiamarla la sera stessa. Ma il cellulare era irraggiungibile. Ho riprovato il giorno dopo, e quello dopo ancora, senza risultato. Tant'è che ho pensato che lei non volesse saperne di rispondermi, e dopo un po' non ho più riprovato. Anche se per qualche tempo mi sono chiesto: perché darmi il suo numero, se poi non voleva essere rintracciata? »

« E non sapeva niente della sua scomparsa? Sui giornali e in tv se n'era parlato... » obietta Calligaris, sospettoso.

« Ecco, veramente no. Non ne ho saputo niente fino a ieri. Potrà sembrarle strano, ma è così. Non guardo mai la tv e poi, poco dopo aver conosciuto Viviana, sono partito per un soggiorno di studio all'estero. Ieri è stato un puro caso. Stavo tenendo compagnia a mia madre, che a sua volta stava seguendo un programma su non ricordo che canale. Ho telefonato subito in redazione e mi hanno detto che sarebbe stato meglio parlare direttamente con lei. »

« Hanno fatto benissimo. »

« Se non mi credete, potrete controllare i tabulati telefonici! Non è così che si fa? Troverete le mie chiamate. Questo è il mio numero » conclude scrivendo con la mano sinistra una fila di numeri su un cartoncino che aveva in borsa.

Lo porge a Calligaris con gentilezza. « Se lo avessi saputo prima, mi creda, non avrei esitato a raccontare tutto. Non conoscevo nemmeno il suo cognome, ispettore. Soltanto il suo nome e il suo numero di telefono. E non era l'epoca di Facebook: rintracciare una quasi sconosciuta era difficile. Credevo semplicemente che non fosse interessata a me, e non ho insistito. Piano piano, l'ho dimenticata. »

« Ascolti, signor Roversi, cos'altro ricorda di Viviana? Qualunque parola, anche quella apparentemente più sciocca, può essere importantissima. Viviana è scomparsa lo stesso giorno in cui vi siete conosciuti. Lei potrebbe essere stata l'ultima persona a vederla viva. » Calligaris ha un'aria molto seria. Il ragazzo recepisce la gravità dei fatti e sembra davvero concentrato.

«Non mi ha detto molto. Abbiamo chiacchierato del più e del meno. Mi ha raccontato che studiava archeologia e che presto sarebbe partita per la Francia. Le ho chiesto se avesse un fidanzato, ma lei era stata sibillina. Ha detto: *È complicato*, una cosa del genere. Io ho parlato molto. Sono un chiacchierone e volevo far colpo su di lei.»

Forse non c'era riuscito, o forse sì. Il cuore di Viviana era ingabbiato da Daniel e ho la sensazione che non lo avrebbe dimenticato facilmente, se avesse potuto continuare a vivere.

Calligaris congeda il ragazzo chiedendogli di rimanere a disposizione, e io vorrei entrare subito nel vivo delle elucubrazioni. Dirgli che così abbiamo la conferma definitiva che alle sedici del 23 gennaio Viviana era ancora viva, e che quindi non può essere stato Daniel Sahar a ucciderla, visto che era partito alle tredici dello stesso giorno. Non so perché, ma ho come l'esigenza di escludere che lui c'entri qualcosa. Direttamente, perlomeno. Forse perché mi rifiuto di credere che a spezzare la sua vita sia stata proprio la persona che lei amava. Di storiacce così sono pieni i libri, i giornali e la tv, ma io mi rifiuto di credere che sia amore. L'amore, quello vero, non uccide. Calligaris, però, non è reattivo.

Senza proferire una parola è al computer, concentratissimo.

«Ispettore...»

«Shhh» sibila, nel pieno di un'estasi investigativa.

Ottiene la risposta che stava cercando in breve tempo.

«Indovina indovinello: chi abita in via Fidenza 4?»

«Il professor Curreri?» domando, per dargli soddisfazione. In realtà però la risposta mi appare scontata.

«Esatto! Forza Alice, andiamo a fargli visita.»

Mio caro, forse non sarai dove ti aspettavi, ma sicuro si tratta del posto dove dovevi essere

Kurt Vonnegut

La casa di Curreri è caratterizzata da quel tipico gusto borghese che andava di moda qualche tempo fa. Parquet di ciliegio europeo, pareti color crema, abbondanza di antiquariato.

Ha aperto il portoncino il professore in persona; indossa ancora gli stessi pantaloni di questo pomeriggio, ma porta anche una giacca da camera english style e delle pantofole coordinate. Ha un'aria molto distinta, da nobiluomo d'altri tempi.

Non nasconde una certa perplessità, appena ci rivede. Ci fa accomodare nel suo studio, tappezzato da una carta da parati color cipria con effetto damascato. Sulla scrivania, libri di archeologia, penne di valore, uno scarabeo gigante, color smeraldo, di un materiale simile alla ceramica. Rotto in un lato.

Mi sorprende vedere una fotografia dei componenti della missione italiana a Gerico – inclusa Viviana – incorniciata nell'argento.

«Professore. Sono molto sorpreso» esordisce l'ispettore, spaparanzato sulla poltroncina di fronte a lui. «Le credevo, davvero, quando diceva che non voleva omettere nulla.»

«È così, infatti» risponde, fin troppo solerte.

«E cosa mi dice, allora, della visita che ha ricevuto, da parte di Viviana, proprio il giorno della sua scomparsa?»

«La nego. Non è mai successo.»

« Sappiamo per certo che Viviana è stata qui. Intorno alle quattro e mezzo di pomeriggio del 23 gennaio. »

« Quel pomeriggio non c'ero. Lo ricordo distintamente. Era lunedì. In quell'anno accademico, ogni lunedì, tenevo dei seminari in Dipartimento. »

Rifletto, e vorrei dire subito a Calligaris che in effetti noi non abbiamo nessuna certezza che Viviana abbia incontrato Curreri.

E se, per esempio, stesse cercando Daniel senza sapere che era partito prima? Oppure stava cercando il professore, senza ricordare che non lo avrebbe trovato a casa.

Ci sono diverse ipotesi: quella che lei e Curreri si siano incontrati qui a casa del professore, e che lui lo abbia omesso e ora lo stia negando, è solo una delle tante.

« Vuol dire che in casa non c'era nessuno, a quell'ora? »

« Daniel era già partito. Ella lo aveva accompagnato in aeroporto, poi ha incontrato un'amica e ha trascorso con lei tutto il pomeriggio. Non è rientrata fino all'ora di cena. Quindi, direi che no, non c'era nessuno, a parte la signora delle pulizie. »

« Vorrei parlare con sua moglie, professore » chiede Calligaris, con tono pacato ma fermo.

« Non c'è problema. La chiamo subito. »

Curreri ci lascia da soli per qualche istante, per poi tornare accompagnato da Ella.

È una donna che sembra molto sicura di sé. Ora che ho conosciuto Daniel, mi accorgo di una certa somiglianza tra i due. Gli occhi dorati sono gli stessi, come pure il naso importante e l'incarnato di velluto.

Ella si siede di fronte all'ispettore, un sorriso gentile sul volto. « Come posso aiutarla? » domanda con una simpatica pronuncia straniera.

Calligaris le fornisce una formale sintesi dei fatti di quel giorno, ma Ella lo anticipa. «Capisco ispettore. Certo che ricordo quel pomeriggio. Ho accompagnato Daniel in aeroporto e poi sono stata a Frascati, a trovare una vecchia amica. Sono rientrata nel tardo pomeriggio. E... ora che ci penso, sì... Erandi, la nostra domestica di allora, mi aveva detto che qualcuno ci aveva cercati. Una ragazza, disse, ma non si era presentata. Non avremmo mai immaginato che fosse Viviana» conclude tristemente.

Poi, un guizzo nello sguardo furbo. «È possibile che se fossimo stati in casa, se ci avesse trovati, tutto sarebbe stato diverso. Forse, non sarebbe morta.»

«Ho seri dubbi su questo, signora» interviene Calligaris, spezzando la poesia del momento. «Può dirci dove possiamo trovare... come ha detto che si chiama, Erandi?»

«A Ceylon, temo! È rimasta con noi poco più di un anno. Posso fornirvi il suo nominativo, certo, ma non credo che potrà esservi utile.»

«Tentar non nuoce!» ribatte prosaicamente l'ispettore.

Ella abbozza un sorriso un po' cupo, prima di scrivere il nome di Erandi Peterhemalge su un foglio con la carta intestata del marito, che porge a Calligaris.

* * *

L'ultima volta che ho condiviso una stanza d'albergo con un uomo è stata una specie di tragedia.

Oggi, assaporo uno strano senso di libertà.

«Vuoi davvero tornare in Israele?»

«Vorrei visitarlo meglio, sì.»

«È un luogo che non dovrebbe esistere.» Dopo un'affermazione così netta e crudele, Arthur si mette in piedi e prende una Guinness dal minibar. «Ci sono stato nel 2008. Per un mese i giornalisti non hanno avuto accesso a

Gaza: questo significa vietare la libertà d'informazione. Era il 29 gennaio, quando finalmente sono entrato. A El Atatra, le truppe israeliane avevano distrutto una delle più grandi scuole di Gaza, l'American School. Poi, con i bulldozer, hanno sradicato tutti i giochi nell'area dei bambini, dietro la scuola. Questi atti sono indice di un'inciviltà irrazionale. »

« All'epoca lavoravi ancora come giornalista di viaggi? »

« Infatti era un reportage su Eilat, perla del mar Rosso » risponde con tono sarcastico. « Ma io non ho resistito e ho voluto fare un giro lontano dai circuiti turistici. A Mea Shearim, il quartiere ebreo ortodosso di Gerusalemme, mi hanno tirato addosso una pietra » conclude pieno di stizza mostrando una cicatrice sulla fronte, ormai invisibile – almeno ai miei occhi miopi.

Arthur sarebbe andato d'accordo con Viviana: è infervorato come se si trattasse di una questione personale. « Si fa un gran parlare dell'estremismo islamico ed è facile demonizzare i palestinesi; pochi si rendono conto, al contrario, di quanto in Israele i ruoli siano invertiti, nella realtà. »

Arthur ha due profonde occhiaie. È tornato per il weekend, come da promessa – che strano effetto vederne mantenuta una! – e ha scelto di dormire in un hotel vicino al Vaticano. Dopo aver cenato con pizze a domicilio, Yukino e Cordelia sono rimaste a casa, a tifare per noi. Credono che siamo usciti per una passeggiata; in realtà abbiamo percorso a piedi solo la distanza tra il nostro appartamento e il suo hotel.

Volevo che accadesse, e anche lui.

Prendo anch'io un sorso di birra. Il sapore acre mi rinfresca.

« Non so, Arthur, è una questione troppo complicata per me. Israele mi piace. Alla politica non ci penso. »

« Sai, dovresti... »

«Arthur» lo interrompo. «Puoi rilassarti, una volta tanto. Non sei con Alicia. Magari con lei parlavi di questa roba. Be', a me non interessa. Sono ignorante e mi va bene così. Siamo liberi di farci una sana...»

Mi freno d'istinto. Arthur mi fissa un po' allibito. Ed è in questo momento che capisco una cosa fondamentale.

Claudio avrebbe riso. Mi avrebbe zittita lui, magari con un bacio. Certo non mi avrebbe fatto sentire un po' a disagio, come sta facendo Arthur in questo preciso momento.

Arthur, con la sua bellezza, i suoi ideali, il suo essere astratto e sempre più lontano.

Il nostro *revival* è un'aberrazione. È infruttuosa ostinazione. È cercare di far rivivere qualcosa che non esiste più. Non basta aver paura per la sua vita, per essere spinti a costruire qualcosa. E poi, bisogna essere in due, mentre io sono sempre più sola.

Indosso lentamente il maglione, spazzolo la frangetta, annodo i capelli in una specie di coda.

Lui accende la tv su Sky News24. Sembra ipnotizzato dalle notizie provenienti da Damasco. Nemmeno si accorge che mi sto preparando per andare via, e quando sente il rumore della porta che ho appena chiuso mi segue in silenzio, restando fermo sul ciglio della porta che ha appena riaperto.

«Forzare le cose non ci restituirà quello che c'era un tempo» osservo, più come se parlassi con me stessa che con lui.

Annuisce, ma sembra profondamente intristito. «Ci rincontreremo» dice, come se in parte lo sperasse.

Ci sono storie che non sono destinate a finire bene. Nonostante l'impegno, nonostante l'affetto. La nostra è andata così.

Smetto di accontentarmi e di abitare castelli di sabbia. Merito qualcosa di più.

Forte come la morte è l'amore

« Quella domenica sera. Certo che ricordo bene. È stata Anita a darmi il taccuino, sì. Ero intenzionato a restituirlo a Viviana, naturalmente. »

« E perché non lo ha fatto? » domanda Calligaris, le mani conserte e nervose come se volesse appallottolare la frustrazione di non riuscire a risolvere il caso.

Lo sguardo di Daniel è del colore delle tenebre. « Perché lei non ha voluto nemmeno parlarmi. Sono partito la mattina seguente senza riuscire a vederla. »

Sapendo quello che ho appreso da Ambra – e che la povera Viviana non ha nemmeno trovato il coraggio di rivelare a Bex – vorrei tanto dirgli: *Ma cosa ti aspettavi, dopo essere stato con Ambra solo per ferire Viviana?*

« A proposito. Lei è partito all'improvviso, ci ha detto, e così ci risulta, in effetti. Per quale ragione? »

« Perché io sono un impulsivo. Ero stufo di inseguirla e ho deciso di tornare a Tel Aviv. »

« Signor Sahar, perché ha fatto finta di non conoscere Ambra Negri Della Valle, durante il nostro primo incontro? » la domanda mi è scappata come un'insopprimibile flatulenza.

Lui è ferale, mentre risponde. « Non è esatto. Io non ho finto di non conoscerla. Vi ho anche detto che il nome me lo ricordavo. Il resto... Il resto, non ho visto allora né vedo adesso perché mai vi debba riguardare. Quando mi avete chiesto del nostro incontro a Tel Aviv, ho preferito omettere il dettaglio di quegli insignificanti incontri tra di noi. Sono fatti personali, e credevo che fossero trascurabili... e del resto lei non mi ha mai chiesto se io la conoscessi già da prima. »

« Be', lei ha incontrato Ambra la sera del 22 gennaio. E ha dimenticato il taccuino di Viviana a casa sua. Non è così? »

« Sì, è così. Lei ha voluto vedermi per discutere – per insultarmi, in realtà. Me lo meritavo, okay, me lo meritavo: mi sono comportato in maniera tremenda con lei. È stato un incontro talmente spiacevole che me ne sono andato da casa sua di fretta e arrabbiato. E ho dimenticato il taccuino. E ho deciso di andarmene: ne avevo abbastanza di tutta la storia. »

« E non le importava recuperare il taccuino di Viviana? »

« Volevo semplicemente chiudere. Pensavo che Ambra avrebbe avuto maggior fortuna nel restituirglielo. Ma poi le cose sono andate come sono andate, e alla fine è tornato nelle mie mani. »

Calligaris resta per un po' in silenzio, e si gratta la tempia, segno che sta riflettendo intensamente.

« E quindi, signor Sahar, lei ha preso l'aereo alle tredici. Prima di partire non ha più rivisto Viviana? »

Daniel apre un varco alle tenebre e fissa l'ispettore come incredulo. « Perché insiste? Le ho detto che non ricordo precisamente quando l'ho vista, di sicuro non il giorno stesso della mia partenza. Lo ammetto, vi ho mentito dicendo che i nostri rapporti erano sereni... Ma vuol sapere perché sono così nervoso, se solo ci ripenso? Perché l'ho implorata di parlarmi di nuovo, subito dopo aver avuto il taccuino da Anita. Averlo dato a lei è stato un gesto pieno di significato, da parte sua. Gettare via tutto quello che le ricordava me. E sono tornato a Tel Aviv quasi pentito di esserle corso dietro come un cagnolino, mi sentivo umiliato. E l'ho odiata con tutta l'anima per avermi respinto, per avermi fatto sentire così impotente. E poi, dopo che è scomparsa, tutto si è rivoluzionato. Mi sono rimproverato di non averlo fatto abbastanza. Il senso di umiliazione si è come annullato. All'improvviso ho capito che mi era rimasto solo l'orgoglio, e che non me ne facevo nulla. E di quell'odio non era rimasta nessuna traccia. Anzi, la volevo indietro più che mai. E non averglielo detto prima che sparisse resta ancora oggi il più grande rimpianto della mia vita. Un rimpianto che mi schiaccia, ancora oggi, ogni giorno. »

Difficile non credergli: il dolore incrina la sua voce, rende torvi i suoi occhi, offusca quella sua vaga aria di ragazzaccio e fa di lui un uomo spezzato.

« Quindi, dopo essere stato da Anita Ferrante, è andato da Ambra Negri Della Valle? È corretto? »

« Prima di incontrare Ambra, ho tartassato Viviana di telefonate. Tutte senza risposta. Ho riaccompagnato a casa il mio patrigno, il professor Curreri, e poi ho raggiunto Ambra. »

Calligaris sembra confuso. « Un momento. Ho perso un passaggio. Il suo patrigno era con lei? »

« Siamo andati insieme a casa di Anita. »

Questo Anita non lo aveva detto. E nemmeno Curreri. Non mi è chiara la ragione per cui l'hanno tenuto nascosto. « Curreri ha incontrato Anita? Oppure è rimasto in automobile? » gli chiedo.

« Non ricordo... non è stata una cosa cui ho dato importanza. »

« La prego, si sforzi » interviene Calligaris.

Daniel resta un attimo in silenzio. « Forse... no, in effetti non è venuto con me fino a casa. No. È andata così: ha chiesto di rimanere in auto, non voleva perdersi in chiacchiere con Anita. Ha detto così. »

«E Anita non lo ha visto?»

«Non saprei proprio dirlo! Se non ricordo male, Anita abitava in una villa. Ha aperto il cancello elettrico e noi siamo entrati fino all'area in cui ho visto parcheggiate le auto della famiglia. Guidava il mio patrigno. Io sono sceso dall'auto e ho suonato al campanello.»

«Le è sembrato che il professor Curreri non abbia voluto incontrare Anita per qualche ragione in particolare?»

Daniel scuote il capo ricciuto: «Sembrava semplicemente annoiato».

* * *

«Ho la sensazione, anzi, un vero e proprio terrore, che non potremo dimostrare nulla.»

Calligaris ha atteso che la porta si chiudesse alle spalle di Daniel Sahar, prima di lanciarsi nella sua personale ricostruzione dei fatti.

«È poco ma sicuro: a uccidere Viviana è stato Curreri. E se non lui, Anita. O tutti e due insieme. Non credo a nessun'altra ipotesi.»

«Perché Curreri, ispettore? Non riesco a trovare una valida motivazione. I fatti non fanno che dimostrare che lui apprezzava Viviana e le era sinceramente affezionato. Era la sua allieva prediletta, molto più che Anita. Al contrario, è proprio lei ad avere buoni motivi per desiderare la morte di Viviana. Invidia. Gelosia. In più, quella coroncina sepolta insieme a lei...»

«Vedi, Alice, dobbiamo sempre diffidare dell'ovvio. Con quella coroncina nella fossa di Viviana, Anita avrebbe lasciato una traccia che conduceva a lei, più o meno indirettamente. Non sarebbe stato un gesto prudente. Non me lo aspetto da un tipo come Anita.»

« Io lo interpreterei come un gesto di disprezzo. »

« Giusto. Ma troppo irrazionale. In ogni caso, restano molti punti oscuri da chiarire. Se è stato Curreri, bisogna capire il perché. Se è stata Anita, bisogna ammettere una buona dose di stupidità nel suo gesto. »

« Escludiamo... Malversini? » domando, il sangue trasformato in ghiaccio sciolto al solo pronunciare il suo nome. Vorrei che quell'individuo fosse chiuso in un luogo senza finestre e senza porte.

« Malversini era chiamato in causa dato il parallelismo tra la scomparsa di Viviana e quella di Ambra. Il fatto che fosse psicopatico e che avesse aggredito la tua collega rappresentava un elemento in più, ma direi che attualmente resta l'ipotesi meno probabile. Del resto, come avrebbe potuto procurarsi quella coroncina? »

« Ispettore, potrei riguardare i tabulati telefonici degli ultimi giorni di Viviana? »

L'ispettore estrae i fogli dal fascicolo, e me li porge con aria stanca.

Accanto a ogni numero, il corrispettivo proprietario.

Alle dodici e quaranta del 23 gennaio, una chiamata da Daniel. L'ennesima, ignorata.

Alle quindici, una telefonata da un numero fisso. Quello del Dipartimento di archeologia. La conversazione è durata dodici minuti.

« Ispettore, chi ha chiamato Viviana dal Dipartimento, il giorno della sua morte? »

« Ah, quella telefonata. Ho parlato con la segretaria. Pare che fosse stata lei a chiamarla, per questioni amministrative. »

« Di che tipo? »

« Mi ha detto che è stata una telefonata breve. Una semplice informazione sulla presentazione della domanda di Viviana all'esame per il dottorato di ricerca. »

« La chiamata è durata dodici minuti » osservo.

« Infatti è stata breve. Appunto. »

« Ispettore, guardi che dodici minuti non è poco. »

« Ma nemmeno tanto. In ogni caso, non importa. La segretaria del Dipartimento non c'entra nulla in questa storia. »

Calligaris sembra sfiduciato. Mi congeda con quel fare distratto che ha quando si sente frustrato.

* * *

Percorro parte del tragitto verso casa a piedi.

Mi prendo in giro dicendomi che lo faccio al posto della palestra. La realtà è che voglio fermarmi ad acquistare un golfino color verde bosco che ho visto nella vetrina di un negozio qualche giorno fa. Non l'ho comprato perché – come al solito – ero in ristrettezze. Oggi, però, ho trovato la bella sorpresa dell'emolumento sul conto corrente. Bisogna festeggiare – e alleggerirlo subito, ovviamente.

Poco dopo, oltre al golfino, ammonticchiati sulla cassa ci sono una gonna, una sciarpa, e un poncho viola: non c'era davvero modo di resistere.

« Attenta! » esclama la commessa.

« A cosa? » domando piuttosto perplessa.

La ragazza indica con lo sguardo uno scarabeo di ceramica turchese poggiato sul banco accanto alla cassa e si affretta a scostare il mio magnifico poncho, prima che lo stesso – per come l'ho posizionato incautamente – lo faccia cadere a terra.

Ma è troppo tardi. Lo scarabeo piomba sul pavimento in laminato.

« Mi scusi! »

Alla ragazza le mie scuse non sembrano bastare. «Che guaio!» esclama, tutta agitata.

Si china per raccogliere lo scarabeo, che è del tutto integro, per fortuna. È molto simile a quello che ho visto sulla scrivania di Curreri. Quasi uguale, se non fosse per il colore. «Per fortuna non si è rotto» osservo, ben contenta di non dover risarcire.

«Ah be'. È molto resistente, per sua fortuna! Mi sa che più probabilmente si sarebbe rotto il suo piede, se gli fosse caduto sopra!»

La ragazza ridacchia, mentre nella mia mente si accende un faro, luminoso, accecante.

Afferro la borsa con i miei nuovi acquisti come se fossi in trance, e chiamo un taxi per raggiungere Calligaris, di corsa.

La commessa mi guarda come se fossi una fulminata, mentre mi sente esclamare al cellulare: «Ispettore! Mi aspetti in ufficio! Ho capito, ho capito tutto: so cos'è successo a Viviana!»

Ti accorgesti in un solo momento che la tua vita finiva quel giorno e non ci sarebbe stato ritorno

Calligaris mi ha ascoltata attentamente. Man mano che gli raccontavo la mia versione dei fatti, come per magia la storia diventava sempre più credibile. E percepivo distintamente che fosse l'unica versione possibile. Alla fine del mio racconto, l'ispettore ha mimato un piccolo applauso.

« Non so se essere orgoglioso o un po' invidioso, mia piccola allieva. Andiamo a farci una chiacchierata con i protagonisti di questa storia. Magari riusciremo a far aggiungere da loro i dettagli che la tua testolina da Sherlock Holmes non è riuscita a chiarire. Con un po' di fortuna, li troveremo tutti e tre » aggiunge dopo una rapida occhiata allo Swatch, che segna le otto di sera.

In effetti, Calligaris ha ragione. Al numero quattro di via Fidenza, tre commensali stanno per mettersi a tavola. Sono il professor Curreri, Ella e Daniel.

Non so se scherza, il buon professore, quando ci invita ad aggiungerci alla loro tavola. Calligaris declina l'invito cortesemente.

« Ci dispiace disturbarvi proprio mentre stavate per cenare. Saremo brevi. Possiamo parlare nel suo studio, professore? »

Curreri scansa il ciuffo bianco con la mano, un po' nervoso. « Solo con me? »

« No, professore. Con lei e con la sua famiglia. »

Daniel allontana la sedia dal tavolo da pranzo. « *I'm ready.* »

Ella, con ancora il mestolo in mano, lo ripone nella zuppiera.

« Prego, allora. Seguitemi nello studio. »

È una stanza piccola; solo ora mi accorgo dei minuti dettagli che la rendono incantevole. E mi chiedo quale sia stato l'ultimo dettaglio fissato da Viviana, prima di morire in questa stanza.

« Su, Alice. A te la parola. »

Non mi sono ancora abituata ai colpi bassi dell'ispettore. È con abbondante imbarazzo che inizio a parlare.

« Il 23 gennaio del 2006, Viviana ha ricevuto una telefonata dal suo Dipartimento, professore. Per ragioni amministrative, ma è stata una conversazione breve. Nel corso della stessa telefonata, lei ha chiesto che le passassero la comunicazione. » Curreri tossicchia leggermente. « Vuole che le dica di cosa avete parlato? »

« Posso dirglielo io. Ho chiesto a Viviana di riconsiderare la sua posizione. O, perlomeno, di portare a termine il lavoro iniziato con Daniel. E di non fare sciocchezze, dando via tutto il materiale che aveva raccolto fino a quel momento. »

« Viviana è a disagio: la sua decisione è già presa. Ma lei, professore, insiste: le chiede di incontrarla qui a casa sua, nel pomeriggio, per provare ancora una volta a convincerla. »

« Dovevo farlo. Non capite? Viviana era la migliore allieva che avessi mai avuto in tanti anni di insegnamento. Una ragazza brillante, appassionata. Aveva spirito di sacrificio. Se non fosse stato per Daniel » afferma con uno sguardo severo verso il figliastro, « Viviana non avrebbe mai lasciato il Dipartimento. E poi lei nutriva una sincera passione per la Palestina. Quella scelta di andare ad Amiens era totalmente sbagliata. Era mio dovere tentare di convincerla, almeno un'altra volta. »

« Peccato, però, che avesse dimenticato un dettaglio. Lei

quel lunedì pomeriggio era impegnato per un seminario. Ma poco importa: si dice che a Viviana non sarebbe dispiaciuto trascorrere del tempo con Ella, in attesa del suo rientro. Abbiamo verificato: i seminari non duravano più di due ore, e iniziavano alle quindici. Poco dopo le cinque lei sarebbe già stato di ritorno. Per questo non ha ritenuto necessario avvisare Viviana. Sapeva che l'avrebbe trovata qui con Ella. »

« Ella ha accompagnato Daniel a Fiumicino e poi si è fermata a Frascati » obietta il professore.

« Questo lo dite voi. La nostra idea è un'altra. Ella è rientrata per tempo, a casa. Non è stata a Frascati che per pranzo – ammesso che sia stata davvero a Frascati. In ogni caso, quando Viviana è arrivata, sua moglie era già qui. »

Daniel è stranamente taciturno. Mi aspettavo che un tipo come lui avrebbe detto la sua, giunti fin qui. Invece, in silenzio, osserva la madre come se fosse spaventato.

« Ed era ben contenta di trovarsi faccia a faccia con Viviana. Non è vero, Ella? »

La donna cerca la protezione negli occhi del marito. Infine parla, senza reticenza, come se fosse arrivato il momento di liberarsi di un segreto.

« Mi sentivo... così delusa... da lui » mormora, sull'orlo delle lacrime, indicando il professore. « Avevo capito che c'era qualcosa tra lui e una delle sue studentesse. »

Sono sollevata che abbia ammesso lei stessa il punto cruciale della faccenda.

« Delusa, certo. E come non puntare il dito contro Viviana? Lei, professore, non faceva che parlare di quanto fosse brava e brillante. E programmava per Viviana una carriera splendida, sorprendente per una ragazza così giovane. Lei, Ella, ha fatto due più due. L'amante di suo marito non poteva essere che Viviana. »

«L'ho capito quando siamo tornati da Gerico, ma ho sbagliato tutto.»

Daniel si alza in piedi. «Cosa le avete fatto?» esclama pieno di rabbia. «Come hai potuto pensare una cosa del genere!» domanda alla madre, esterrefatto.

«Fino al giorno della partenza mi hai raccontato che Viviana si rifiutava di vederti, di parlarti. Ho pensato che ti avesse usato, soltanto usato, per arrivare a lui... Ma ho sbagliato, ho sbagliato...»

Piange, Ella. Piange singhiozzando, mentre il marito pone una mano sulla sua spalla, che lei discosta delicatamente. «L'ho accusata di essere una ragazza falsa e cattiva. Le ho detto che si stava approfittando della nostra fiducia... mia e tua.» Immaginare come Viviana debba essersi sentita prima di morire mi strazia. «Lei negava, negava tutto, ma io ne ero così sicura...»

Daniel sgrana gli occhi. Si china sulle ginocchia, faccia a faccia con la madre. Lei evita il suo sguardo e lui, pieno di un fuoco insopprimibile, le afferra il viso forzandola a guardarlo.

«Cosa. Le. Hai. Fatto.» Scandisce ogni parola. Ha gli occhi lucidi.

«È stato un incidente. Posso giurarlo. So che non mi crederà nessuno. Lo sapevo anche quando tutto è successo...»

Calligaris interviene, inserendosi nel dramma familiare. «Signora Curreri, un incidente...»

«Viviana è caduta. Aveva poggiato la mano sulla scrivania, ma c'era quello scarabeo... ha perso l'equilibrio, ed è caduta. E ha sbattuto lì, contro quello spigolo» afferma, indicando la scrivania del marito.

«È caduta perché lei l'ha spinta» chiosa l'ispettore.

«In quel momento, la odiavo così profondamente... Ma non avrei mai, mai voluto ucciderla. Dopo essere caduta...

Viviana è morta quasi subito, ma c'è stato un attimo in cui mi è sembrata ancora lucida. E ha chiamato Daniel... e ho capito... tutto. »

Ella si interrompe e non riesce più a parlare. Il suo racconto coincide con le immagini che avevo ricostruito nella mia mente, più o meno. Ho immaginato, non so perché, che quella ferita alla base del cranio fosse stata procurata dallo scarabeo. Ma adesso bisogna capire se ho compreso bene anche la seconda metà del racconto.

«Poco dopo, è rientrato suo marito. Ha trovato lei sotto shock e Viviana morta. Insieme, vi siete convinti che nessuno avrebbe creduto alla versione di Ella. E anziché chiamare la polizia e concedere a Viviana il lusso della verità e della sepoltura che meritava, ci avete pensato voi. »

Curreri prova a ribattere, ma Calligaris lo interrompe. «Lei, professore, è andato quella sera stessa a casa di Anita. La signorina Ferrante, sì, la sua vera amante. Che negli ultimi tempi era diventata un po' troppo oppressiva ed esigente, non è vero? Ha pensato di sottrarre da casa sua qualcosa che, eventualmente, rimandasse a lei, nel caso in cui il cadavere venisse ritrovato. Così, in un colpo solo, si sarebbe tirato fuori da ogni sospetto e al contempo avrebbe tolto di mezzo l'amante. »

La brutalità dei fatti impone a tutti una reazione di immediato silenzio. Solo Curreri prova a obiettare qualcosa, ma viene subito bloccato da Calligaris. «Non lo neghi, professor Curreri. Anita stessa ci ha confermato, prima che noi le parlassimo, di averla incontrata il lunedì sera, quello della scomparsa di Viviana. »

È la verità. Prima di correre qui come due forsennati, l'ispettore ha telefonato ad Anita e le ha chiesto una preliminare conferma di questo piccolo tassello della teoria che abbiamo perfezionato insieme.

« Lì, a casa di Anita, trova un oggetto molto particolare...
e non le sfugge il rimando al ritrovamento della principessa
di Gerico, e a tutto ciò che ne è scaturito – mi riferisco alle
rivalità degli altri componenti del gruppo di lavoro: Carlo,
Sandra e Anita, naturalmente. »

Curreri è pallido e Daniel sembra il fantasma di se stesso.

« Trova una coroncina di plastica. Che finisce accanto a
Viviana, nella sua fossa dimenticata da Dio. »

Ella continua a piangere, in preda a una vera e propria
crisi di nervi. Daniel la osserva come se non provasse un minimo sussulto di pietà.

« Avvolgete Viviana in un lenzuolo e la caricate nella sua
Range Rover. È notte, e scegliete un luogo lontano dalla vostra zona. Un luogo che è rimasto deserto fino a qualche
mese fa, quando è stato concesso un appalto edilizio che
ha condotto alla luce Viviana – o meglio, quello che restava
di lei. »

Il tono di Calligaris è particolarmente duro. Come se
non resistesse a ostentare tutto il disprezzo che nutre per
il professore.

« Poco dopo, dovrà dirci lei quando, si è accorto che il
giubbotto e la borsa di Viviana erano rimasti appesi all'attaccapanni. Ma Viviana era già sepolta e lei non voleva tornare da quelle parti. Ha gettato in un cassonetto la sua roba,
dopo essersi disfatto dei suoi documenti.

« Non sono sicuro di un unico dettaglio: mi chiedo se
quella moneta trovata nella sua tasca sia stata una coincidenza o se l'abbia messa lei, professore, affinché Viviana pagasse
il traghettatore che l'avrebbe condotta nell'Aldilà. »

Curreri, esangue, annuisce. « L'ho messa io. Un gesto di
pietà in ricordo di tutto quello che le ho insegnato, e che ci
legava. Sbagliate, se credete che io non abbia sofferto della

morte di Viviana. Da quel giorno di gennaio, tutto è cambiato. »

Daniel sposta lo sguardo dalla madre al patrigno. Sembra afflitto dal dolore puro di un bambino.

Lascia la stanza con una tristezza quasi epica e ho il sospetto che entrambi, probabilmente, non lo rivedranno mai più.

Sono fiero di questo eterno mio incespicare

Da quando ho rivisto Ambra così in pace con se stessa, non provo più quella forma di angoscia che mi attanagliava tutte le volte in cui poggiavo lo sguardo sulla sua scrivania.

C'è stato il concorso per la selezione dei nuovi specializzandi e, nostro malgrado, la sua postazione è diventata quella di qualcun altro.

Lara ha pianto, quando ha visto questa inconsapevole ragazza, di nome Francesca, prendere il posto di Ambra.

Non mi aspettavo tanta sensibilità e, se avessi potuto infrangere il mio giuramento, certamente l'avrei rassicurata, e le avrei spiegato che adesso Ambra è più felice di quanto non lo fosse prima.

Anche Claudio, nonostante le apparenze, è incupito da un'ombra di malinconia quando entra nella nostra stanza – forse per questo lo fa il meno possibile. Adesso adotta sempre di più il metodo Wally, facendomi convocare dalla segretaria e intimandomi di raggiungerlo nella sua stanza nel più breve tempo possibile.

Come stavolta.

Mi presento al suo cospetto carica di fascicoli per una perizia che gli sto scrivendo sottobanco. La ragione ufficiale è che devo imparare come si fa. Quella reale, che sottende questo slancio didattico, è una scadenza della Procura che lui non è in grado di rispettare per via del troppo lavoro.

«Come siamo diventate brave. E veloci» commenta, sfogliando i documenti che ho stampato per lui.

Ha i capelli un po' più lunghi del solito. È aitante più o meno come sempre.

Credo che sia una specie di anatema che qualcuno mi ha lanciato, trovarmi a pensare a lui quando sono con Arthur, e viceversa. Una maledizione per cui non posso essere felice né tra le braccia dell'uno né tra quelle dell'altro.

«Per sdebitarmi devo come minimo portarti a cena, stasera.»

«Per il lavoro che mi hai sbolognato, non c'è pagamento che basti» osservo.

«Nemmeno in natura?» chiede con fare malandrino, alzandosi dalla sua poltroncina.

Si specchia sul cristallo dell'anta della sua libreria, tutto compiaciuto. «Quanto sono avvenente» commenta, e non mi è chiaro se sia serio o no.

«E modesto, soprattutto.»

«La modestia è la virtù dei deboli. Passo a prenderti per le nove, prenoto al Wine Time. È gradita una mise curata: ho bisogno di rifarmi gli occhi.»

* * *

Indosso un abitino di Chloé che ho preso in saldo due giorni fa, sotto la lungimirante supervisione di Yukino. Ogni tanto fa piacere sentirsi un po' civettuole e più carine del solito – e poi, lo confesso, in presenza di Claudio ci provo sempre a esserlo un po' di più.

Il locale è uno dei suoi preferiti, non è la prima volta che ci andiamo insieme. E poi qui si fanno sempre begli incontri. Più o meno.

Ingioiellata come una cartomante delle reti private e sontuosa come una cattedrale, Beatroce fa il suo ingresso accompagnata da un tizio maturo con la tipica mise dell'uomo d'affari. Claudio inarca un sopracciglio, sul suo viso appare quell'espressione che non riesce mai a mascherare davvero la gioia di rivederla. E che mi manda classicamente in bestia.

«Oh! La coppietta più dolce del nostro Ateneo!» esclama l'anatomopatologa, come sempre ammantata da una superba quanto inspiegabile gaiezza.

«Impallidiamo al vostro confronto» commenta Claudio.

Beatroce esplode in un dilagante cachinno dei suoi. «Conforti, più sei acido più ti adoro. Mi spieghi com'è possibile?»

Lo sguardo che lui le rivolge è un misto di soddisfazione e rimpianto. Non so, come se in fondo lui volesse in parte dirle: *Guardami, oggi mi scaricheresti?*

Da quando ho saputo i retroscena della loro storia, ho sempre immaginato che l'attuale deprecabile condotta di Claudio nei riguardi dell'altro sesso si debba in buona parte a Beatrice. Lei è quel punto di non ritorno che l'ha portato sulla strada della nefandezza sentimentale.

Ma quello con Beatrice non è l'unico incontro della serata. In realtà, di certo non è il più interessante.

Stiamo bevendo del vino rosso, quando al nostro tavolo si avvicina quell'antropologo scostante che ho conosciuto in occasione del ritrovamento del cadavere di Viviana. Lui e Claudio si salutano con fredda cortesia.

Ah, Sergio Einardi. Ecco come si chiama.

«Sì, è stato ritrovato proprio stamattina. Pare che dovremo collaborare di nuovo» gli sento dire, dopo un attimo di distrazione in cui stavo pensando con tristezza alla macchia di vino che si confonde tra i piccoli fiori del mio abito nuovo.

«Lieto di averla rivista, dottoressa» conclude porgendomi la mano, con un sorriso gentile. «Spero che la nuova collaborazione con il dottor Conforti includa anche lei.»

Potrei avere le visioni – il che sarebbe del tutto possibile data la quantità di vino che ho già bevuto a stomaco vuoto – ma mi pare proprio che Claudio non gradisca la sua galanteria. Quando Einardi ci lascia, sbotta: «Allevi, mi meraviglio di te. È vecchio come il cucco».

«Avrà al più quarant'anni. Età cui ti stai velocemente avvicinando anche tu, se i miei calcoli sono esatti.»

«Scordati di partecipare a quest'esame.»

«Che esame?»

«Allora non hai sentito niente? Resta un mistero per me, davvero. Sembri presente, ma poi si scopre che eri altrove. A quanto pare, mentre tu non riesci ad andare da una stanza a quella accanto senza perderti, i tuoi neuroni hanno la capacità di teletrasportarsi su Marte. Comunque, niente che ti interessi. Tanto non ti ci porto. Non sia mai che questo tipo ti abbia puntata.»

«Non fare lo stronzo. Un altro *cold case*?» gli domando, già galvanizzata.

«Un cadavere trovato in un teatro.»

Claudio riferisce quelle poche cose che Einardi gli ha detto, tra cui anche il nome del teatro.

«Questa è bella» mormoro tra me e me.

«Cosa? Perché?»

Lo guardo un po' sovrappensiero, la schiena poggiata sulla sedia, il calice di vino tra le mani – che lui mi sfila al monito di: *Hai bevuto troppo e poi sappiamo come va a finire.*

«Il teatro.»

«Che c'è?» incalza lui, spazientito.

«È lo stesso in cui Cordelia e la sua compagnia fanno le prove, ogni giorno.»

Nota dell'autrice

Ho visitato Israele e i Territori Palestinesi nel dicembre del 2011. Stefano, mio marito, vi soggiornava per motivi di lavoro, e io l'ho raggiunto per una breve ma deliziosa vacanza.

Durante una gita ho appreso del pregevole e importante contributo alle scoperte fatte a Gerico da parte di un entusiasta e preparato gruppo di lavoro dell'Università La Sapienza di Roma. Attività di cui personalmente ero del tutto ignara.

La guida indicò un punto preciso e ci spiegò che lì gli archeologi italiani avevano trovato lo scheletro di una giovane principessa.

Di ritorno a casa, piena di suggestione, durante le tre ore del volo Tel Aviv-Roma, su un piccolo taccuino che portavo con me in borsa per prendere appunti – una scrittrice ha bisogno di portarne sempre uno con sé, per prendere nota delle idee che passano d'improvviso per la mente, come vere e proprie allucinazioni – ho abbozzato la trama di Le ossa della Principessa, *e ho iniziato a lavorarci nei primi mesi del 2012. È stata una gestazione lunghissima – anche perché nel frattempo ho portato avanti un'altra gestazione, quella della mia piccola Eloisa – ma che mi ha coinvolto dalla prima all'ultima riga.*

In questo libro, più che mai, è necessario specificare che eventuali riferimenti a fatti realmente esistenti sono puramente casuali. La storia che ho inventato prende spunto dalla realtà del lavoro degli archeologi italiani, ma nient'altro. Anche la ricostruzione degli argomenti prettamente archeologici si ispira a fatti veri, per conservare la massima credibilità, ma ho rielabo-

rato il tutto in maniera completamente personale, al solo scopo di creare una storia affascinante – o perlomeno, ci ho provato!

Mi preme dunque rimarcare l'assoluta estraneità di fatti di tipo criminoso rispetto all'operato dei giovani archeologi italiani impegnati in Terra Santa, motivo di orgoglio per la nostra nazione e meritevoli di tutta la mia personale ammirazione, e che, anzi, ringrazio ufficialmente per aver fornito – loro malgrado! – lo spunto per questa storia.

A.G. – Messina, agosto 2013

Ringraziamenti

Ai miei lettori, per i quali scrivo.

A Stefano e a Eloisa.

Alla mia famiglia naturale e a quella acquisita, per l'insostituibile sostegno.

Alla Casa Editrice Longanesi, per l'onore di essere una sua autrice.

Alla mia preziosa agente, Rita Vivian.

A Erica Mou, per le parole di *Oltre*.

A Stefania Auci, per le sue considerazioni sui bei ricordi di pagina 200.

Le prime pagine della successiva avventura
di Alice Allevi

ALESSIA GAZZOLA

UNA LUNGA ESTATE CRUDELE

[...] L'anno 1990 addì quindici del mese di luglio alle ore diciassette e quarantacinque minuti in Roma negli uffici di via San Vitale [...] il sottoscritto ufficiale di P.G., appartenente all'Ufficio in intestazione, dà atto che è presente Sebastian Balthazar Leyva, il quale, trovandosi in stato di libertà, dichiara di voler rendere spontanee dichiarazioni.

Il sunnominato, invitato a dichiarare le proprie generalità o quant'altro valga a identificarlo con l'ammonizione delle conseguenze alle quali si espone chi si rifiuta di darle o le dà false, dichiara:

Sono e mi chiamo Sebastian Balthazar Leyva; nazionalità: italiana; residenza anagrafica: via degli Avignonesi 5, Roma; stato civile: celibe; professione o occupazione: attore.

Il predetto, comparso senza la presenza di difensore e in piena libertà di autodeterminazione, dichiara di voler rendere le seguenti dichiarazioni spontanee:

Ho visto Flavio Barbieri per l'ultima volta il giorno dieci di luglio. Abbiamo lavorato alle prove dello spettacolo fino a tarda notte. Poi io ho lasciato il teatro dove, al contrario, Flavio si è trattenuto insieme ai signori a me noti come Vincenzo Sciacchi-

4

tano (di professione attore, utenza telefonica
XXXXXXXXXXXX) e Diana Valverde (di professione at-
trice, utenza telefonica XXXXXXXXXX)...
OMISSIS
[...] *Dico questo al fine di indirizzare univoca-*
mente le indagini verso quest'ultima persona in
particolare. Flavio Barbieri non si è allontanato
volontariamente. È successo qualcosa ed è stata
lei... [...]

Si dà atto che il verbale è stato redatto in forma
riassuntiva senza riproduzione fonografica stante
la indisponibilità di idonei mezzi tecnici.
Di quanto sopra è stato redatto il presente verbale
in duplice copia.
Letto, confermato e sottoscritto.

Sebastian Balthazar Leyva

First I was afraid

È una meravigliosa giornata di sole.

Quell'accecante sole mediterraneo che in auto infuoca il volante, che appanna l'orizzonte e ondula l'asfalto. Un caldo atomico, da cui non ci si può difendere, e non è che il cinque di giugno.

La mattina sarebbe splendida se trascorsa al mare e in dolce compagnia – per chi ce l'ha.

E invece, sono diretta al Teatro del Bardo dell'Avon, nel Quartiere Pinciano. A un sopralluogo. E la mia compagnia è tutt'altro che dolce.

Mi chiamo Alice Allevi e sono una specializzanda in Medicina legale al quarto anno. A volte mi sento l'alieno del mio Istituto: vengo da un pianeta in cui la Medicina legale è un sogno di romantiche e un po' lugubri avventure, ma sono atterrata in un mondo fatto di giochi di potere tra periti e avvocati e di scadenze impossibili da rispettare.

Io mi aspettavo qualcosa di un po' diverso.

Forse perché quando mi sono innamorata della Medicina legale mi sono innamorata anche di *un* medico legale e credevo che sarei diventata come lui.

Ma come lui... c'è solo lui.

E nel frattempo sono cambiate molte cose, in me, in lui, fra noi.

Il predetto *lui* – che risponde, quando risponde, al nome di Claudio Conforti, in sintesi CC, come ogni sua camicia ricamata sul taschino ben sa – è alla guida della Bmw X5 su cui mi trovo.

«Cammina» dice gentilmente, dopo aver parcheggiato in un posto a chiaro rischio di multa – e nulla lo agita di più del far correre qualsivoglia tipo di rischio all'automobile, più cara al suo cuore di una fidanzata.

Superiamo le transenne, i passanti curiosi e accediamo al teatro. L'ispettore Calligaris ci corre incontro scattante come una piccola vespa. Quella tra me e lui è una collaborazione informale e anche un po' segreta che va avanti ormai da tanto tempo.

«Dottor Conforti! Dottoressa Allevi! Non potevo aspettarmi migliore accoppiata» dice, strizzandomi l'occhio. L'ispettore è irragionevolmente convinto che io e Claudio abbiamo una storia, il che non è esatto, ma lui prova sempre a fare il paraninfo di bassa lega.

Claudio si guarda attorno: un piccolo botteghino spoglio, un bar in cui servono solo un'accurata selezione di tè e, alle pareti, manifesti degli spettacoli più importanti a partire dalla lontana epoca della fondazione. Del resto questa informazione mi era già nota: qui, infatti, la mia coinquilina Cordelia Malcomess prova il *Macbeth* insieme alla sua compagnia. Il Teatro del Bardo dell'Avon è stato fondato proprio dagli amatori di Shakespeare e compagnie differenti mettono in scena, di volta in volta, solo ed esclusivamente le sue opere, in modo ortodosso.

Cordelia Malcomess non è solo la mia coinquilina. È anche la figlia del Supremo Capo dell'Istituto di Medicina legale. Ed è la sorellastra di Arthur, il mio ex, quello con la E maiuscola. Professione corrispondente di guerra per l'AFP. Segni particolari: affetto dalla smania di voler sempre andare via, che secondo me nasconde un qualche disagio di fondo. Di qui in avanti chiamato l'*Innominabile*.

« Mi segua » dice l'ispettore a Claudio, indicando una scala che conduce a un piano sotterraneo e salvandomi provvidenzialmente da una mareggiata di brutti pensieri.

Claudio sembra temporeggiare. Si avventura nella sala, aprendo la grande porta a doppio battente. Il teatro è stato costruito cercando di riprodurre quelli elisabettiani. I materiali usati sono la pietra e il legno e ha quindi un aspetto spartano e remoto. Al centro c'è il palco; tutto intorno, la platea senza posti a sedere; alle pareti i loggioni e i candelabri, esattamente com'era nel Seicento.

Claudio sembra allibito.

« Ma la gente dove si siede? » mormora, lo sguardo perso nei dettagli di un'epoca lontanissima.

Ecco una rara occasione di sfoggiare un po' di cultura raffazzonata.

« Nei teatri elisabettiani, all'epoca di Shakespeare, il pubblico stava in piedi, attorno al palco, e interagiva con gli attori. Non è come il teatro che conosci tu » dico, beandomi. « Qui cercano di ricreare fedelmente l'effetto dell'epoca. Non è uno spettacolo adatto a tutti i tipi di pubblico » aggiungo. In effetti ho assistito al *Macbeth* di Cordelia proprio qui dove siamo adesso, in piedi tra gli altri, e non è che ci fosse la ressa. È stato molto coinvolgente.

« Ma sentila! E chi ti ha indottrinato? Quella smandrappata della figlia di Malcomess, scommetto. Ci credo che poi la gente ammazza. Che modo è di proporre spettacoli questo? »

Anche in questa occasione CC dimostra che tra le sue virtù non si annovera di certo la cultura teatrale. Del resto, non entrerebbe in libreria nemmeno per ripararsi da un diluvio.

Un rumore discreto di nocche sul legno ci riporta alla realtà. È il fido Calligaris.

« Dottore, se volete seguirmi... »

Claudio torna alla realtà. «Sì, certamente. Vieni, Allevi, non farmi perdere tempo.»

* * *

Scendiamo al piano seminterrato e Calligaris ci conduce in un camerino, ma non vedo nessun cadavere.

Nel frattempo il mio telefonino emette un segnale sonoro. Claudio mi gela con lo sguardo. È un messaggio di Cordelia, vuole sapere cosa è successo nel suo teatro.

«In questo camerino è stato scovato un passaggio segreto» annuncia Calligaris, mostrando una porticina che era nascosta da un enorme armadio. «Questo mastodonte doveva essere rottamato, è tutto mangiato dai tarli. Nessuno lo aveva mai spostato. Non di recente, almeno. E se mai è stato mosso, nessuno aveva fatto menzione di questa porta, né della stanza cui dà accesso. E, naturalmente, del suo contenuto. Fino a oggi.»

Calligaris apre la porticina. Le cerniere arrugginite stridono impietose.

Sporgo il capo per sbirciare oltre, ma Claudio mi fa segno di rimanere dietro di lui.

La porta fa da ingresso a un corridoio dal soffitto basso, al punto che Claudio deve chinarsi per poterlo percorrere.

«Nella mia vita ne ho viste tante, ma questa...» commenta, tossendo per la polvere.

Il corridoio conduce a un'altra piccola porta, che è aperta su una stanza rivestita da mattoncini di pietra senza intonaco.

Un agente della Scientifica è impegnato a effettuare rilievi di eventuali impronte digitali con una polverina argentata e ci fa segno di aspettare fuori. Io fremo. Mi sento nel bel mezzo di un romanzo d'avventura. I minuti trascorrono lentamente, ma nel frattempo Calligaris riferisce altri dettagli.

« Di questa stanzetta non c'è traccia neanche sulla cartina del catasto. L'edificio risale al Seicento ed è di proprietà del Comune. Il teatro è gestito da una società che ne ricava profitti, la Ca.di.Spa. »

« È già arrivato Einardi? » taglia corto Claudio.

Sergio Einardi è l'antropologo forense che coadiuverà Claudio in questa indagine. Non è la prima volta, hanno collaborato durante le indagini su un *cold case* e tra i due non c'è molto feeling.

« Non ancora. Ah, ecco, bene, il collega della Scientifica ha appena finito. Prego, entrate. La stanza è talmente piccola che in tre stiamo stretti. »

Siamo obbligati ad abbassare la testa, Claudio avanti, io dietro di lui.

A prima vista la stanza sembra una prigione e, al di là del condizionamento mentale di sapere che lì dentro c'è un cadavere, ha in sé qualcosa di orribile.

L'ambiente è asciutto e soffocante e ha l'aria di essere incompiuto, perché per terra sono sparsi parecchi mattoncini, come se a breve qualcuno dovesse elevare un altro pezzo di parete.

E poi, in un angolo, i resti di qualcuno che, delle due l'una, o qui è morto, o qui è stato nascosto dopo la morte.

E nessuna delle due mi sembra un'evenienza allettante.

* * *

Il cadavere è seduto sul suolo polveroso. È poggiato con le spalle alla parete, la testa reclinata all'indietro, le braccia di fianco al tronco.

« Qui c'è ben poco da dire » mormora Claudio, dopo averlo guardato con attenzione. « Va sottoposto a una TAC e a prelievi istologici. In considerazione delle condizioni climatiche fredde e asciutte, è possibile che questo cadavere si sia mummificato più di vent'anni fa. »

« Scusi, ispettore » chiedo a Calligaris, appostato accanto all'ingresso, « questo stanzino era chiuso a chiave? »

« Sì, dall'esterno, ed è stato necessario forzare la serratura. Non abbiamo trovato nessuna chiave. Non ancora, almeno. »

« Claudio, cos'ha in mano il cadavere? » chiedo poi, colpita da un dettaglio che mi sembra di intravedere – non oso avvicinarmi senza il permesso dell'Essere Perfido.

« Brava, Allevi, di quando in quando, una domanda pertinente. »

Le sue dita guantate toccano quelle scheletrizzate del cadavere.

« Sembra un pezzetto di carta. Lo vedremo in Istituto » risponde, mentre Calligaris prende nota.

Claudio sfila via i guanti e mi fa dono inaspettato di un sorriso gentile.

« Buongiorno a tutti. Scusate il ritardo » dice una voce alle nostre spalle.

Ci voltiamo verso il piccolo ingresso. Calligaris sta salutando Sergio Einardi, che indossa una Lacoste verde scuro, pantaloni beige e una borsa a tracolla. Ha appena tolto gli occhiali da sole e li ha poggiati sulla testa.

Ha l'aria un po' sfibrata, forse dipende dalle occhiaie violacee.

« Einardi, temo che tu abbia fatto un viaggio a vuoto » commenta Claudio, seccamente.

Lui si guarda attorno, piuttosto incuriosito. Sfiora la parete con le dita, sembra distratto, in realtà è molto concentrato. Solo dopo aver osservato il cadavere per una quantità interminabile di secondi nel silenzio totale, come se noi non ci fossimo, guardando inspiegabilmente me risponde: «Oh, non è vero. Direi che non è proprio un viaggio a vuoto».

* * *

Di ritorno a casa, trovo Cordelia e il Cagnino in preda a una frenetica impazienza.

L'una perché in attesa di notizie sul suo teatro. L'altro perché ha visto sporgere dalla mia borsa una di quelle ghiottonerie canine che dovrebbe servire a pulirgli le zanne, ma che in realtà fa fuori alla velocità della luce e poi gli fa pure venire lo *squaraus*.

«Dettagli, dettagli» chiede la mia coinquilina, inseguendomi fino al bagno con il Cagnino alle calcagna.

«Cordelia, sai bene che sono tenuta a rispettare il segreto profess...»

«E da quando?» mi interrompe lei, sovraeccitata. «Ma ti rendi conto che dovremo interrompere le prove, e non so per quanto tempo. Almeno che ne valga la pena! Chi è morto? Che è successo?»

«Bella domanda, Cordy. Tu sapevi che c'è una specie di cripta, nel seminterrato, cui si accede da uno dei camerini?»

Cordelia sgrana gli occhi. «Una cripta?»

«Uno stanzino nascosto, con un accesso segreto. E dentro c'era un cadavere mummificato. È abbastanza?»

«No, cavolo! E mi stanno venendo i brividi. Buono, Cagnino, ora la mamma ti porta a fare un giro. Di chi è il cadavere?»

«Non ne ho la più pallida idea!»

«E da quanto tempo è morto?» incalza Cordelia.

«Anni» ribatto con una vaghezza che non soddisfa la baby Malcomess.

La mia coinquilina infatti sbuffa sonoramente. «Che

inefficienza, *Elis*. Se questo caso l'avesse avuto mio padre, il cadavere avrebbe già nome, cognome e causa di morte. E noi non staremmo qui a consumarci di curiosità. »

Rispondo con un'occhiataccia che non sembra scalfirla.

« Va bene, se non c'è altro allora porto il Cagnino a fare un giro e già che ci sono passo in farmacia. »

« Di nuovo? Stai male? Ci vai tutti i giorni. »

« Il farmacista è adorabile, somiglia a Ben Barnes, hai presente? L'attore inglese? »

« Cavolo, Cordy, ieri ti ho vista tornare con il Carbogas. Ti sembra l'ideale per far colpo su un attore inglese che fa il farmacista a Roma? »

« Non sapevo che altro prendere » si giustifica lei, controllando lo stato delle proprie sopracciglia allo specchio e cercando una pinzetta tra le mie cose. « E comunque lo posso sempre dare al Cagnino, il Carbogas, lo sai che ha i suoi problemi in quel senso. »

« Cordy, a furia di accumulare farmaci finirai come la moglie di Fantozzi quando si era innamorata del panettiere. »

Alessia Gazzola
Arabesque

Tutto è cambiato, per Alice Allevi: è un mondo nuovo quello che la attende fuori dall'Istituto di Medicina Legale in cui ha trascorso anni complicati ma, a loro modo, felici. Alice non è più una specializzanda, ma è a pieno titolo una Specialista in Medicina Legale. E la luminosa (forse) e accidentata (quasi sicuramente) avventura della libera professione la attende. Ma la libertà tanto desiderata ha un sapore dolce-amaro: di nuovo single dopo una lunga storia d'amore, Alice teme di perdere i suoi punti di riferimento. Tutti tranne uno: l'affascinante e intrattabile Claudio Conforti, CC, medico legale di comprovata professionalità e rinomata spietatezza. Difficile contare su di lui, ma impossibile farne a meno... Il suo primo incarico di consulenza per un magistrato vede un'ex étoile della Scala deceduta, in apparenza, per cause naturali. Eppure, Alice ha i suoi sospetti e per quanto vorrebbe che le cose, per una volta almeno, fossero semplici, la realtà è sempre pronta a disattenderla...

Novità

Alessia Gazzola
L'allieva

« Purtroppo sono i dettagli a colpirmi e in genere sono sempre i dettagli a commuovermi. Così, in Giulia, i piedi scalzi un po' piatti mi inteneriscono fino alle lacrime. E il bracciale sottile, colorato e usurato comprato in chissà quale bancarella, mi ricorda che dentro quel cadavere c'era una vita tutta da vivere. »
Alice Allevi è una giovane specializzanda in medicina legale. Ha ancora tanto da imparare e sa di essere un po' distratta. Ma di una cosa è sicura: ama il suo lavoro. Anche se l'istituto in cui lo svolge è un vero e proprio santuario delle umiliazioni. E anche se i suoi superiori non la ritengono tagliata per quel mestiere. Alice resiste a tutto, incoraggiata dall'affetto delle amiche, dalla carica vitale della sua coinquilina giapponese, Yukino, e dal rapporto di stima, spesso non ricambiata, che la lega a Claudio, suo collega e superiore (e forse qualcosa in più). Fino all'omicidio.
Per un medico legale, un sopralluogo sulla scena del crimine è routine, un omicidio è parte del lavoro quotidiano. Ma non questa volta. Stavolta, quando Alice entra in quel lussuoso appartamento romano e vede il cadavere della ragazza disteso ai suoi piedi, la testa circondata da un'aureola di sangue, capisce che quello non sarà un caso come gli altri. Perché stavolta conosce la vittima.

Alessia Gazzola
Sindrome da cuore in sospeso

Alice Allevi ha un grosso problema. Si è appena resa conto di non voler più diventare un medico, ma non ha il coraggio di confessarlo a nessuno, e non sa cosa fare del suo futuro. Ma siccome la vita è sorprendente, sarà l'omicidio di una persona vicina alla sua famiglia a far scoprire ad Alice la sua vocazione: la medicina legale.

Forse c'entra il suo intuito, che la induce a ficcanasare dove non dovrebbe, mettendo a rischio le indagini. Forse c'entra l'arrivo della sua nuova coinquilina Yukino, una studentessa giapponese che parla come un cartone animato e che stravolge le abitudini, non solo culinarie, di Alice. Forse c'entra nonna Amalia che, con saggezza mista a battute fulminanti, sa come districarsi fra i pettegolezzi di paese.

Una cosa è certa: Alice non lo ammetterebbe mai, ma se sceglierà quella specializzazione, è soprattutto per rivedere Claudio Conforti, il giovane medico legale che ha conosciuto durante il sopralluogo. Vestito in maniera impeccabile, sorriso affilato come un bisturi, occhi travolgenti. Arrogante, sprezzante e... Irresistibile.

www.tealibri.it

Visitando il sito internet della TEA potrai:

- **Scoprire subito le novità dei tuoi autori
  e dei tuoi generi preferiti**
- **Esplorare il catalogo on line trovando descrizioni
  complete per ogni titolo**
- **Fare ricerche nel catalogo per argomento,
  genere, ambientazione, personaggi...
  e trovare il libro che fa per te**
- **Conoscere i tuoi prossimi autori preferiti**
- **Votare i libri che ti sono piaciuti di più**
- **Segnalare agli amici i libri che ti hanno colpito**
- **E molto altro ancora...**

www.illibraio.it

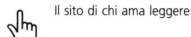

Il sito di chi ama leggere

Ti è piaciuto questo libro?
Vuoi scoprire nuovi autori?

Vieni a trovarci su **IlLibraio.it**, dove potrai:
- scoprire le **novità editoriali** e sfogliare le prime pagine **in anteprima**
- seguire i **generi letterari** che preferisci
- accedere a **contenuti gratuiti**: racconti, articoli, interviste e approfondimenti
- **leggere** la trama dei libri, **conoscere** i dietro le quinte dei casi editoriali, **guardare** i booktrailer
- iscriverti alla nostra **newsletter settimanale**
- unirti a **migliaia di appassionati** lettori sui nostri account **facebook**, **twitter**, **google+**

« La vita di un libro non finisce con l'ultima pagina. »

Fotocomposizione Editype s.r.l.
Agrate Brianza (MB)

Finito di stampare
nel mese di settembre 2017
per conto della TEA S.r.l.
da ⚞ Grafica Veneta S.p.A. di Trebaseleghe (PD)
Printed in Italy